目　次

【論　説】

〈共通論題〉

世界金融危機後の国際経済法の課題

座長コメント：世界金融危機後の国際経済法の課題………野　村　美　明…1

グローバルに活動する金融機関の法的規律………………川　名　　　剛…6
──世界金融危機とシステム上重要な金融機関──

リーマン・ブラザーズ・グループの国際倒産処理手続……井　出　ゆ　り…29
──国境を越えたグループ企業の倒産処理手続がもたらした問題点──

金融危機後における国際基準設定過程の変化と
　わが国の対応…………………………………………………氷見野　良　三…54

国際金融危機への通商法の対応とその課題………………米　谷　三　以…69
──国際経済法を貫く公共哲学の必要性──

APEC2010とポスト・ボゴールにおけるアジア国際経済秩序の構築

座長コメント：APECと国際経済法…………………………中　谷　和　弘…97

国際関係の構造変動とAPECの展開………………………椛　島　洋　美…100

APEC2010プロセスの回顧……………………………………田　村　暁　彦…119
──貿易投資アジェンダを中心として──

アジア金融システム改革におけるABACの役割と課題…久保田　　　隆…137

自由論題

新旧グローバル化と国際法のパラダイム転換………………豊　田　哲　也…154

中国独占禁止法における国有企業の取扱い…………………戴　　　　龍…168

WTO紛争処理におけるクロス・リタリエーション制度…張　　　博　一…189
──義務違反国への履行促進の視点から見たその機能と限界──

【研究ノート】

通商法にみる租税措置の意義……………………………………古　賀　敬　作…212

【文献紹介】

Daniel Bethlehem, Donald McRae, Rodney Neufeld and Isabelle
　Van Damme (eds.),
　　The Oxford Handbook of International Trade Law……小　林　献　一…235

Meredith Kolsky Lewis and Susy Frankel (eds.),
　International Economic Law
　　and National Autonomy……………………………………小　林　友　彦…240

Kyle W. Bagwell, George A. Bermann and Petros C. Mavroidis (eds.),
　Law and Economics of Contingent Protection
　　in International Trade……………………………………浪　本　浩　志…245

Isabelle Van Damme,
　Treaty Interpretation by the WTO Appellate Body…清　水　章　雄…249

Chad P. Bown and Joost Pauwelyn (eds.),
　The Law, Economics and Politics of Retaliation
　　in WTO Dispute Settlement………………………………濱　田　太　郎…253

Ricardo Melendez-Ortiz, Christophe Bellmann & Jonathan Hepburn (eds.),
　Agricultural Subsidies in the WTO Green Box: Ensuring Coherence
　　with Sustainable Development Goals………………………山　下　一　仁…257

Erich Vranes,
　Trade and the Environment: Fundamental Issues in International Law,
　　WTO Law, and Legal Theory………………………………阿　部　克　則…263

Stephan Zleptnig,
　Non-Economic Objectives in WTO Law: Justification Provisions of
　　GATT, GATS, SPS and TBT Agreements……………京　極　智　子…267

Christian Tietje (Hrsg.),
　　Internationales Wirtschaftsrecht ……………………山　内　惟　介…271
Santiago Montt,
　　State Liability in Investment Treaty Arbitration:
　　Global Constitutional and Administrative Law
　　in the BIT Generation ……………………………佐　古　田　　　彰…276
Carlos M. Correa (ed.),
　　Research Handbook on the Protection of Intellectual Property
　　under WTO Rules:
　　Intellectual Property in the WTO Volume I &
　　Research Handbook on the Interpretation and Enforcement
　　of Intellectual Property under WTO Rules:
　　Intellectual Property in the WTO Volume II…………加　藤　暁　子…281
Lorenzo Gradoni,
　　Regime Failure *nel Diritto Internazionale*……………川　﨑　恭　治…287
和久井理子『技術標準をめぐる法システム
　　――企業間協力と競争，独禁法と特許法の交錯――』………滝　川　敏　明…292

学 会 会 報 ……………………………………………………… 296
編 集 後 記 ……………………………………………………… 307

論　説　世界金融危機後の国際経済法の課題

座長コメント：世界金融危機後の国際経済法の課題

野　村　美　明

　2010年10月23日に横浜国立大学で開催された日本国際経済法学会第20回大会の共通論題は，「世界金融危機後の国際経済法の課題である。大会では，以下に概観するようなグローバルで多角的で重層的な対応のいくつかの側面が，多彩な報告者により切り出され，スポットライトがあてられた[1]。本年報では，これらの報告が論文としてまとめられている。以下では，共通論題の座長としてその背景を説明し，各論稿について若干の感想を記し，最後に全体から受けた印象を述べておきたい。

　米国におけるサブプライムローンを組み込んだ証券化商品の価格下落は，米国の金融機関に評価損と流動性の逼迫をもたらした。2008年9月のリーマン・ブラザーズの破綻[2]はリーマンショックとなって世界に伝播し，信用バブル（信用の膨張と資産価格の上昇）は世界的な規模で崩壊した。そして，世界中の金融市場で急激な信用収縮が生じ，実体経済に対する資金供与が滞ることとなった。このことによる景気の後退は金融機関の体力をさらに奪うこととなり，金融と実体経済の負の相乗作用が現れた[3]。

　このような世界的な金融危機と経済危機に対しては，各国は早速サミットの場で政策と対応の協調をはかった。2008年11月15日のワシントンG20サミットでは，「今次危機の根本的な原因」や「金融市場の改革のための共通原則」を含む「金融・世界経済に関する首脳会合宣言」が出され[4]，「改革のための原則を実行するための行動計画」[5]が明らかにされた。

今回の金融危機では，国際通貨基金（IMF）[6]，世界貿易機関（WTO）[7]や国際決済銀行（BIS）[8]などの国際組織だけではなく，G20[9]のような緩やかな政策協調スキームの役割が注目された。さらに，米国市場最大の倒産はリーマンの子会社を通じて世界に広がっていたので，各国の倒産法制の協調が問われることとなった。日本においても，2001年に整備された新しい倒産法制の実効性が試される機会となったのである。まさに，学問的にも，国内・国際，公法・私法，フォーマル・インフォーマルなどの既存の2分法を超えた対応をいかに分析するかが問題となったといえる。

本年報の特集に収められた論稿は，学会の大会のときと同様に，以上のようなグローバルで多角的で重層的な対応のいくつかの側面を論じているが，学会報告よりも独自性が高まり，著者自身の観点からの掘り下げが深まっている。

川名剛「グローバルに活動する金融機関の法的規律——世界金融危機とシステム上重要な金融機関——」（本年報6頁以下）は，世界金融危機を契機にグローバルで多角的で重層的な法的規律を国際的な側面から俯瞰している。特に，国際的な規律の体系化の観点から，G20の要請に応えて設立された金融安定化理事会（FSB）[10]の存立基盤を，国際法に基礎付けていくことを提案している点は，注目に値する。

川名論文の趣旨を推し進めれば，FSBは，政府だけではなく，IMFやBISなどの国際組織間の政策協調や情報共有の統一場として機能する可能性があるといえる。

井出ゆり「リーマン・ブラザーズ・グループの国際倒産処理手続——国境を越えたグループ企業の倒産処理手続がもたらした問題点——」（本年報29頁以下）は，米国連邦破産法チャプター11手続や日本の民事再生手続に関与した実務経験から，研究者が通常はうかがい知れない国際倒産手続の実際的問題点を明らかにしており，多大な学問的ヒントを与えてくれる。

たとえば，グループ内での経営情報・財務情報の高度な管理手法が，多数の

法域で倒産手続が開始したことによって機能しなくなり，各国の管財人が外国にある資産や情報へのアクセスを閉ざされてしまったこと，外国倒産手続の承認援助[11]がすべての国で受けられるわけではないので情報分断は改善されないことなどである。

井出論文の後半は，グループ会社の倒産手続における実体的併合の議論にあてられているが，国際倒産事件における衡平な処理はどのような方法で実現できるのかという根本問題を提起しているといえる。

氷見野良三「金融危機後における国際基準設定過程の変化とわが国の対応」（本年報54頁以下）は，バーゼルⅡやバーゼルⅢ（BIS規制）と呼ばれる銀行規制に関する国際基準について論じるものではない。国際基準の設定を巡る交渉過程を問題にしているのである。

氷見論文は，今回の金融危機の前と後を比較すると，基準設定の場が各国首脳（G20サミット）や世論まで巻きこんだより開かれたものになったと指摘する。ここで著者が主張したいのは，このような国際基準設定過程において日本の当局の交渉力を強化するためには，どうすればよいのかということなのである。

国際経済法を学ぶ大学の研究者も，国際的な法や基準の設定過程にもっと関心を持ち，教育にフィードバックする必要がある。

米谷三以「国際金融危機への通商法の対応とその課題——国際経済法を貫く公共哲学の必要性——」（本年報69頁以下）は，今回の金融危機後はG20やWTOにおける保護主義監視メカニズムが機能しており，1930年代の世界恐慌のときとは異なると一応評価する。しかし，保護主義の蔓延を本当に抑止するためには，WTO協定から投資協定まで，国際経済法を重商主義的な発想ではなく比較優位の理論に基づいた公共哲学を確立する必要があるという。

実務経験者からの独創性豊かな主張は，真摯に耳を傾けるに値する。もっとも，WTO協定と重商主義的「発想」との結びつけや比較優位の理論との対比

などは，平均的な読者には理解しにくいかもしれない。

　以上の論稿から垣間見ることができるのは，世界金融危機後の国際経済法の課題に対しては，政府や国際機関が，G20 や FSB のような事実的な組織を利用して，情報交換と交渉を繰り返すことによって，自主的にその解決策を見出していく傾向である。他方で，国際的な倒産処理においても，外国倒産手続の承認・援助には限界があり，当面は各国の自主的な協調と当事者の工夫に依存せざるを得ないことがわかる。

　われわれが100年に一度の金融危機から学ぶとすれば，もともと国際経済法が扱おうとする問題は多様であり，法的でフォーマルな対応はそのごく一部にしか有効でないという事実ではないだろうか。法律問題であっても法的に解決できるとは限らないのである。多くの課題は最終的には当事者の自主性と創造性と互譲によって解決せざるをえないとすれば，法的処理と任意的処理を理論的に区別した上で，両者の相互作用に留意しつつ，交渉や協議，仲裁，あっせん，調停などの当事者による解決方法の研究を行わなければならない。

　このためには，国際経済法に携わる者が，他の法分野，他の学問領域との協働を厭わず，実践への関心を持ち続けることが肝要である。もちろん，理論と実践が相互に学び合い相互に高め合うためには，この分野における教育の内容と効果をいかに充実させていくかを，協力して検討しなければならないだろう。

(1) 当日の報告は，川名剛「国際金融システムの法的規律——グローバルに活動する金融機関の規律をめぐって」，坂井秀行・井出ゆり「リーマン・ブラザーズ・グループの国際倒産処理手続——国際的金融機関の法的倒産処理手続のもたらした問題点」，氷見野良三「金融危機後の規制再構築」，米谷三以「国際金融危機への通商法の対応とその課題」であった。学会ホームページ参照。http://www.jaiel.or.jp/taikai/kako.html (last visited June 30, 2011).

(2) 2008年9月15日にリーマン・ブラザーズの持株会社 (Lehman Brothers Holdings Inc.) はニューヨーク南地区の連邦破産裁判所に連邦破産法チャプター11による破産の申立てをした。*Lehman Brothers Holdings Inc.*, No.08-13555 (Bankr. S.D.N.Y. Sept. 15, 2008). その後リーマンの子会社も破産を申し立てたが，これらは持株会社による最初の

申立て事件に手続き的に併合され，合同で運営されることになった。United States Bankruptcy Court Southern District of New York, In re Lehman Brothers Holdings Inc., et al., Debtors., Chapter 11 Case No.08-13555 (JMP) (Jointly Administered).
(3) 以上の経緯については，白川方明「世界的な金融危機と日本銀行の政策対応——日本経済団体連合会評議員会における講演」2008年12月22日参照。http://www.boj.or.jp/index.html/ (last visited June 30, 2011). 同様の分析は，つぎの文献にもみられる。"The Turner Review: A Regulatory Response to the Global Banking Crisis," March 2009, http://www.fsa.gov.uk/pubs/other/turner_review.pdf (last visited June 30, 2011).
(4) Declaration Summit on Financial Markets and the World Economy, November 15, 2008, http://www.g20.org/Documents/g20_summit_declaration.pdf (last visited June 30, 2011) 金融・世界経済に関する首脳会合宣言 2008年11月15日，http://www.mofa.go.jp/mofaj/kaidan/s_aso/fwe_08/sks.html (last visited June 30, 2011).
(5) Action Plan to Implement Principles for Reform.
(6) たとえば，次の報告書参照。Global Financial Stability Report, Responding to the Financial Crisis and Measuring Systemic Risk, April 2009, http://www.imf.org/External/Pubs/FT/GFSR/2009/01/pdf/text.pdf (last visited June 30, 2011).
(7) たとえば，G20に対するつぎの報告書がある。Report on G20 Trade Measures (Mid-October 2010 to April 2011), http://www.wto.org/english/news_e/news11_e/g20_wto_report_may11_e.doc (last visited June 30, 2011).
(8) バーゼル委員会はG20に対して金融危機に対する委員会の対応に関する報告書を提出している。The Basel Committee's Response to the Financial Crisis: Report to the G20, http://www.bis.org/publ/bcbs179.pdf (last visited June 30, 2011).
(9) G20についての説明は，次を参照。http://www.g20.org/index.aspx (last visited June 30, 2011).
(10) 金融安定理事会（Financial Stability Board）について，第2回金融・世界経済に関する首脳会合（ロンドン・サミット）首脳声明「回復と改革のためのグローバル・プラン」は，「金融安定化フォーラム（FSF）を引き継ぐものとして，強化された権限を有する新たな金融安定理事会（FSB）を設立する。これはすべてのG20諸国，FSFメンバー，スペイン及び欧州委員会を含む。」ことを合意したという。http://www.mofa.go.jp/mofaj/kaidan/s_aso/fwe_09/communique.html (last visited June 30, 2011). The Global Plan for Recovery and Reform, 2 April 2009, http://www.g20.org/Documents/final-communique.pdf (last visited June 30, 2011).
(11) 日本においては，UNCITRAL（国連国際商取引法委員会）の国際倒産モデル法に基づいて立法された，外国倒産処理手続の承認援助に関する法律（平成12年11月29日法律第129号）によることになる。

（大阪大学大学院国際公共政策研究科・法学部教授）

論　説　世界金融危機後の国際経済法の課題

グローバルに活動する金融機関の法的規律
――世界金融危機とシステム上重要な金融機関――

川　名　　剛[*]

I　はじめに
II　世界金融危機前のグローバルに活動する金融機関の法的規律の展開
　　1　監督権限の配分と連結監督
　　2　規制基準の調和と平準化
　　3　実効的な銀行監督に関するコア原則とその発展
III　システム上重要な金融機関（SIFIs）の規律
　　1　世界金融危機とSIFIs
　　2　連結監督の課題
　　3　監督カレッジの構築
IV　結び――これからの国際金融システムの法的規律――

I　はじめに

　2008年9月のリーマンブラザーズの破綻を契機として発生した金融危機は，国際金融市場のグローバル化の中で瞬く間に世界中に伝播し，100年に1度とも言われる未曾有の経済不況に発展した。この世界金融危機の原因は，遡れば2000年のITバブル崩壊以降の米国の金融緩和と規制緩和の中で金余りが拡大し，金融技術の発展によってデリバティブや証券化商品が複雑化・多様化し，さらに低所得者への住宅融資を可能とするサブプライム・ローンをはじめとする債権の証券化とリスクの分散移転の拡大によって，これまでの金融ビジネスとリスク把握の感覚がほとんど麻痺した中で，主要な金融機関が抱えていたリスクが顕在化して世界的な金融危機に至ったものである。[1]

今回の金融危機がもたらした教訓として，経済・経営としての国際金融のあり方はもちろん，法的な規制のあり方にも焦点が当てられた。すなわち，今回の危機の一因として「規制の失敗」があったと言われたのである[2]。あらゆる分野でグローバル化が進展している今日の社会の中で，国際金融は，そのスピードと影響の大きさの点で最もグローバル化の進んだ領域のひとつである。これに対応するため，自己資本比率規制をはじめとする国際的な規制が整備され，世界の主要な金融機関に適用されてきた。その一方で，具体的な規制の適用は各国の国内法を通じて行われざるをえず，各国の経済金融政策や規制慣行の相違による規制の齟齬も必然的に生じた。しかし，金融のグローバル化とそれに呼応した金融機関の活動のグローバル化は，各国の事情という間隙を縫ってますます深化しており，全体としての国際金融システムの安定のためという観点から，法規制のあり方が再構築されなければならないのである。

　本稿では，上記のような問題意識の下に，以下の順に議論を行う。まず，1971年のブレトンウッズ体制崩壊以降，バーゼル銀行監督委員会を中心として進められてきた国際的な銀行監督の変遷を，監督権限の配分と規制基準の調和の両面から概観する。その上で，今回の世界金融危機を受けてG20をはじめとする国際的なフォーラムで議論されてきた「システム上重要な金融機関（Systemically Important Financial Institutions（SIFIs））」に対する規制について検討する。そして，よりグローバルに複雑化を増す国際金融システムの安定のために，グローバルに活動する金融機関の規律のあり方と位置づけを示すものとする。

II　世界金融危機前のグローバルに活動する金融機関の法的規律の展開

1　監督権限の配分と連結監督

(1)　バーゼル・コンコルダート

　ブレトンウッズ体制の崩壊以降，グローバルに活動する金融機関を国際的に

規律しようとするアプローチには，ふたつの側面があった。1つは，どの金融機関をどの国の当局が監督・規制するかという監督権限（管轄権）の配分によるアプローチである。周知のように，国家による私人に対する主要な管轄権には，属地主義と属人主義がある。前者は領域主権に基づき自国領域内の私人に対して管轄権を及ぼすものであり，後者は国籍という紐帯を通じてその所在地にかかわらず自国民に管轄権を及ぼすものである。金融機関に対する監督権限もまた，法人一般に対する管轄権同様，まずは属地主義と属人主義に服する。しかし，国際的に活動する金融機関に対しては，金融のグローバル化の進展に応じて微妙な監督権限の配分の調整を続けてきた。

金融機関が国際的に活動してきた歴史は非常に長いが[3]，国際的な金融規制に関する法的枠組みとしては，第2次世界大戦後，米国の主導するブレトンウッズ体制下の国際通貨基金協定（IMF協定）によってはじめて普遍的な国際条約が成立し，国際的経常支払の確保[4]と平価システムが規定された。しかし，戦後の経済復興が進むにつれて，国際的な資本取引が活発化する一方，経常支払との区別もつきにくくなり，国際金融取引が国際経済全体に及ぼす影響も大きくなっていった。そうした中で平価システムの維持が困難となり，1971年に米国が金ドルの交換を一方的に停止するニクソン・ショックが起こり主要国は変動相場制に移行してブレトンウッズ体制は崩壊，箍を失った外為取引は一層活発化することになったのである。

そのような中で，1974年，全米第20位のフランクリン・ナショナル銀行とドイツのヘルシュタット銀行が，外為取引の失敗で破綻した。両行は大手銀行として外国に支店を有し国際決済にも関係していたため，その破綻の影響は各国に広がることとなった。これを受け，当時の先進10カ国蔵相中央銀行総裁会議（G10）の要請により，主要国の銀行監督当局が参加するバーゼル銀行監督委員会（バーゼル委員会）が設立され，国際的に活動する銀行の監督のあり方が検討された。そして，1975年に，銀行の外国拠点の監督について定めたバーゼ

ル・コンコルダート⁽⁵⁾が採択されたのである。

バーゼル・コンコルダートでは，まず国際的に活動する銀行の監督を本国と受入国の共同責任（joint responsibility）とした上で，支払能力については，法人国籍論に基づき，支店は本国，現地子会社は受入国の監督責任とした。一方，流動性については，問題の属地性から属地主義に基づき，支店，現地子会社とも受入国の監督責任とした。このように，全体としては共同責任として本国と受入国の双方の関与を謳う一方，当時顕在化した支払能力と流動性という特定の事項について伝統的な法人国籍論と属地主義に基づく配分を規定した。

(2) 改正バーゼル・コンコルダート

国境を越えた金融取引がさらに活発化する中で，個々の法人としての独立性に留意しながらグループとしての銀行監督を行う必要性が認識され，バーゼル委員会は，1979年に「銀行の国際的活動の連結監督」[6]を採択した。ここでは，特に支払能力に関して，法人格は別でも支配的利益を有する子会社については親銀行との連結という文脈で一体的に考える必要があるとされた。そして，1982年，伊大手銀行バンコ・アンブロシアーノが中間持ち株会社を経由して行った取引によって破綻し，預金を受け入れていない持ち株会社を含めて銀行グループの監督を行うために，翌1983年に改正バーゼル・コンコルダート（銀行の外国拠点の監督に関する原則）[7]が採択された。ここでは，本国がグループ全体を，受入国が自国領域内の拠点の監督に責任を持ち，それを実効的に行うために本国と受入国の情報交換の重要性を指摘した。その一方で，従前の法人国籍論と属地主義を踏襲し，支払能力については，支店は本国，現地子会社は受入国，ジョイントベンチャー（JV）は設立国に，流動性については，支店，現地子会社とも受入国，JVは設立国に監督責任を配分した。双方向的な外為取引については，本国と受入国の共同責任とされた。改正コンコルダートでは，改正前の全体的な共同責任について，グループ全体と個々の拠点に区別して，前者を連結監督の観点から本国に帰する一方，後者は属地主義により受入国に帰

属させた。しかし，個別的事項に関する配分については従前の考え方を維持する一方，懸案の外為取引は共同責任という形に留まった。

(3) ミニマム・スタンダード

1991年，イギリスを営業本拠地とするBCCIホールディングスのルクセンブルク子会社BCCIが，不正経理やマネーロンダリングなどの違法行為を行ったとして，イングランド銀行から営業停止命令を受けた。同行は約70ヵ国に拠点を有していたため時差により利用可能な拠点から資金流出が相次ぎ，世界的なシステミックリスクへの発展が懸念された。これを受けて，1992年，バーゼル委員会は，これまでのような特定の事項に関する監督権限の配分ではなく，包括的な監督のための最低基準（ミニマム・スタンダード）[8]を設定した。ここでは，4つの達成すべき原則が定められた。すなわち，本国による連結監督の原則，拠点の設置における本国と受入国の協議の原則，外国拠点に関する情報交換の権利に関する原則，受入国の拠点設置制限に関する原則，である。

国際的に活動する銀行の監督においては，まず本国が中心となってグループ全体の連結監督を行う。その際，外国に拠点が設置されるときは，本国と受入国が監督のあり方を含めて協議し，設置に懸念があるときは受入国として制限を課すべきであるとする。このような本国と受入国による包括的な監督のあり方は，Dual Key Mechanismと呼ばれ，継続的な双方向の監視を目指すものといえる。[9]これを受け，各国は自国籍銀行の海外活動と外国銀行の自国での活動を監督するための国内法を充実させるのである。[10]

ここで，連結監督を支えるものとして，情報交換の権利が規定されたことは重要である。本国が連結監督を行うといっても，外国拠点はそれぞれの受入国の監督権限の中で活動しているのであり，受入国の管轄権を超えて容易に監督することはできない。そこで，受入国から連結監督のために受入国における外国拠点の情報を提供してもらう必要がある。しかし，銀行が保有する情報には顧客情報などの秘密情報も多くあり，当局者間といえども第三者に提供される

ことには抵抗がある。それまでもいくつかの文書で情報交換の重要性が指摘されてきたが[11]、ほとんどが、任意でケースバイケースの対応の範囲でなされたものであった。しかし、このミニマム・スタンダードでは、本国と受入国で情報交換を行うために取極などによって、一定の「権利」として明確にされるべきであるとされたのである。

2 規制基準の調和と平準化

(1) 自己資本比率規制

グローバルに活動する金融機関を規律するもうひとつのアプローチが、国際的な銀行監督規制の基準を調和・平準化しようとするものである。各金融機関はさまざまな国に拠点を設置して活動するので各国の監督権限の配分を調整することは有効であるが、その元となる規制の内容が大きく異なっていては実効的な監督に限界がある。そこで、監督権限の配分と並行して監督規制の内容の調和・平準化が試みられてきたのである。その嚆矢とされるのが、国際的に活動する銀行の自己資本規制を統一するバーゼル合意（いわゆる BIS 規制）である。自己資本規制そのものについては、金融機関の健全性を測る指標として米国を中心に国内法として導入されていたが、銀行の破綻の国際的な影響に鑑み、連結ベースでの資本の充実の重要性が議論されてきた。そして、1988年に、信用リスクに対する自己資本の充実度を国際的に測る指標として、バーゼル合意が導入されたのである[12]。当初の Basel I では、信用リスクのみを対象とし、リスク資産に対する自己資本（普通株、内部留保、優先株など）の比率が 8 ％以上あることを求めた。その後、リスクの多様化や資本の質の充実の観点から見直され、1996年には、トレーディング勘定のリスクを捉えるために市場リスクを導入する一方、自己資本のうち中核となる普通株と内部留保について 2 ％以上を求めるなどの改善がなされた[13]。

そして、銀行のリスクがますます多様化したことから、1999年に Basel I 全

体の改訂が提案され，数度の協議を経て2004年6月に Basel II として新たな自己資本規制が創設された。Basel II は，最低所要自己資本比率（第1の柱），監督上の検証プロセス（第2の柱），市場規律（第3の柱）の3つの柱からなる。

第1の柱では，国際的に活動する銀行の自己資本比率の計測をより精緻に行う改正がなされた。必要とされる自己資本の比率は8％のままとされたが，分母となるリスク資産の計測において，これまでの信用リスクと市場リスクに加え，事務事故，システム障害，不正行為，法務リスク等で生じうるオペレーショナル・リスクを加えた。また，信用リスクの計測では，標準的手法におけるリスクウェイトを与信先区分に応じてより細分化する一方，各銀行が有する内部格付を利用して借り手のリスクをより精密に計測する内部格付手法が認められた。第2の柱では，第1の柱で計測対象となっていないリスク（金利リスク，信用集中リスク，カウンターパーティー・リスクなど）に関して，監督上の検証プロセスに加えることによって，銀行の破綻危機を監視しようとするものである。ここでは，銀行による自己資本評価プロセスの保持，監督当局による銀行の資本充実度に関する適正な監視，監督当局による銀行の最低所要自己資本比率を超えた資本保有の奨励，最低所要自己資本比率を下回る以前の監督当局による早期介入・救済の4原則が掲げられた。第3の柱では，情報開示を通じて市場規律の実効性を高めるため，定性・定量の両面で具体的な開示の内容・範囲・頻度などを示した。

Basel II では，最大限可能な限り，グループに含まれる銀行，証券会社，その他の金融機関（リース，クレジットカード，投資顧問など）を連結ベースで捉えるべきであるとしたが，保険事業は明確に除外されたり，他の規制の関係上銀行監督からのアプローチでは難しい面がある点などに言及している。さまざまな金融機関を傘下に加える金融コングロマリットの監督については，1999年に「金融コングロマリットの監督」として，連結ベースの自己資本規制の枠組みの構築が試みられたが，Basel II でも各業態の特性の相違から統合的な規制の

(2) 多角的な規制基準の調和

　自己資本比率規制のほかにも，国際的な規範としての成熟度や必要性に応じて，さまざまな事項に関して監督基準を調和させる文書が採択されてきた。たとえば，銀行の外国為替ポジションの監督（1980年），デリバティブのリスク管理に関する指針（1994年），銀行組織の内部統制に関する枠組み（1998年），デリバティブとトレーディングに関する監督情報に関する枠組み（1998年），銀行と高レバレッジ金融機関との取引に関する健全な実行（1999年），クレジットリスク管理に関する原則（2000年），外国為替取引の決済リスクマネジメントに関する監督指針（2000年），銀行組織のコーポレート・ガバナンスの強化（2006年），健全な流動性リスク管理及びその監督のための諸原則（2008年），実効的な預金保険制度のためのコア原則（2009年）などがある。これらの指針や原則は，Compendium of Documents として体系化され，41文書が収められている。

　これらバーゼル委員会で採択された諸文書は，一般的に強制力があると思われているバーゼル合意を含め，それ自体としては法的拘束力のないものである。しかし，そこで定められた規定は，規範としての成熟度に応じて各国の国内法によって法的拘束力を付与される。バーゼル合意についていえば，米国では通貨監督庁の規則として，EU では資本充実指令として，日本では「銀行法第二十六条第二項に規定する区分等を定める内閣府・財務省令」として実定法化されている。変転する国際金融に関する規範は，柔軟性を有していなければ現実に対応できないのであり，国際的な諸文書に通底する原則の実現という観点から実行される必要があるといえる。

3　実効的な銀行監督に関するコア原則とその発展

　冷戦が終結した1990年代以降，いわゆる市場主義と金融自由化の世界的拡大によって本格的なグローバル化が進展する中で，いわゆる金融危機も頻発する

ようになった。代表的なものだけでも，ヘッジファンド投機による英ポンドの欧州通貨システム（EMS）離脱（1992年），メキシコ通貨危機（1994年），シンガポール子会社の日経平均先物取引の失敗で破綻した英ベアリングス事件（1995年），ノーベル経済学賞受賞者も参加し金融工学を駆使した高いレバレッジを活用した投資の失敗で破綻したLTCM事件（1998年），急激な投資資金の流出入で発生したアジア（1997年），ロシア（1998年），ブラジル（1999年），アルゼンチン（2002年）などの通貨危機が挙げられる。

このような中で，1996年に「クロスボーダー・バンキングの監督」[21]が採択された。これは，バーゼル委員会とオフショア取引を監督する銀行監督者オフショア・グループの共同で作成され，世界120カ国の銀行監督当局が参加する銀行監督者国際会議（ICBS）で検討されたものである。そして，本文書ではじめて「全体としての金融システムの安定」のための監督の必要性が言及された。それまでのバーゼル委員会の議論の方向性は，一義的には国際的に活動する金融機関の破綻が自国に及ぶことを警戒してなされてきた。しかし，クロスボーダー・バンキングの監督では，全体としての国際金融システムの安定を考慮することが重要であり，各国の金融システムの安定も国際金融の安定と不可分に結びついており，そのためにこそ本国の連結監督と受入国との協力が重要となるのである。

そして，1997年に，ミニマム・スタンダードを具体化した25項目からなる「実効的な銀行監督に関するコア原則」[22]が採択された。その内容は3つの性質に分けることができる。第1に，法的枠組みの重要性である。これまで銀行監督は業態としての専門性や公共性から特定の専門家によるアドホックな対応に委ねられる面が多かった。しかし，国際的な協力枠組みを確定するため，さまざまな面で法的枠組みが設定されるべきであることが示された。具体的には，銀行監督の法的枠組みの必要性（原則1，25），許認可やM&Aを含む組織構造に関する監督権限の明確化（原則2～5）がある。第2に，重要な監督項目の

明示である。バーゼル合意で具現化された自己資本比率規制（原則6）のほか，銀行の経営政策・運営実態の把握（原則7～13），内部統制の適正化（原則14），金融部門の倫理・専門性基準の設定（原則15），監督手法（原則16～20），情報管理の確保（原則21），当局による適切な介入（原則22）など具体的に列挙されている。これらは，規制基準の調和・平準化につながるものということができる。第3に，国境を越えた連結監督の重要性（原則23）とその実効性確保のための情報交換の重要性を挙げている（原則24～25）。そして，1999年には，このコア原則を具体的に実施するために，「コア原則のメソドロジー」[23]が採択された。

その後，さらなる市場環境の変化を反映させるため，2006年にコア原則とメソドロジーの双方を改訂し，特に重要な監督項目を「リスク」の視点から整理した（信用リスク，市場リスク，流動性リスクなど）[24]。この改正では，バーゼル委員会参加の先進諸国だけでなく，世界のほとんどの銀行監督当局が参加するICBSやIMF・世界銀行といった国際機関とも協議しながら，より普遍的に対応できるような検討が行われた。

このように，連結監督を基礎とした監督権限の配分と，それを実効的に行うための規制基準の平準化と各国当局間の情報交換の制度化を通じて，国際的に活動する銀行の監督の強化を進めてきたのである。[25]

Ⅲ　システム上重要な金融機関（SIFIs）の規律

1　世界金融危機とSIFIs

今回の金融危機がリーマンブラザーズという大手投資銀行の破綻を契機に世界中に拡大したことから，世界的に活動する金融機関を効果的に規律できなかったことが危機の大きな原因のひとつとされた。それは企業統治やリスク管理といった金融機関自体の経営上の問題であるとともに，これまでの国際的な対応にもかかわらず十分監督できなかった規制当局の問題でもあった。特に，大手金融機関の破綻が国際的な金融システムを混乱に陥れたことから，システム

上重要な金融機関（SIFIs）をいかに監督すべきかが危機後の論点のひとつとなった。[26]

SIFIs をめぐる規制に関しては，以下の論点がある。

第1に，自己資本比率規制のあり方の再考である。国際的に活動する銀行に対しては，これまでバーゼル合意による自己資本規制が適用されてきた。それは，銀行が抱えるリスク資産に対して十分な資本を保有することによって適正にリスクを管理し，資産の毀損に対する一定のバッファーを確保することを目的としていた。しかし，今回の金融危機では金融機関は適切なリスク管理ができず，損失に耐えることができなかったのである。これを踏まえて，バーゼル委員会では，新たな自己資本規制（Basel III）の構築を進めている。[27] Basel III では，総自己資本比率はこれまでの8％を維持するが，分子となる自己資本に算入される対象をさらに細分化・厳格化する一方，分母となるリスク資産の計測もデリバティブ，再証券化商品，トレーディング勘定も加味するなどより精緻化する方向で検討されている。また，資本保全バッファー，流動性比率，レバレッジ比率などにより多面的に安定性の確保を図ろうとしている。現時点では，2013年から段階的に実施し，2019年から全面的に適用される予定である。

第2に，カウンターパーティー・リスク管理の強化である。国際金融市場の参加者の多様化や金融商品の複雑化の中で，ヘッジファンドやデリバティブ取引それ自体が国際金融の安定にとって注意すべき存在であるが，それらは不断に進化・発展するので，直接的に補足して監督するのは非常に難しい。そこで，SIFIs が抱える取引相手のリスクを適切に管理・監視・監督することで，取引相手の破綻を通じた SIFIs の破綻による大規模な危機の発生を防止しようするアプローチをとることが考えられるのである。具体的には一定規模のヘッジファンドの登録を通じた実態の把握や清算機関を通じたデリバティブ取引の透明化などの方法がある。

第3に，適正な業務規制と内部統制の実施である。今回の危機では，グロー

バル化と自由化の流れの中で、SIFIs が過度のリスクをとる一方、適切な内部統制ができていなかった。これに関して、自己売買規制、報酬規制、格付の利用などについて規制を課す方向で対応がなされている。

第4に、SIFIs が破綻したときにどのように処理するかである。SIFIs が too big to fail（大きすぎて潰せない）の下に高リスク高収益の取引を増やし、最終的に税金によって救済されることを期待するモラルハザードが生じるおそれがある。SIFIs といえども事業に失敗したときは適切に破綻処理されなければならないが、対応を誤るとリーマンショックのように金融システム全体に悪影響を及ぼす。極めて難しい課題であるが、モラルハザードを生じさせずに金融システムへの影響を回避する破綻処理の方法を考えなければならないのである。

2 連結監督の課題

上記の課題はそれぞれに法技術的に難しい面を含んでおり、規制だけですべての危機が予防できるわけではない。また過度の規制は合理的な経済発展を阻害するおそれもある。しかも、ある程度の国家間の規制の調和は可能であろうが、そこには必ず規制の陥穽が生じる。もっとも、それ自体は必ずしも悪いことではなく、金融政策は国内経済政策の重要な一側面であり、すべての国がすべての点で統一的な規制を課すことはかえって不合理を招くおそれもある。上記の課題を意識しながら、結果としての国際金融システムの安定のためにいかに恒常的な国際的な協力枠組みを構築・維持できるかが重要なのである。

前述のように、今回の金融危機以前も、国境を越える金融活動を把握するために、連結監督を軸とした国際的な協力枠組みが構築されてきた。しかし、これまでの連結監督には、いくつかの問題があった。

第1に、本国がグループ全体を監督する限界である。連結経営の文脈で本国が中心となって連結監督を行うのは、論理的には合理的であるが、その実現に際しては困難が多かった。特に外国拠点の関する情報の収集については、グ

ローバル化の進展によって，すべての金融機関のすべての外国拠点の最終的な監督責任を本国当局が負うには，非常に多くの金融機関が国際的な活動を多角的に広げるようになっていた。

第2に，受入国の監督の連結監督へのフィードバックの不足である。連結監督のために受入国が十分に情報提供できなかったのには，銀行の秘密保護や顧客情報保護に関する法制のために情報提供の障害がある場合と，外国当局の監督能力に限界があった場合とがある。とりわけ，いわゆるタックスヘイブンが自由な金融取引と秘密保護によって国際的な金融機関の受入れを促進している場合があり，Dual Key Mechanism を働かせる基礎に欠けている場合も生じた。これは金融技術とコンピュータの発達により大規模な物理的拠点を有しなくても法的な拠点として外国で活動できる領域が広がったことも背景にある。

第3に，内部統制依存の限界である。連結監督の実行には，金融グループ内の内部統制を通じて，本国の監督当局が当該金融グループ全体の連結監督を行う方法がある。しかし，それは，金融グループの内部統制が一定程度合理的になされることを前提としており，今回の金融危機のように内部統制が十分に行われていなければ，本国当局が外国拠点の問題を見つけるのは難しい。内部統制を通じた連結監督は，外国拠点の当局からの情報による相互補完があってはじめて実効的になされるのである。

3　監督カレッジの構築

(1) 金融危機以前の実行

上記のような連結監督の課題を踏まえ，特に国際金融システム全体の安定を確保するために，監督カレッジ（Supervisory college）による枠組みの構築が検討されている。監督カレッジは，特に国際金融市場の主要な SIFIs に対して，関連する国の監督当局が恒常的に情報交換を行い，それぞれの監督権限を適切かつ実効的に作用させようとする枠組みである。

特定の金融機関の国際的活動を監督するためのカレッジとして最初に設定されたのは，1987年のBCCIに対するカレッジであると言われる。ここでは，本国ルクセンブルグ，主たる営業拠点の英国のほか，フランス，スペイン，さらにはタックスヘイブンのケイマン，スイス，アラブ首長国連邦，香港が参加した。しかし，当時存在した国際的な監督指針は，改正バーゼル・コンコルダート程度であり，これに基づいて本国ルクセンブルグが70カ国に及ぶ拠点の連結監督を行う力はなかった。これを受けて，前述のようにミニマム・スタンダードが採択され，本国と受入国の双方向の監督指針が最低基準として定められた。また，ドイツ銀行，HSBC，シティグループ，UBS，クレディスイスなど，いくつかの特定の金融機関に関して情報交換のためのアドホックな取極が当局間で締結された。もっとも，これらの取極は，本国が主導的監督者（lead supervisor）となって3～5程度の米欧の主な当局が参加するものであって，規模も小さなものであった。その後，1990年代の急速なグローバル化はさまざまな形態の金融危機を生み，欧米の主要な当局間だけでは十分対応できなくなっていったのである。

(2) 金融危機後のカレッジ構築の諸要素

　金融危機後，グローバルに活動するSIFIsを実効的に規制・監督するための枠組みとして，改めて監督カレッジの充実が必要とされた。では，不断に拡大・深化するグローバル化の中でどのようなSIFIsをどのように規制・監督すればよいのであろうか。

　SIFIs自体の明確な定義は難しい。一般的には，その破綻または機能不全が直接的な影響もしくは広汎な波及のきっかけとして危難の原因となりうる金融機関，市場および金融商品（instruments）と定義される。しかし，システム上の重要性は，金融システムのみを考慮する場合もあれば，実体経済への影響を含める場合もある。今回の金融危機が世界の実体経済にも重大な影響を与えたことに鑑みれば，システム上の重要性は，破綻の影響の外部性，金融サービス

の流れの阻害，実体経済への重大な波及を含むと考えることができる。また，SIFIs は，観念的には金融市場での活動主体である金融機関が中心であるが，市場や金融商品自体も SIFIs と捉える必要もある。なぜなら，市場や金融商品は金融取引や実体経済にとって金融機関自体と同様に重要なインフラであり，ある市場や金融商品の取引が滞った場合には，システム的な影響が波及するおそれがあるからである。

　システム上の重要性の程度は，次の3つの側面から評価することができる。第1に，規模である。一般に，金融システムの機能に対するある要素（components）の重要性は，その要素が提供する金融サービスの量とともに増大するからである。規模を測る指標には，資産規模，市場シェア，時価総額，取引量などが挙げられる。第2に，代替可能性である。すなわち，ある要素のシステム上の重要性は，破綻時に他の要素が同様のサービスを提供することが難しい場合に増大する。具体的には，インフラとしての依存度，独占性，参入企業数などが指標となる。第3に，相互連結性である。システミックリスクは，個々の破綻や機能不全が金融システム全体に影響を与えるような要素間の直接・間接の連結を通じて引き起こされるからである。指標としては，内外子会社の資産規模，相互の資本所有，国際的な債権債務関係の量，国際的なデリバティブのエクスポージャー，CDS への関与などを挙げることができる。

　また，これからの監督カレッジの構成は，危機以前のように主要欧米当局からなるカレッジでは今日のグローバルな状況に対応できない。そこでいくつかの形態を考える必要がある。第1は単一カレッジ（Unitary college）である。ここでは少数の監督当局でひとつのカレッジを組織する。意思疎通は簡便だが参加しうる当局の数が限定される。第2が二重/普遍カレッジ（Dual core / Universal college）である。ここでは，地域や業態ごとにいくつかのカレッジを併設し，それらを束ねることでできるだけ多くの関係する当局の参加を可能とするものである。ただし，参加当局の数が多くなるため，構造が複雑になるお

それがある。第3が可変カレッジ（Variable college）である。ここでは通常時は主要な当局が参加するが，必要に応じて特定の業態や地域の当局が参加するものである。指令による体系化が進んでいる EU では，まず加盟国によるカレッジを設置し，必要に応じて非加盟国が参加する形態をとっている。[38]

しかしながら，具体的なカレッジの組成にはなお難しい面がある。まず，どの当局が参加するかである。SIFIs の拠点を有するすべての国の当局が参加するのは効率的ではないが，欧米だけでなく新興国やタックスヘイブンの参加も確保しなければならない。各国当局の主体性と国際金融システムにとっての必要性のバランスを図りながら，参加当局を決定していく必要がある。次に，カレッジの運営の中心となる当局の設定である。一般的には，連結監督の文脈から本国が中心を担うのがまずは妥当であろう。しかし，グループの組織構成によっては設立準拠法によるか主たる営業拠点によるかという問題が生じる場合がありうる。特に，法的には持ち株会社をタックスヘイブンに設立し，営業拠点をさまざまな国に均等に分散する金融グループの場合は二重カレッジを柔軟に活用する必要がある。また，複数の業態をグループ内に抱える場合は，どの業態の当局が中心となるかも考慮されなければならない。そして，カレッジの恒常的な運営体制の確立である。これまでのような少数の当局による情報交換と異なり，さまざまな当局が参加する必要のあるカレッジでは，恒常的に運営がなされるように体制を確立する必要がある。具体的には，カレッジの開催の手順・頻度，課題の設定，カレッジ内の意思疎通，情報管理などがある。実際には，中心となる当局（ほとんどの場合はグループ本国）が調整するものと思われるが，明文の取極を締結して透明性ある仕組みを構築する必要がある。

カレッジを実効的に運営するのに最も重要なのは，参加当局の情報交換をいかに有効に行うかである。そこにはいくつかの課題がある。第1に，情報交換取極の締結である。これまで締結されてきた情報交換取極はほとんどが二国間ベースのものであり，さまざまな当局が参加するカレッジでどのように締結す

るかが課題となる。本国主導で多国間の情報交換取極を締結するのが望ましいが，合意の形成や二重カレッジや可変カレッジのように参加当局の関与のレベルが異なる場合の対応も考えねばならない。第2に，実際の交換チャネルの構築と交換される情報の明確化である。どの機関のどの担当者を通じてどのレベルの情報が交換されるのか，明確にしておく必要がある。このことは，第3の守秘義務や交換拒否への対応とも密接に関連する。交換される情報には，企業秘密や預金者等の個人情報が含まれる。各当局が保有する情報が交換される場合は，カレッジの対象となった金融機関に可能な限り開示されるのが望ましい。また，国益や国内法に抵触する場合は交換が拒否される場合もあろう。それが国際金融システムの安定にとって重要な情報の場合にどう対処するかを考慮しておく必要がある。

このような状況において，G20の要請を受けて，これまでにグローバルに活動する主な金融グループのカレッジが設定されている。その後，よりグローバルに影響のあるSIFIsをGlobal SIFIs（G-SIFIs）としてさらに特別な規制を課そうとする方向性も見られる。G-SIFIsは文字通りその破綻がグローバルにシステム上重要な影響を及ぼす金融機関なので，自己資本比率規制においてもBasel III以上の規制を課すなど，危機を惹起させないようより強力な規制が検討されている。しかし，特定の金融機関に限定した規制をかけることは，その金融機関のモラルハザードを助長すると同時に，経営の自由度を大きく損なうこととなる。現状では，G-SIFIsを国際的な公共財のように捉えて特別な規制を課すような共通認識が国際社会に醸成されているとまでいうことはできない。G-SIFIsの存在意義と役割をどのように捉えて追加的な規制を課すのか，本質的な議論が必要であろう。

Ⅳ　結び——これからの国際金融システムの法的規律——

世界的な金融危機を契機として議論されてきた国際金融システムの安定に向

けた取組みは，さまざまな点からなおその途上にあるが，複雑かつ不断に変転する国際金融システムの安定には，ほとんどの事象においてその中心に存在するSIFIsをより俯瞰的に位置付けることが重要となる。

　第1に，国際的な規律の体系化をより一層進めていく必要がある。これまでバーゼル委員会を中心として主に国際的に活動する銀行に対してバーゼル合意などの規範が形成されてきたが，それは欧米の金融当局を中心とした極めて専門的技術的なものであった。しかし，新興国を含む政治的機関であるG20が組織され，先進国の金融監督当局で構成された金融安定化フォーラム（FSF）も新興国を含む金融安定化理事会（FSB）に改組され，バーゼル委員会以外のIOSCOやIAISなどの業態別の監督当局間機関も規準設定機関（SSB）としてFSBへ緊密に情報を提供するような体系ができつつある。このように階層化された規律体系のもとで設定される諸規範を，国際的な平面でそれ自体として法的拘束力のある条約や協定にするのは難しい。そのための交渉にはあまりに多くの時間がかかるし，国際金融市場の変化に到底対応することはできないからである。それゆえ，そのような柔軟な国際規範の実定法化は，むしろ国内法を通じて実現されるべきである。けだし，SSBなどで設定される規範は，多くがSIFIsを直接の規制対象とするものであり，その適用は金融機関が拠点を設置する国の国内法を通じて行われる方が実効的であるからである。

　しかしながら，これまでのような特定の当局間の政策協調に依拠するだけでは，法的規律としてはなお不安定である。それゆえ，少なくとも協調の枠組みは国際法上の基礎を付与されることが望ましい。そのために一から新たな国際機構の設立を考えるには膨大な交渉過程を要するので，既存の枠組みを活かすことが有意義である。現在国際金融に関して存在する唯一の多角的国際条約枠組みであるIMFの活用，FSBの設立基盤の条約化，バーゼル委員会の設立基盤の条約または国際協定化などが考えられよう。これらの組織の現在の参加機関の状況に鑑みると，FSBの存立基盤を段階的に国際法に基礎付けていくこ

とが最も効果的であると思われる。FSBは，国家，国内機関，国際組織などさまざまな法主体が参加するのでそのまま条約化することは難しいが，前身のFSFから改組されるにあたって，明文の設立憲章も作成されている[43]。他の国際条約のように詳細な実体規定を敢えて設けず，組織として法的基盤を付与し，柔軟な実体ルールの設定はSSBに委ねる形が考えられる[44]。その際，具体的な実定法化が国内法に委ねられるとしても，それが単に各国の国益の確保や自国の規制慣行の温存のみに帰するものではないことは強く認識されなければならない。そのために，恒常的な協力枠組みであるカレッジの運営に関して透明性を確保していく必要がある。

今回の金融危機は，SIFIsを巡るある国の国内金融システムの毀損がほとんどそのまま国際金融システムの安定を害し，他国の国内金融システムへと波及するという国内・国際両システムの密接な関係を再認識させた。グローバル化の深化の中で，国際金融システムの安定は最早ほとんどの国にとって文字通り死活的利益であり，自国の金融市場だけを守ろうとしても無益であることを理解する必要があるのである。

第2に，SIFIsを中心とした他の市場参加者との規律関係の再構築である。グローバル化が深まる中で，多様な市場参加者との関係を考慮しながらSIFIsに対する規律のあり方を考える必要性が増している。関係する市場参加者としては，ソブリン（国家），他の機関投資家（ファンド，年金基金，国内金融機関），仲介機関（取引所，清算機関，格付機関），一般投資家（個人投資家，預金者，納税者）など多岐にわたる。ここで詳細を検討する余地はないが，今回の危機で明らかになった点だけでも，ソブリン債（国債）投資との関わり，さまざまな形態のファンドへの投資，年金基金や国内金融機関との取引，仲介機関の利用，預金者保護，破綻処理に伴う税金の使用などを挙げることができる。

これらの市場参加者それぞれを規律することはもちろん必要であるが，国際金融システムのへの波及という点ではSIFIsを通じて惹起することが多く，実

体としても捉えやすい面もある。SIFIs における他の市場参加者との取引が適正に行われることを確保することによって，国際金融システム全体の安定を図ることがますます必要になっているのである。

　国際金融市場はめまぐるしく変化しており，特定の規制を設定しそれを課したからといって国際金融システムの安定が永続的に保障されるものではない。それゆえ，見えない危機の芽が常に潜在的に市場に存在することを前提として，不断の対応と監視を行うことが不可欠である。そのための場として，監督カレッジが真の「法益」を考慮しながら SIFIs に対する法的規律を全ての国にとって死活的な問題として実行していくことが必要なのである。

　　＊本稿の意見に関する部分は，筆者の個人的見解であって，筆者の所属機関の見解を表すものではない。
　(1) 今回の金融危機の原因には，政治，経済，経営，法律，金融工学，さらには米国民の生活様式までさまざまな側面があり，簡便な解説は難しいが，時系列を追って分かりやすく解説したものとして，小林正宏・大類雄司『世界金融危機はなぜ起こったか──サブプライム問題から金融資本主義の崩壊へ』（東洋経済新報社，2008年）。
　(2) Financial Crisis Inquiry Commission, *The Financial Crisis Inquiry Report, Final Report of the National Commission on the Causes of the Financial and Economic Crisis in the United States*, January 2011, pp.xviii, 52-56.
　(3) Kindleberger, C. P., *A Financial History of Western Europe* (Routledge, 2006), pp.3-4, 37
　(4) IMF 協定では，貿易決済や送金などの経常的支払を確保する義務が規定される一方（第8条），資本移動については加盟国に規制する権利が認められている（第6条3項）。
　(5) Basle Committee on Banking Supervision, *Report on the Supervision of Banks' Foreign Establishments*, September 1975.
　(6) Basle Committee on Banking Supervision, *Consolidated Supervision of Banks' International Activities*, March 1979.
　(7) Basle Committee on Banking Supervision, *Principles for the Supervision of Banks' Foreign Establishments*, May 1983.
　(8) Basle Committee on Banking Supervision, *Minimum Standards for the Supervision of International Banking Groups and Their Cross-Border Establishments*, July 1992.
　(9) Walker, G. A., *International Banking Regulation ─ Law, Policy and Practice* (Kluwer Law International, 2001) p.124.

⑽　ミニマム・スタンダードの採択に呼応して，米海外銀行監督強化法の制定や英イングランド銀行の監督権限の強化などが行われた。

⑾　Basle Committee on Banking Supervision, *Banking Secrecy and International Cooperation in Banking Supervision*, December 1981; *Information Flows between Banking Supervisory Authorities*, April 1990 など。

⑿　Basle Committee on Banking Supervision, *International Convergence of Capital Measurement and Capital Standards*, July 1988. なお，Basel I が導入された当時は，明確な自己資本規制のなかった日本の銀行が欧米の銀行と比べて競争上不当に優位な状態にあるとして，各国の銀行の競争条件を均衡させるという意図もあった。すなわち，国際金融システム全体の健全性や安定のためというよりも，各国の金融システムや金融政策の維持・発展という視点も色濃く考慮されていたのである。Scott, H. S., *International Finance: Transactions, Policy and Regulation*, 8th ed., (Foundation Press, 2001) p.227.

⒀　Basle Committee on Banking Supervision, *Amendment to the Capital Accord to Incorporate Market Risks*, January 1996.

⒁　Basle Committee on Banking Supervision, *International Convergence of Capital Measurement and Capital Standards: A Revised Framework, Comprehensive Version*, June 2006. わが国では，2006年3月に告示，2007年3月末から施行された。

⒂　*Ibid.*, pp.144-156.

⒃　*Ibid.*, pp.205-212.

⒄　*Ibid.*, pp.7-8. なお，わが国では，「銀行法第十四条の二の規定に基づき，銀行がその保有する資産等に照らし自己資本の充実の状況が適当であるかどうかを判断するための基準（平成十八年金融庁告示第十九号）」の第3条において，銀行法第16条の2が定める子会社対象会社のうち，保険会社を除くものを連結の範囲とし，「連結財務諸表の用語，様式及び作成方法に関する規則（昭和五十一年大蔵省令第二十八号）」によって計算するものとしている。

⒅　The Joint Forum on Financial Conglomerates, *Supervision of Financial Conglomerates*, February 1999.

⒆　12 CFR Part 3.

⒇　Directive 2006/49/EC of the European Parliament and of the Council of 14 June 2006 on the Capital Adequacy of Investment Firms and Credit Institutions.

(21)　Basle Committee on Banking Supervision, *The Supervision of Cross-Border Banking*, October 1996.

(22)　Basle Committee on Banking Supervision, *Core Principles for Effective Banking Supervision*, September 1997.

(23)　Basle Committee on Banking Supervision, *Core Principles Methodology*, October 1999.

⑷ Basle Committee on Banking Supervision, *Core Principles for Effective Banking Supervision*, October 2006; *Core Principles Methodology*, 2006.
⑸ 銀行以外の業態等に関する国際的な金融監督当局の組織としては，証券監督当局で構成される証券監督者国際機構（IOSCO，1983年設立），保険監督者国際機構（IAIS，1994年設立），マネーロンダリングや金融犯罪の防止を目的とした金融活動タスクフォース（FATF，1989年設立）などがある。バーゼル委員会と比べてこれらの組織の歴史はまだ浅いため，これらの組織が採択する原則や指針の実施に関しては，参加国の裁量の度合いが相対的に高い。
⑹ G20, *Declaration Summit on Financial Markets and the World Economy*, Washington, November 15, 2008, paras.9-10.
⑺ 2010年末時点の合意内容をまとめたものとして，Basle Committee on Banking Supervision, *Basel III: A Global Regulatory Framework for More Resilient Banks and Banking Systems*, December 2010.
⑻ その代表が，一定のヘッジファンド投資や自己勘定でのトレーディングを禁じる米金融改革法のボルカー・ルールである。Dodd-Frank Wall Street Reform and Consumer Protection Act, § 619: Prohibitions on proprietary trading and certain relationships with hedge funds and private equity funds.
⑼ Hüpkes, E. and Devas, D., "Cross-border Bank Resolution: A Reform Agenda", Giovanoli M. and Devas D. (eds.) *International Monetary and Financail Law: The Global Crisis* (Oxford University Press, 2010) pp.359-360.
⑽ FSB, *Reducing the Moral Hazard Posed by Systemically Important Financial Institutions*, October 2010.
⑾ Alford, D. E., "Basle Committee Minimum Standards: International Regulatory Response to the Failure of BCCI", *George Washington Journal of International Law and Economics*, Vol.26, 1992. p.264
⑿ Alford, D. E., "Supervisory Colleges: The Global Financial Crisis and Improving International Supervisory Coordination", *Emory International Law Review*, Vol.24, 2010, p.61.
⒀ G20, *supra* note 26, p.4.
⒁ IMF, BIS and FSB, *Guidance to Assess the Systemically Importance of Financial Institutions, Market and Instruments: Initial Considerations*, October 2009, p.5. 具体的には，日米欧を中心に30程度の SIFIs の名前が挙げられる。Goldman Sachs, JP Morgan Chase, Morgan Stanley, Bank of America Merrill Lynch, Citigroup (US); HSBC, Barclays, Royal Bank of Scotland, Standard Chartered, Aviva (UK); Royal Bank of Canada (Canada); UBS, Credit Suisse, Zurich, Swiss Re (Switzerland); Société Générale, BNP Paribas, Axa (France); Santander, BBVA (Spain); UniCredit, Banca Intesa (Italy); Deutsche Bank, Allianz (Germany); ING, Aegon (Netherlands); みずほ，

三井住友，三菱UFJ，野村（日本）。Patrick Jenkins and Paul Davies, "Thirty Groups on Systemic Risk List", Financial Times, November 29, 2009.
(35) *Ibid.*, p.6.
(36) *Ibid.*, pp.15-17.
(37) Basle Committee on Banking Supervision, *Good Practice Principles on Supervisory Colleges,* October 2010, p.4.
(38) CEBS, *Guidelines for the Operational Functioning of Supervisory Colleges,* June 2010. また，European Commission, *Proposal for a Directive of the European Parliament and of the Council amending Directives 98/78/EC, 2002/87/EC and 2006/48/EC as regards the Supplementary Supervision of Financial Entities in a Financial Conglomerate,* COM (2010) 433 final, 2010/0232 (COD) 16.8.2010, p.20.
(39) 多国間の情報交換取極に関する指針として，IOSCO, *Multi-jurisdictional Information Sharing for Market Oversight,* April 2007.
(40) FSB-G20 — Monitoring Progress: as of September 2010 [For Publication in March 2011], available at *http://www.financialstabilityboard.org/publications/r_101111b.htm* 新興国では，中国工商銀行，中国銀行，ロシアVTBなどのカレッジも創設されている。
(41) FSB, *Progress since the Washington Summit in the Implementation of the G20 Recommendations for Strengthening Financial Stability,* November 2010, pp.6-9.
(42) Arner, D. W. and Taylor, M. W., "The Global Financial Crisis and the Financial Stability Board: Hardening the Soft Law of International Financial Regulation", *University of New South Wales Law Journal,* Vol.32, 2009, pp.513-516.
(43) FSBには，財務省として16カ国，中央銀行として22行，金融監督当局として14機関（いずれも国家としては重複があり，国家としては24カ国），6国際機関，6国際規準設定機関が参加している。
(44) Financial Stability Board Charter. 本憲章は，2009年9月25日から効力を有すると規定するが（第17条），何らの法的権利義務を創設するものではないこともまた明記している（第16条）。

（大和総研企業経営コンサルティング部コンサルタント）

論　説　世界金融危機後の国際経済法の課題

リーマン・ブラザーズ・グループの国際倒産処理手続
—— 国境を越えたグループ企業の倒産処理手続がもたらした問題点 ——

井　出　ゆ　り

I　はじめに
II　多数の裁判管轄で法的倒産手続が開始することによる情報の分断とこれがもたらした問題点
　1　情報の分断
　2　情報の分断による事業価値の毀損
　3　情報の分断による資産管理業務への影響
　4　プロトコルの果たした役割とその限界
III　グループ会社の倒産手続における衡平な処理とは何か——実体的併合の問題——
　1　グループ会社の倒産手続と実体的併合
　2　リーマン・ブラザーズ・グループにおける処理
　3　若干の考察

I　はじめに

　世界有数の投資銀行グループであったリーマン・ブラザーズ・グループは，2008年9月15日に，グループ全体の持株会社であるリーマン・ブラザーズ・ホールディングス・インク（以下「LBHI」という）が米国連邦倒産法第11章に基づく法的倒産手続（以下「チャプター11手続」という）を申し立てたことに端を発して，世界各国のグループ会社が，それぞれの管轄において法的倒産手続の申立てを行い，前例を見ない大規模な国際倒産手続に発展することとなった。2011年1月現在，各国の裁判所に係属する法的倒産手続に服しているグループ内の法人の数は，米国内で23社，その他世界16か国において約80社にのぼるとされている。(1)我が国では，リーマン・ブラザーズ証券株式会社等4社が民事再

生手続に服することとなった。

　筆者はリーマン・ブラザーズ・グループの倒産事件において，債権者の代理人として，米国のチャプター11手続，我が国の民事再生手続，オランダの破産手続等に関与した。筆者はこの巨大な国際倒産事件の全体について把握するものではないが，本稿では，筆者が関与した範囲及び公開の資料から判明する限りにおいて考察した，リーマン・ブラザーズ・グループという国際的金融機関の法的倒産処理手続がもたらした問題点について検討し，報告したいと考える。[2]

　具体的な問題点としては，①多数の裁判管轄で法的倒産手続が開始することによる情報の分断がもたらした問題点とこれについて国際並行倒産手続において利用されるプロトコルの果たした役割，及び，②米国のチャプター11手続における議論を中心として，「実体的併合」の問題に関連するグループ会社の倒産手続における衡平な処理は何かという点について検討したい。

II　多数の裁判管轄で法的倒産手続が開始することによる情報の分断とこれがもたらした問題点

1　情報の分断

　倒産手続が開始する前，リーマン・ブラザーズ・グループは，40カ国以上の国において，法人，パートナーシップ，特別目的会社及びジョイントベンチャーなどの形態による相互に関連した数千の関係会社が一体となって運営されていた。その運営は株式や外国為替取引等の事業部門毎に行われており，例えば株式部門については，NYのトレーダーが世界各国のグループ会社を通じて世界中の相手方と取引できる状況にあった。また，このような一体的運営を行うため，リーマン・ブラザーズ・グループは，相互に関連する約2700ものソフトウェアによって世界各国の経営情報及び財務情報を管理していた。[3]

　しかし，2008年9月15日に，グループの持株会社であるLBHIがチャプター

11手続を申し立てると，これに続いて米国のグループ各社及び世界各国のグループ各社が次々と法的倒産手続の開始を申し立てた。前述のとおり，2011年1月現在，リーマン・ブラザーズ・グループ各社について各国の裁判所に係属する法的倒産手続の数は，米国内で23社，その他世界16カ国において約80社にのぼるとされている。

　法的倒産手続が開始されれば，各債務者の事業の経営権や財産の管理処分権は，それぞれについて適用のある倒産法に基づき，DIPや管財人等（以下，各国の倒産手続において事業の経営権や財産の管理処分権を有する機関を総称して「管財人等」という）に帰属する。管財人等としては，債権者の回収を最大化するために，自らが管理処分権を有する事業や資産の内容を把握し，その価値の維持・最大化を図ることが喫緊の課題となる。

　しかし，債務者の資産やその事業に必要な情報が国外にある場合には，倒産手続の対外的効力が国外に及ぶ普及主義をとる法制の下でも，直ちに管財人等の事業の経営権や財産の管理処分権が国外の資産や情報において認められるわけではない。普及主義に基づくある国の倒産手続の効力が外国において認められるか否かは，当該外国の法律上，外国倒産処理手続の効力がどのように認められるかという点にかかっている。例えば我が国の場合には，普及主義をとる外国の倒産処理手続は，外国倒産処理手続の承認援助に関する法律（以下「承認援助法」という）に基づく承認の申立てを行い，当該外国倒産処理手続について援助の処分を受けてはじめて国内的に効力を有することとなる（承認援助法第25条以下）。承認援助法は，1997年にUNCITRAL（国連国際商取引法委員会）が採択した「UNCITRAL Model Law on Cross-Border Insolvency（UNCITRAL国際倒産モデル法）」に基づいて立法されたものであるが，UNCITRAL国際倒産モデル法15条は，裁判所が外国倒産承認手続について承認の裁判を行うことを予定しており，一定の要件を満たせば当然に承認の効果を認めるものではない。[4]そのため，この点についてUNCITRAL国際倒産モデル法に基づく立法が

なされている多数の国では，外国倒産処理手続の承認及び援助の手続を経なければ，外国の倒産手続における管財人等の権限は認められないこととなる。リーマン・ブラザーズ・グループの国際倒産手続においても承認援助決定は各国で発令されており，例えば我が国では，平成21年6月1日に，香港の法人であるリーマン・ブラザーズ・アジア・ホールディングス・リミテッドの清算手続が，承認援助法に基づく承認及び援助処分（日本国内における業務及び財産についての承認管財人（香港の清算手続における清算人）による管理等）を受けている。[5]

しかしながら，すべての倒産手続が当該債務者に関する資産や情報の存在する外国において承認援助処分を受けているわけではなく，管財人等は，相当の範囲で，外国にある資産や情報へのアクセスを閉ざされ，その結果，世界各国の関係会社間で共有されていた経営に必要な情報は分断されることとなった。

2 情報の分断による事業価値の毀損

米国において，LBHI等のチャプター11手続の債務者を代理していた弁護士によれば，経営に必要な情報の分断は，債務者の事業価値の毀損をもたらした。[6] リーマン・ブラザーズ・グループの事業は，北米における事業，欧州・中東における事業，アジア・オセアニアにおける事業に分割して処分されているところ，北米事業は英国の Barclays Capital Inc. に対して約38億米ドル強で譲渡されており，[7] 欧州・中東における事業は野村証券グループに対して2米ドル，[8] アジア・オセアニアにおける事業は有形固定資産以外について5000米ドルで譲渡された。[9]

3 情報の分断による資産管理業務への影響

また，経営に必要な情報の分断は，倒産手続の遂行に対しても実務上大きな障害となる。例えば，オランダ法人である Lehman Treasury Co. BV（以下「LBT」という）はグループ全体の資金調達のために設立された特別目的会社

であり，世界各国の投資家から，EMTN 等の社債やさらに複雑な仕組債によって資金調達を行い，その資金を LBHI に貸し付けていた。LBT は仕組債による資金調達や多数のデリバティブ取引を行っていたので，その経理業務の内容は複雑なものとなっていたが，特別目的会社であるので，従業員も存在せず，帳簿の管理を含めた大半の業務はリーマン・ブラザーズ・グループの欧州における業務を統括していた Lehman Brothers International (Europe)（以下「LBIE」という）が行っていた。LBT については，2008年10月8日にオランダで破産手続が開始されて管財人が選任されており，他方，LBIE は，LBHI と同日の2008年9月15日から英国の管理型倒産処理手続であるアドミニストレーションに服しているが，LBT の管財人の債権者に対する報告によれば，LBT の管財人が LBIE の管理人から一部の帳簿や契約書類を受領することができたのは，LBT について破産手続が開始されてから1年半以上が経過した2009年5月27日に，LBT の管財人と LBIE の管理人との間で，情報の授受や作業コストについて合意書が締結された後であった。また，当該合意が成立した後の段階においても，LBIE の管理人は，LBT の管財人に対して，LBT の事業に関する情報が他のリーマン・ブラザーズ・グループの関係会社の業務に関する情報と「コミングル（混同）」していることを理由に情報の提供を拒んでおり，そのため，LBT の管財業務に相当程度の支障が出ていたものと思われる[10]。

　このように，国境を越えて一体的に経営されていたリーマン・ブラザーズ・グループは各国における法的倒産手続の申立てによって経営に関する情報が分断され，その結果，事業価値が大幅に毀損し，また，その倒産手続においても，適正かつ迅速な管財業務に支障をきたすという事態に至ったものと思われる。

4　プロトコルの果たした役割とその限界

(1)　リーマン・ブラザーズ・グループの国際倒産手続におけるプロトコルの必要性

このような情報の分断による各倒産手続における管財業務に対する障害に直面し，各国の管財人等はLBHIの主導で，プロトコルを締結することによって，相互に情報を開示し，関係会社間の錯綜した債権債務関係について協議の場を設けることとした。

　2010年1月15日付でプロトコルに参加した管財人等が公表したレポートによれば，リーマン・ブラザーズ・グループの各国債務者間においては，国境を越えて複雑な関係者間取引が実行されており，グループ全体の資金管理システム上，数百億米ドル規模の関係会社間債権が存在していた。また，LBHIがチャプター11手続を申し立てた直前の2008年9月12日現在で約322,000件のグループ内デリバティブ取引及び外国為替取引が存在し，関係会社間の証券貸借は3000億米ドルにのぼっていたとされる。さらに，関係会社が行う取引については，様々な形態でLBHIが保証を行っていた。これらの関係会社間取引を整理して，各国の倒産手続において整合的に各債務者の資産と負債を確定させるためには，管財人等の間で，国境を越えた協力が不可欠であり，プロトコルは，そのような相互協力によって，倒産手続全体のコストを抑制し，もって債権者の利益の最大化を図ろうとする試みであった。

(2) プロトコルの内容及びプロトコルに基づく関係者の活動

(a) プロトコルの内容

　リーマン・ブラザーズ・グループの倒産手続におけるプロトコルの主な内容は以下のとおりである。

(ア) プロトコルの目的は，各国での倒産処理手続間における協力と協調，管財人等や可能な範囲における管轄裁判所間の直接のコミュニケーション，管財業務を円滑に進めるための情報の共有，すべての債権者や利害関係人のための資産保全，関係会社間の債権債務関係の整合的な確定，債権者の回収の最大化及びすべての管轄裁判所の独立性と権限の尊重にある。

(イ) 管財人等は，プロトコルに調印したとしても，プロトコルに定める事項

について法的な義務を負うものではなく，プロトコルの定めによって，当該管財人等が自らが管理する財団や債権者に対する義務に違背したり，その義務を免れることとはならない。

(ウ) 上記の前提の下で，プロトコルは以下の定めを置いている[14]。

① 管財人等は，重要事項について相互に通知する。

② 管財人等は，他国の倒産処理手続を管轄する法廷において，当該国の法律が許容する範囲で出頭する権利を与えられる。

③ 管財人等は，自らが遂行する倒産処理手続や自らが管理する財団等について，他の管財人等に対する情報開示を行う。当該情報開示は無償で行われ，他国の財団に関する帳簿等を占有する管財人等は，当該他国の管財人に対する帳簿等を提供する。また，他国の管財人等の利害に関わる倒産手続開始前の取引については真摯な調査を行う。

④ 管轄裁判所間のコミュニケーションについては，「国際事件における裁判所間の連絡に関するガイドライン[15]」が適用される。

⑤ ある倒産手続における債権者委員会が受領した情報が他の債務者の利益に関連する場合には，当該情報は，当該他の債務者の債権者委員会にも提供される。

⑥ 他の債務者の資産保全のため，自らが管理する財団中にある他の債務者の資産に関する権利が毀損する恐れがある場合には，当該他の債務者に対し，当該資産の処分等に先立って通知を行ったり，他の債務者によって自らが管理する財団中の資産について権利主張がなされた場合にはこれについて調査を行う。

⑦ ひとつの債務者について完全な倒産手続（Plenary Proceeding）と限定的な倒産手続（Limited Proceeding）[16]が係属している場合には，完全な倒産手続のみで債権届け出がなされるものとする。同一の債権について複数の倒産手続において弁済を行う場合には，その弁済額を調整するものとし，主

たる債権と保証債務履行請求権について弁済が行われる場合には，弁済総額がそのいずれか高いほうの金額を超えないように調整を行う。

⑧　関係会社間債権については，合意による債権債務関係の確定をはかるため，手続委員会（Procedural Committee）を設立して，手続委員会が提案する手続，会計原則，及び債権の立証方法に従って，債権の確定を目指す。

⑨　再建計画案や清算計画案の提出に際しては，適用のある法律が許容する範囲内で，他国の管財人等が作成する計画案と整合的な計画案を作成するように努める。

⑩　相互の礼譲の観点から，他国の管轄裁判所の独立性と権限を認める。

(エ)　プロトコルの発効について，当該国の法律により管轄裁判所の許可が必要とされる場合には，管轄裁判所の許可があることがその効力発生の条件となる。

(b)　プロトコルに基づく関係者の活動

プロトコルの主たる目的の1つとして，関係会社間の債権債務関係について整合的な処理を行い，債権確定のための膨大な数の訴訟が提起されることを回避することが挙げられていたが，そのためには，関係当事者が，共通の財務情報を基礎とすることが必要である。そのため，LBHIとLBIE等が中心となって，関係会社間における資金融通取引を中心に，LBHIがチャプター11手続を申し立てる直前のグループ全体の2008年9月14日現在のバランスシートを確定させる作業を行った。このバランスシートはGlobal Closeと呼ばれ，その作成方法や考え方については，プロトコルに参加した管財人等に対して何度かにわたって説明会が開催された。

また，プロトコルに定める手続委員会も年8回にわたって開催され，関係会社間の債権債務関係の確定のための作業を行った。相互に認識の差異のある関係会社間債権については，第2回目のプロトコル会議においてLBHIが和解の枠組みを提案し，和解の促進を求めた。

(3) プロトコルについての一定の限界

　上記のとおり，プロトコルはこれに参加した管財人等に対して情報共有や和解交渉の枠組みを提供している。しかし，各国の管財人等にはプロトコルに参加する義務はなく，実際にプロトコルに調印したのは倒産処理手続が係属している17カ国中，その一部である10名の管財人等にとどまった。特に，リーマン・ブラザーズ・グループの欧州部門を統括していたLBIEは相対での合意による処理を主張してプロトコルには調印しなかった。また，各国の中でももっとも手続が先行していた我が国の民事再生手続における債務者は，プロトコルが再生手続と再生債権者の利益に与える影響が不透明であるとして，プロトコルには調印せず，合理的な範囲で情報の共有等に協力する参加形態を採用した。[17]

　リーマン・ブラザーズ・グループのプロトコルには法的拘束力や強制力はないが，各国の管財人等は自らが遂行する倒産手続において債権者等の利害関係人に対する善管注意義務を負う存在であるから，管財人等が行う他の管財人等への情報提供や資産の保全が，自らの手続における債権者等を害することがないかという点について，なお慎重な対応が求められることとなる。例えば，前述のLBTとLBIEについていえば，LBTとしてはプロトコルを通じてLBIEから無償で情報提供を受けることについて重大な利益を有するが，LBIEとしては，情報提供や調査について事実上負担を負うこととなり，その利益を見出しにくいのではないかとも推測される。このようにプロトコルには，参加を強制できないという点のほか，関係当事者間において参加に対するインセンティブに差があるという意味で，なお一定の限界を有していると思われる。

　もっとも，リーマン・ブラザーズ・グループのような大規模な国際倒産事件において，10名もの管財人等がプロトコルに調印し，関係会社間の債権確定や相互の情報開示について協力したことは極めて画期的であり，また，早急な解決が望まれる関係会社間債権の確定について一定の枠組みを提供した点においては，今後の実務に対しても有意義な前例であると思われる。

Ⅲ　グループ会社の倒産手続における衡平な処理とは何か
——実体的併合の問題——

1　グループ会社の倒産手続と実体的併合

(1)　グループ会社の倒産

　リーマン・ブラザーズ・グループに帰属する多数の関係会社はLBHIによるチャプター11手続の申立てに伴って一挙に法的倒産処理手続に服することとなった。各関係会社の業務が密接に関連していたことだけでなく，各関係会社が行う取引についてグループ全体の持株会社であるLBHIが債務保証を行っており，そのLBHIが法的倒産手続を申立てた結果，各関係会社の信用力が一気に低下したこと，また，各関係会社が資金調達やその他の目的で締結した多数の契約において，LBHIの倒産が期限の利益喪失事由に該当したこともまた，多数の関連会社が一挙に法的倒産処理手続に服さざるを得なくなった要因であったと考えられる。

　このように，ある企業グループに帰属する複数の企業が，親会社等の倒産によって信用力を失い，ほぼ同時に法的倒産手続の申立てを行うことは実務上もよく見受けられる。その場合，倒産手続は各法人について開始されるものであるから，配当の対象となる資産及び負債は法人毎に各別に確定され，当該法人の資産を当該法人に対する債権者が平等に分配するのが原則である。しかしながら，実務上は，各法人の債権者間の実質的な衡平の観点から，各法人の倒産手続を一体的に処理することが行われる。米国連邦倒産法の下では，いわゆる「実体的併合（Substantive Consolidation）が認められており，また，我が国の倒産実務においても，グループ内の各債務者企業について同一の管財人が選任されたり，合併や事業譲渡及びいわゆる内部債権の劣後化等の様々な工夫によって，必ずしも各債務者企業の法人としての独立性を貫徹しない処理がなされてきた。[18]

(2) 米国連邦倒産法における実体的併合（Substantive Consolidation）

　米国連邦倒産法における判例法理としての「実体的併合」とは，複数の倒産手続が手続的に併合されていることを前提として，両社の資産・負債を合体した上で全ての債権者に平等に弁済し，倒産者間（関係会社間）の債権債務を消滅させ，一回の給付を目的とする重複した債権（保証債務履行請求権等）を排除することで，倒産手続の内部では両社を実体的にも一体として扱うというものとされている。古くは1942年の Stone v. Eacho 事件や1966年の Chemical Bank New York Trust Co. v. Kheel 事件等において認められ，その後も，いくつかの事件で認められている。

　どのような要件の下で実体的併合が認められるかについて，数多くの大型倒産事件が係属するニューヨーク南部地区連邦破産裁判所などを管轄する第2巡回裁判所では，1988年の Augie/Restivo Banking Co. 事件がリーディングケースであるとされている。そこでは，①債権者が債務者に対して信用供与するに際して，複数の債務者を単一の経済主体（single economic unit）として扱い，それらの独立性に依拠していなかったこと，又は②債務者間の取引等の関係があまりにも混乱しており，併合することが全債権者の利益にかなうこと，という要件のいずれかを満たす場合には，裁判所がその裁量により，実体的併合を行うことが許容されるものとされている。また，議論はあるものの，連邦破産裁判所が実体的併合を行うことが許されるとする根拠規定は連邦倒産法105条(a)の，破産裁判所がその裁量によって連邦倒産法の規定を実行するために必要又は適当な命令を発令する権限，及び，連邦倒産法1123条(a)(5)(c)の，再建計画は計画案の実施のために，例えば合併や併合（consolidation）といった，十分な手段を定めなければならないという規定であると考えられている。

　近年，第2巡回裁判所の管轄下で実体的併合を行ったか，又は，実体的併合の考え方を一部取り入れた処理を行ったチャプター11事件としては，大規模な不正会計処理が発覚したことを契機とする2001年の Enron Corp. 事件や2001年

のWorldCom事件，2008年に申し立てられ，米国のチャプター11手続とカナダの倒産手続であるCCAAとの間の国際倒産手続となったQuebecor World (USA) Inc., 事件等が挙げられる。[24]また，ある調査によれば，2000年から2004年の間に申し立てられたチャプター11手続のうち，大規模事件上位21社のうち11社の再建計画案において，実体的併合が実行，提案又は和解されているとのことである。[25]

　もっとも，米国連邦倒産手続において実務上採用されている実体的併合は，当該グループ企業のすべての関係会社を対象として全資産と全負債を合体するというよりは，グループ企業の中に複数の併合されたグループを作ったり，一部の関係会社や一部の債権者を対象外としたり，完全な実体的併合を行った場合には排除されるべき重複債権については認容債権の一部を弁済の対象外とするなど，むしろ，実体的併合を一部修正したり，実体的併合を行わない計画案において実体的併合の考え方を一部取り入れた修正を行うことによって，実体的併合を部分的に実行している例も多いと思われる。また，再建計画案の認可によって実体的併合を行うというよりは，むしろ，その前提となる内部債権の処理や重複債権（保証債務履行請求権）の処理について関係当事者間において度重なる折衝を行った上で和解し，その和解の実行手段として再建計画案に実体的併合を前提とした定めを置く場合も多い。従って，実体的併合は，実務上は，膨大な数の関係者間における互譲や調整をはかるための和解メカニズムとして機能しているのが実態であるということができる。特に，Enronの事案では，開示説明書上も，実体的併合に関連した処理はすべて関係当事者間の和解を反映したものであることが明記されており，[26]また，訴訟で実体的併合の当否を争った場合に実体的併合が認められる可能性は30％であるという前提のもとに，債権者は，実体的併合が認められた場合に受け取るべき弁済額の30％と，実体的併合が認められなかった場合に受け取るべき弁済額の70％の合計額を受領するという計画案になっており，興味深い。[27]

(3) 我が国の会社更生事件における「実体的併合」

　我が国の会社更生事件においても，グループ企業の倒産処理手続においては，原則にしたがって各更生会社ごとに個別に弁済計画を定めるか，あるいは，米国連邦倒産法の「実体的併合」の法理を参照して各更生会社の資産・負債を合体してこれを同一とする更生計画を作成するかという問題が生じる。実体的併合を採用する場合には，具体的には，①各関係会社の倒産手続において同じ弁済率を規定するか否か（いわゆる「パーレイト条項」の問題），②主たる債務者に対する債権と保証人に対する保証債務履行請求権をともに行使させるか否か（「重複債権」の処理），③関係会社間の債権債務の相殺の可否，及び，関係会社による届出債権を認容するか否か（「内部債権」の劣後化）が問題となる。実体的併合を行うか否かは，更生会社間の不可分一体性，各更生会社ごとの単独の更生計画案作成の困難性，各社個別の更生計画案における弁済率のばらつき等の結果の不当性に基づいて判断されるが，その判断は当該事件の個別事情によって左右されるところが大きい。

　旧会社更生法下の例では，実体的併合の考え方を取り入れている更生計画案においても，その考えを貫徹している例は少ないとされている。新会社更生法の下では，例えば都築紡績株式会社グループの会社更生事件のように，グループ内の更生会社11社について同一弁済率の設定，重複債権については保証債務履行請求権についての全額免除，内部債権については更生会社間の債権・債務はすべて免除を受ける旨の規定を設け，「実体的併合」を採用した事件もある。また，近年では，日本航空株式会社グループの3社に関する更生計画において，更生会社3社が合併することを前提に，実体的併合が採用されているが，まだこのような処理が一般的であるとまでは言えないと思われる。

(4) 国際倒産事件における実体的併合

　国境をまたいだ国際倒産事件においては，ある国の裁判所で認可された再建計画案の効果は他国において当然には認められない。そのため，実体的併合を

行うべきかどうかという判断に加えて，実体的併合を行うとした場合でも，そ
れをどのように実行するかが問題となる。

　1991年に開始したBCCI（Bank of Credit and Commerce International）事件に
おいては，グループ内の関係会社間取引が極めて複雑で，これを解明して各法
人毎に弁済を行うためにはきわめて長期間を要することとなって，結局，債権
者の利益とはならないと考えられたため，ルクセンブルグ，英国，ケイマンの
清算人が中心となって，プーリング・システム（プーリングに参加する関係会社
の資産から，プーリングに参加する関係会社の債権者に対してその債権額に応じた按分
弁済を行うこと）の活用が試みられた。プーリング・システムの効力は，参加
国の管轄裁判所の承認が条件とされており，ルクセンブルクの裁判所の判断が
確定したか否かは明らかでないが，英国の裁判所は，清算人間のプーリング契
約を裁判所が許可する法的根拠について争いがあったものの，最終的には，こ
れを一種の債権者との和解と構成して許可している。

　また，カナダと米国間の国際倒産事件であったQuebecor事件では，カナダ
の債務者と米国の債務者との間で実体的併合が行われている。外国の債務者間
で実体的併合を実行するためには，双方の再建計画案において両国の債務者の
資産を弁済原資として，両国の債権者に対して平等な弁済をすることが定めら
れなければならないが，Quebecor事件では，カナダの倒産手続（CCAA手続）
における再建計画案と，米国のチャプター11手続における再建計画案の双方に
おいて，他国の倒産手続との実体的併合を定めるとともに，相互に，他国の再
建計画案が認可されることを再建計画の効力発生条件としていた。

2　リーマン・ブラザーズ・グループにおける処理

　リーマン・ブラザーズ・グループは事業部門毎に国境を越えた一体的運営を
行っており，また，グループ全体で資金調達を行っていたので，その倒産手続
においては，実体的併合を行うことによって債権者間の衡平を図るべきか否か

という問題が顕在化した。特に米国のチャプター11手続においては、この点が再建計画案作成における重要な論点の1つとなっており参考となるので、以下では、その議論の一端を紹介したい。（但し、本論稿脱稿時点では、まだLBHI等の再建計画案及びこれに関する開示説明書に対する裁判所の許可は下されていないので、以下の内容は、2011年1月25日付LBHI開示説明書案について、2011年5月中旬までに行われた議論に基づいている。）

(1) 前提となる事実関係

リーマン・ブラザーズ・グループの持株会社であるLBHIは、自ら直接又はLBT等の関係会社を通じて間接的に調達した資金を世界各国の関係会社に対して出資や貸付の方法で提供していた。また、LBHIは世界各国の関係会社が資金調達その他の目的で締結した契約について、関係会社が負担する債務を保証していた。例えば、リーマン・ブラザーズ・グループが行った膨大な数のデリバティブ取引においては、ほぼすべての取引についてLBHIが保証を行っている。

このようにLBHIは、リーマン・ブラザーズ・グループの関係会社が行う大半の取引についてその債務を保証していたので、LBHIに対する保証債務履行請求権を有する関係会社の債権者（以下「LBHI保証債権者」という）は、主たる債務者である関係会社の資産からの配当に加えてLBHIの資産からの配当を受けられるのに対し（いわゆる「重複債権」）、LBHIを主たる債務者とする債権者は、LBHIの資産からしか配当を受けられないばかりか、LBHIの資産からの配当には多数のLBHI保証債権者が参加することになるので、配当率も相当程度希釈されることが想定された。そのため、LBHIを主たる債務者とする債権者ら（主にLBHIが発行する社債の社債権者。以下、「LBHI主債権者」という。）は、実体的併合処理（Substantive Consolidation）を行うことにより、重複債権（すなわちLBHIに対する保証債務履行請求権）を消滅させることを主張した。

(2) 交渉の経緯

(a) 2010年4月14日付開示説明書

このようなLBHI主債権者の主張に対し、LBHI等の債務者は、2010年4月14日付でLBHI等の債務者が米国連邦破産裁判所に提出した開示説明書（以下「2010年4月14日付開示説明書」という）において、LBHI等の債務者は実体的併合処理を行うべきか否か慎重に検討した結果、確かに実体的併合処理を行うべきと思われる要素はいくつか認められるものの、他方これを認めるべきでない要素も認められること、また、リーマン・ブラザーズ・グループの関係会社は世界各国に散在しており、米国連邦破産裁判所の管轄が及ばない債務者も多数存在しているので、法的にもグループ全体で実体的併合処理を行うことは現実的には困難で、かつ、そのような処理を行った場合には膨大な数の訴訟が提起されておよそ収拾不能となることを理由に、実体的併合処理は行わないものと定めた。しかし他方、実体的併合処理を認めるべき一定の事由も認められることを考慮して、実体的併合を行った場合には消滅すべきLBHI保証請求権のうち、弁済の対象となる債権には一定の上限を設けるという措置を講じて、LBHI主債権者の利益をある程度優遇することとした。

このように、2010年4月14日付開示説明書は、実体的併合処理を行わないことを前提としつつ、実体的併合処理を行うべき要素が一部認められることを前提として、その妥協案ともいうべき複数の調整を包含するものであった。

(b) 2010年9月22日付 State of the Estate

その後、2010年4月14日付開示説明書に対しては、多数の債権者から異議が申し立てられ、実体的併合を行うべきか否かについて、激しい応酬が続いた。LBHI等の債務者は、2010年9月22日に開かれた手続経過報告のための聴聞手続において、その検討状況につき、「The State of the Estate（財団の状況）」と題する報告書を提出しているが、そこでは、実体的併合を行うべきか否かについて、以下の検討がなされている。

(ア) 本件で実体的併合を行うべきであると思われる理由

①　法人毎ではなく，事業部門別に，1つの会社として運営されており，一部の子会社には従業員や営業所も存在していなかったこと
②　集約的なキャッシュ・マネジメント・システムが利用されており，法人毎の信用調査に基づく信頼は形成されていなかったと思われること
③　LBHIの執行委員会が，グループ全体の戦略，リスク，資金調達，流動性，運営及び商品について責任を有していたこと
④　CSEプログラム（Consolidated Supervised Entity program／統合リスク管理主体プログラムと称するSECの規制）が適用されていたこと

(イ)　本件で実体的併合を行うべきではないと思われる理由
①　個々の関係会社は独自に財務諸表を作成していたこと（但し，内部的な会計税務処理を目的としていた。）
②　LBHI保証債権者の中には，主たる債務者である関係会社とLBHIの双方から回収できることを期待していたと主張するものがあること
③　米国外の裁判管轄における司法権の主張
④　一部の関係会社が，適用ある法律や規制の対象となっていたこと

(c)　2011年1月25日付開示説明書

　その後も関係者の折衝は継続されたが，社債権者を中心とするLBHI主債権者の一部は，2010年12月15日付で，実体的併合を前提とする再建計画案を米国連邦破産裁判所に対して提出した。その内容は，原則としては実体的併合を行って重複債権であるLBHI保証債権を消滅させることを前提としつつ，再建計画案に賛成したLBHI保証債権者に対しては，認容された保証債務履行請求権について，数パーセント程度の弁済を認め，その賛成を勧誘するという内容であった。[39]

　これに対して，LBHI等のチャプター11手続の債務者らは，2011年1月25日付で，さらに改訂を行った再建計画案を提出した。そこでは，2010年4月14日付LBHI開示説明書以上に更に詳細に実体的併合を肯定すべき要素と否定すべ

き要素を検証しつつ，結論としては，2010年4月14日付LBHI開示説明書と同様に，本件チャプター11手続においては原則として実体的併合はせず，各法人の独立性を尊重した上で，一定の調整を行うこととした。その具体的な議論の内容及び処理方法は以下のとおりである。

　㈆　実体的併合の当否

　2010年4月14日付開示説明書は，本件において実体的併合を肯定すべき要素として，以下の事実関係を挙げている。

① リーマン・ブラザーズ・グループは，法人毎ではなく，事業部門毎に組織化され，あたかもグループ全体でひとつの会社であるかのような運営を行っていたこと，
② LBHIの取締役会及び執行委員会が，リーマン・ブラザーズ・グループ全体の戦略，リスク，資金調達，資金管理，運営及び商品について責任を有していたこと，
③ 海外のグループ会社は，リーマン・ブラザーズ・グループが外貨で資本調達し，外国為替リスクをヘッジするのに利用されていたこと，
④ リーマン・ブラザーズ・グループ各社が行う取引について，単一の投資委員会があったこと，
⑤ チャプター11手続に入った債務者関係会社はバックオフィス機能等を共有していたこと，
⑥ チャプター11手続に入った債務者関係会社のうち，一定の会社の役員が共通であったこと，
⑦ 一定の子会社には従業員や店舗がなかったこと，
⑧ グループは単一のキャッシュ・マネジメント・システムを有しており，それはLBHIによって管理されていたこと，
⑨ 税務申告は連結ベースでなされていたこと
⑩ 債権者は一般的にグループを単一の経済主体として取引しており，個々の関係会社の信用に依拠していなかったこと，
⑪ 債権者は多くの関係会社の財務内容にアクセスすることはできなかったこと，
⑫ LBHIは一定の子会社の全債務について保証していたといわれていること。

他方，実体的併合を否定すべき要素として，以下の事由も認められるとしている。

① 多くのSECへの届出において，LBHIは，他のチャプター11手続や米国外倒

産手続における債務者関係会社（以下「債務者子会社」という）とは別個の企業体であることが示されていること，
② 債務者子会社の債権者の中には，事業会社である債務者子会社のLBHIからの独立性を信頼し，これを前提として，債務者子会社に対する信用供与を行うと共にLBHIからの保証を取得することによって「Structural Seniority」（構造的な優先権）を得ようとしたと主張する者があること，
③ グループ各社はそれぞれ，個別の帳簿を有しており，それぞれの資産と負債を区別して記録していたこと，
④ ほとんどの類型の関係会社間取引についてしっかりとした会計システムを有していたこと，
⑤ 関係会社間取引の多くは追跡可能な状態にあったこと。

以上の事実関係を，前述のAugie/Restivo Banking Co., 事件における，2要件にあてはめて検討すると，おそらく，債権者がリーマン・ブラザーズ・グループの関係会社を単一の経済主体として考えていた可能性を示唆する一定の事由は認められるものの，債権者が各法人の信用力に依拠していた可能性を基礎づける事実関係もあり，また，債務者間の取引関係があまりにも混乱しているかという意味では，そのような要素は認めがたいということになると思われる。2011年1月25日付開示説明書では，このような事実認定の下に，原則として実体的併合は行わないこととしつつ，以下に述べるような調整を行っている。

(イ) 2011年1月25日付開示説明書における処理方針

2011年1月25日付開示説明書における処理は，以下のとおりである。

① 重複債権であるLBHI保証請求権については，原則として実体的併合を行わない以上，主債務者及び保証人であるLBHIの双方から，その債権額に応じた按分弁済が実施される。但し，実体的併合を行った場合にはより多くの配当を受けるべきLBHI主債権者の利益に配慮して，また，実体的併合を希望するLBHI主債権者から再建計画案に対する賛成を取り付けて再建計画を可決認可させるため，LBHI主債権者が再建計画案に賛成した場合には，LBHI保証請求権に対する弁済原資の一部をLBHI主債権者に対する弁済に充てる。
② 関係会社間債権等の内部債権については，関係会社間での和解を促す。再建計画案についての投票期限までに和解が成立しない場合，内部債権は備忘価格である1

米ドルと評価される。
③　原則として実体的併合を行わない以上，異なる債務者について同一弁済率は設定しない。但し，実体的併合を行った場合にはより多くの配当を受けるべきLBHI主債権者の利益に配慮して，また，実体的併合を希望するLBHI主債権者から再建計画案に対する賛成を取り付けて再建計画を可決認可させるため，LBHI主債権者が再建計画案に賛成した場合には，LBHI保証請求権の被保証債権に対する弁済原資の一部をLBHI主債権者に対する弁済に充てる。

　以上のとおり，2011年1月25日付開示説明書が前提とする処理は，原則として実体的併合を行わないものの，一定の調整によって，重複債権の減額，内部債権の減額，及び関係会社間で弁済率を近似させる効果を有するものであり，いわば実体的併合を一部採用したものであると言える。また，上記のとおり，実体的併合を原則として否定する内容ではあるが，これによって不利益を受けるLBHI主債権者は，再建計画案に対して賛成することを条件として，実体的併合の否定によって利益を受けるLBHI保証債権者から配当原資の一部を獲得することが可能となり，その結果，LBHI主債権者に対しても，実体的併合を否定した再建計画案に対して賛成のインセンティブを設定しようとするものである。よって，2011年1月25日付開示説明書が前提とする再建計画案は，それ自体が，関係当事者間の互譲や和解を引き出す目的を有したものであるといえる。

　㈪　LBHI保証債権者からの再建計画案の提出

　債務者によって2011年1月25日付開示説明書が提出された後も，実体的併合をめぐる関係者間の激しい交渉が継続し，2011年4月25日付で，LBHI保証債権者が実体的併合を全く行わない再建計画案を提出した。本稿脱稿時点では，関係者の折衝は継続しており，最終的にどの計画案が付議されるかは確定していない。

　㈫　外国債務者の問題

　2011年1月25日付開示説明書では，実体的併合を行うことのひとつの障害と

して，外国の倒産手続に服しているグループ企業（以下「外国債務者」という）について，外国債務者はその財団に帰属する資産を実体的併合のために提供しない可能性があるので，実体的併合を行うことが困難であることを指摘している。同時に，これに対する措置としては，米国破産裁判所が，実体的併合に応じない外国債務者については，当該外国債務者が米国チャプター11手続の債務者に対して有する債権を認容しないことによって，実体的併合と類似の効果を生じさせることもできるとされている。しかし，外国債務者の債権を認容しないことは，外国債務者に対して資産を提供させるための一定のプレッシャーにはなるとしても，直ちに外国債務者との間で資産と負債を合体させる効果は有しないので，そのことが外国債務者との実体的併合の問題をすべて解消するわけではないと思われる。

　前述のQuebecor事件のように，外国債務者との合意により，ともに実体的併合を前提とする再建計画案を作成することも考えられるが，二国間，しかも米加という，元来親密で司法における協力の実績と前例の蓄積された関係国間でそのような取り決めがなされたQuebecor事件と異なり，リーマン・ブラザーズ・グループの場合，10数カ国における倒産手続において実体的併合を同時に行うことは，極めて困難であったと考えられる。

3　若干の考察

　実体的併合を行うべきか否かの判断は，結局，関係会社の債権者間における実質的に衡平な処理は何かという問題である。Augie/Restivo事件における第2の要件のように，関係会社間の取引が極めて複雑でこれを解明して各社の資産・負債を確定することが困難であるという事務手続上の理由もあるが，それも究極的には，そのように時間とコストをかけて資産・負債を確定することは，かえって全債権者の利益とならないという点が実体的併合を許容する根拠となる。また，実体的併合が行われた場合に消滅する重複債権（保証債務履行請求

権）を有する債権者や消滅する内部債権を有する関係会社に対する債権者としては，本来，法人毎に倒産処理手続が独立に遂行されれば得られるはずであった利益が，実体的併合によって大幅に毀損する結果となる。清算価値保障原則や倒産手続における予見可能性の観点からも，本来，実体的併合は謙抑的に行われなければならないものであり，また，その要件を明確化するためにも，具体的にどのような場合に実体的併合が認められるべきかについての検証が必要であると思われる。

　他方，実体的併合の基礎となる実質的な衡平については，客観的な判断は難しく，本来的には裁判官による判断よりも，関係者間の折衝と納得の過程によって見出されるべきものではないかと思われる。米国倒産法上における実体的併合の法理は，それが一部修正された形で適用されている近年の事例や，LBHI主債権者やLBHI等によって提出された実体的併合を一部だけ採用したLBHI等の再建計画案を見ると，特に利害関係人の多い大型事件においては，それを梃子にして利害関係人が様々な案を提案し，相互に交渉して，合理的な着地点を見出すためのツールとして活用されているように思われる。

　しかし，和解交渉上の梃子は，和解が決裂した場合にはいかなる司法判断が下されるかについてのある程度の予測可能性が固まり，最終的な自己の損得も計算可能となる時に，よりよく機能する。その意味において，実体的併合理論は，多くの国の国内法において未確立である上，国際倒産事件では，複数の管轄の裁判所に対する上級裁判所が存在しないので，未だ，合意形成の梃子として司法判断を引照基準として機能することのできるレベルには達していないといわざるを得ない。しかし，他方においてそうであるが故に，関係当事者間の合意形成はさらに重要性を増すと思われる。今後，グローバル企業の経営は国境を越えてさらに一体化が進むものと思われるが，そのような企業グループが破綻したとき，その倒産事件において，関係会社の債権者間における衡平な処理に関する議論は，さらに重要性を増すことと思われる。そのとき，実体的併

合の是非を踏まえた議論と交渉がさらに重要性を増した形でなされるのではないかと考えられる。本稿において論じたリーマン・ブラザーズ・グループの倒産事件における議論の紹介が，そのような議論の一助となれば幸いである。

(1) 2011年1月25日付でLBHI等が米国連邦破産裁判所に提出した開示説明書（以下「2011年1月25日付LBHI開示説明書」）49頁。
(2) 本稿は，2010年10月23日，横浜国立大学において行われた日本国際経済法学会第20回研究大会において，坂井秀行弁護士と筆者が行った報告を契機に，筆者がその責任において執筆した。
(3) 以上につき，Harvey R Miller and Lori R. Eife "Lehman Brothers: Facing Every Possible International Issue" — International Insolvency Institute, Tenth Annual International Insolvency Conference, プレゼンテーション資料2頁。
(4) 山本和彦「国際倒産法制」商事法務2002年247頁。
(5) 債務者リーマン・ブラザーズ・アジア・ホールディングス・リミテッドの外国倒産処理手続の承認及び管理命令に関する官報公告。
(6) 前掲（注3）Harvey R Miller等プレゼンテーション資料3頁。
(7) Barclays Capital Inc.に対する売却価格の内訳は，本社ビルと2つのデータセンターの対価として13億米ドル，グループ内の米国証券会社であるLehman Brothers Inc.,（以下「LBI」という）の暖簾の対価として250百万米ドル，債務引受により25億米ドル，その他Barclays Capital Inc.の負担する債務として150万米ドルの双方未履行契約の履行費用が挙げられている（2011年1月25日付LBHI開示説明書42頁）。
(8) 2008年9月26日日本経済新聞朝刊の報道による。
(9) リーマン・ブラザーズ証券株式会社再生計画案22頁。
(10) 2009年7月22日付LBT管財人の債権者に対する第3回「Bankruptcy Report」1.3項等。
(11) 国際並行倒産事件においてプロトコルを活用して整合性のある方法で各国の倒産手続における処理を調整する手法がとられたのは，1991年のMaxwell事件が最初の事案であり，その後も，いくつかの国際倒産事件で実行されている。特に，米国とカナダ間の国際倒産事件においては，多数のプロトコルが締結されている。米国とカナダ間の国際倒産事件におけるプロトコルの事例については，International Insolvency Instituteの公開資料参照。
Available at http://www.iiiglobal.org/index.php?option = com_jdownloads&Itemid = 57&task = viewcategory&catid = 395.
(12) プロトコルの内容及びその交渉経緯については，2009年5月12日付で調印された"Cross-Border Insolvency Protocol for Lehman Brothers Group of Companies"及び

2010年1月15日付でプロトコルに参加した管財人等が公表した Report of Activities through January 15, 2010 に基づく。
(13) 2009年5月12日付で調印された"Cross-Border Insolvency Protocol for Lehman Brothers Group of Companies" 1.4項。
(14) 2009年5月12日付で調印された"Cross-Border Insolvency Protocol for Lehman Brothers Group of Companies" 2項以下。
(15) 2001年5月に米国法律協会（The American Law Institute）によって採択・公表され、同年6月に国際倒産学会（International Insolvency Institute）によって採択されている。英文原題は、"Guidelines Applicable to Court-to-Court Communication in Cross-Border Cases"。
(16) ここでいう完全な手続（Plenary Proceeding）とは、チャプター11手続や民事再生手続など、当該手続内で債権調査や資産の換価処分から配当までの倒産処理を完結できる倒産手続を指し、限定的な倒産手続（Limited Proceeding）とは、米国連邦倒産法第15章手続や承認援助法に基づく手続など、別途完全な手続が開始されていることを前提としてこれに付随する手続をいう。
(17) リーマン・ブラザーズ証券株式会社再生計画案18頁。
(18) 田原睦夫「企業グループの倒産処理」『講座・倒産の法システム　第3巻　再建型倒産処理手続』73-74頁。
(19) 以上につき、松下淳一「結合企業の倒産法的規律（二）」法学協会雑誌107巻第12号2045頁。「実体的併合」の定義につき、（　）内の記述は筆者による補足である。
(20) Dennis J. Connolly, John C. Waitnauer, and Jonathan T. Edwards "Current Approaches to Substantive Consolidation: Owens Corning Revisited", Norton Annual Survey of Bankruptcy Law, February 2009, at PP.2-3, 及び同上、2045頁。但し、Douglas G. Baird "Substantive Consolidation Today", *Boston College Law Review,* 2005によれば、米国連邦最高裁判所が実体的併合の法理を認めたことはないとされており、上記Connolly等によれば実体的併合の最初の事例であるとされている1941年の米国連邦最高裁判所のSampell v. Imperial Paper & Color Corp. も、詐害的譲渡を含む事案であって、実体的併合の先例ではないとされている。
(21) In re *Augie/Restivo Banking Co.,* 860 F. 2d 515, 518 (2d. Cir. 1988).
(22) なお、第3巡回裁判所における2005年のOwens Corning事件では、実体的併合について、それまでの第2巡回裁判所での *Augie/Restivo Banking Co.,* 事件における基準よりも厳しい基準が示され、実体的併合の比較的容易な適用に歯止めがかけられる傾向にあるのではないかということが議論されている。その詳細については、Connolly et al., *supra* note 20, p.11以下、Baird, *supra* note 20, 参照。
(23) 以上につき、Willet Sabin "The Doctrine of Robin Hood — a Note on "Substantive Consolidation", *DePaul Business & Commercial Law Journal,* Fall 2005及びCollonny et. al., *supra* note 20, pp.3-4.

⑷ Enron Corp. について2004年1月9日付開示説明書案, Quebecor World (USA) Inc. について2009年5月15日付開示説明書案。WorldCom 事件につき, Baird, *supra* note 20, p.4.
㉕ Widen, "*Prevalence of Substantive Consolidation in Large Bankruptcies from 2000 to 2004: Primary Results*", 14 *Am. Bankr. Inst. L. Rev.* 47, 53 (2006).
㉖ Enron Corp. の2004年1月9日付開示説明書13頁。
㉗ Enron Corp. の2004年1月9日付開示説明書10頁以下。
㉘ 我が国の倒産事件におけるこれらの問題の処理については, 田原「前掲論文」(注18) 98頁以下参照。
㉙ 以上につき, 事業再生研究機構編「更生計画の実務と理論」商事法務2004年47頁以下。
㉚ 同上, 50頁。
㉛ 都築紡績株式会社グループの更生計画案12-13頁等。
㉜ 株式会社日本航空グループの更生計画案48頁等。
㉝ 新法事件については, 更生計画案について長年にわたって緻密な分析をされている溝端浩人公認会計士から分析資料をご提供いただいた。本稿の記述は全て筆者の責任におけるものであるが, この場を借りて御礼を申し上げる。
㉞ 我が国の場合, 承認援助法によっても, 外国の倒産処理手続において認可された再建計画案の効力を国内的に及ぼすことはできない。その結果, 米国のチャプター11手続と会社更生手続の国際並行倒産に至った事例として, 2007年に申立てられた麻布建物株式会社の会社更生事件がある。麻布建物株式会社の会社更生事件については, 片山英二・坂井秀行・岡正昌ほか「日米にまたがる麻布建物㈱にみる――承認援助手続と国際並行倒産」事業再生と債権管理127号, 67頁。
㉟ BCCI 事件の概要については, 小林秀之「国際倒産法と BCCI 事件のその後――多国間倒産とプーリング・システム」金融法務事情1397号18頁, 佐藤鉄男「国際金融倒産と BCCI 事件―― 事例研究として」『国際金融倒産』経済法令研究会, 1995年128頁。
㊱ 小林前掲論文 (注35) 20頁, 佐藤前掲論文 (注35) 140頁。
㊲ Samantha Knights, "Pooling Agreements in Cross-Border Insolvencies" *International Corporate Rescue*, Volume I, Issue 4 Chase Cambria Publishing (2004).
㊳ 2009年5月15日付 Quebecor World (USA) Inc., 開示説明書44頁。
㊴ 2010年12月15日付で提出された非公式の債権者団による開示説明書。
㊵ ①債権者が債務者に対して信用供与するに際して, 複数の債務者を単一の経済主体 (single economic unit) として扱い, それらの独立性に依拠していなかったかどうか, 又は②債務者間の取引等の関係があまりにも混乱しており, 併合することが全債権者の利益にかなうかどうか。
㊶ Sabin, *supra* note 23, p.10.

(ビンガム・マカッチェン・ムラセ外国法事務弁護士事務所
坂井・三村・相澤法律事務所・弁護士)

論　説　世界金融危機後の国際経済法の課題

金融危機後における国際基準設定過程の変化とわが国の対応

氷　見　野　良　三

Ⅰ　はじめに
Ⅱ　今次金融危機前の交渉過程
Ⅲ　危機後の交渉過程
Ⅳ　危機後の交渉過程への対応
Ⅴ　おわりに──「こうしよう」と言える日本

Ⅰ　はじめに

　日米欧の当局からなるバーゼル銀行監督委員会は，1988年，銀行自己資本規制に関する国際基準「バーゼルⅠ」(いわゆるBIS規制) をとりまとめた。バーゼルⅠは，国際条約に根拠を有しないソフト・ローであったにも拘らず，バーゼル委員会非加盟国を含む世界100カ国以上で実施され，アジア危機後には，IMFや世界銀行によってその実施状況が審査されるに至った。このバーゼル合意は2004年に改訂され，改訂版は「バーゼルⅡ」と呼ばれた。更に，今次世界金融危機の反省を踏まえ，2010年末には再改訂版である「バーゼルⅢ」が公表された。

　このように，バーゼルⅢはバーゼルⅠ，Ⅱの後継基準ではあるが，その策定過程は，幾つもの点で先行基準とは異なっていた。今回の世界金融危機の前後で，バーゼル委員会による政策形成過程は大きく変化したのである。

　すなわち，第1に，加盟国が先進13カ国から新興国を含む27カ国に拡大した。第2に，G20サミット・プロセスから詳細なガイダンスを受けるようになった。

第3に，国際的な大手金融機関の影響力が低下し，他方，加盟国の世論・国民感情の影響が拡大した。第4に，バーゼル委員会の所掌事項に対する学界からの提案の質・量が著しく拡大した。また，従来，金融工学の専門家からの提案が中心だったのが，マクロ経済や金融論の専門家からの提言の比重が高まった。

一言で言えば，比較的狭い専門家集団の中での交渉を中心とした過程から，各国首脳や世論までを巻き込んだ過程への変化が生じたのである。

こうした中で，我が国の発言力の維持・拡大を図るためにはどのような対応が考えられるだろうか。自国利害の早期認識と諸外国の立場についての情報収集・分析，交渉の先を読んだ対応，積極的な提案，立場の近い諸国との連携，委員会内におけるポスト確保，交渉チーム人員の質量の確保と職員養成など，当局内における努力も当然ながら，更により広い関係者に対する説得力も高めていく必要がある。

そのためには，目先の交渉項目についてのみならず，理論的な枠組みや政策思想など，基本的な事項について，国際的な経済論壇において展開されている活発な議論に参加できる力を備えることが理想である。日銀白川総裁の講演など，一部には海外で注目されている発信もあるが，本邦からの発信は，絶対量・構想力・独自性のいずれにおいてもかなりの劣位にある。産官学を通じた工夫が必要と考えられる。

本稿では，まず，Ⅱで，従来のバーゼル銀行監督委員会における基準設定過程と，その下で交渉力の要素と考えられた事項，更にそうした事項についての本邦当局の取り組みとを概観する。Ⅲでは，今次金融危機によって生じた意志決定過程の変化について見る。Ⅳでは，新たな状況の中で本邦当局の交渉力を強化するための方策について考える。Ⅴはまとめである。

Ⅱ　今次金融危機前の交渉過程

今次危機前においては，銀行規制に関する国際基準の設定を巡る交渉過程は，

比較的少数の専門家の間での理論闘争と駆け引きが中心だった。

　基準設定は，バーゼル銀行監督委員会で行われたが，同委は，先進13カ国の中央銀行と銀行監督当局の集まりであり，円卓での討論で論点を議論し尽くすことのできる規模であった。同委は，「G10中央銀行総裁・銀行監督当局長官合同会合」に対して概ね1年半に1回程度報告を行っていたが，ごく重要な文書以外は同委単独の判断で公表していた。財務省・中央銀行・金融監督当局の代表者からなる「金融安定化フォーラム」との連携は図られていたものの，同フォーラムからの指示を受けるという位置づけにはなっていなかった。アジア金融危機の後など，G7サミットから具体的な要請を受けたこともあるが，例えば，バーゼルIIの作業は，バーゼル委側のイニシアチブにより開始され，結果がサミットに報告され，サミットの宣言文に歓迎する旨言及される，という展開を辿った。

　同委員会の加盟国は，1974年末の設立以来長らく12であり，スペインが参加した2001年からは13となったが，いずれにせよ，日米欧の主要先進国に限られていた。主要新興国を部会（コア・プリンシプル・リエゾン・グループ）に招いて意見交換を図り，また，各地域の銀行監督者のグループや2年に1回開催される世界銀行監督者会議を通じて，世界130余りの諸国の当局とも連携していたが，最終的な意思決定は13カ国当局のみによってなされていた。

　銀行界とは，国際金融協会（IIF），国際スワップ・デリバティブス協会（ISDA），国際銀行協会連合会（IBFed）などと密接な意見交換を行っていた。学術的な研究についても詳細に調査し，参考にしていたが，規制の設計が専門化・技術化するに伴い，調査の分野が経済学や金融論よりは金融工学に偏る傾向が見られた。

　主要な基準設定にあたっては，パブリック・コメントの手順を取ったが，コメントは金融機関からのものが中心であった。

　こうした交渉過程を前提に，日本当局（金融庁と日本銀行）は，自国の影響力

の拡大に向けて，以下のような工夫に努めてきた。

　第1に，日本の当局の伝統的な人事異動の仕組みに例外を設け，専門性の高い職員の育成に力を注いだ。大蔵省時代には，1年毎に出席メンバーが交代するというので，議長から苦情の書簡を受けることまであったが，特に金融監督庁設置以降は，特定職員を塩漬けにし，事務局との行き来や関連の国内部局での経験を経て，またバーゼル委員会担当に戻す，といった人事を行うようになった。これにより，高度化・複雑化している銀行規制に関する専門的な知見や，国際交渉についての技能を蓄積することが可能となったのみならず，諸外国の代表との信頼関係の構築を通じ，様々な情報収集や根回しも可能になったと考えられる。

　第2に，民間の専門家を任期付採用や転籍によって中途採用し，実務経験者ならではの知見を導入した。

　第3に，金融庁と日銀の担当者がオールジャパンの見地で一体として取り組み，両者の限られたリソースを有効活用するとともに，それぞれの組織に蓄積されたノウハウ，それぞれの組織の持つコンタクトの全体を動員するよう図った。

　第4に，国際的なポストを積極的に獲得するように努めた。日本代表はバーゼル委では長らくいかなる部会の議長も勤めたことがなかったが，最近では恒常的に要職を務めている。本稿執筆時点では，自己資本の定義部会共同議長，マクロ・プルーデンス監督部会共同議長，同部会第3ワークストリーム議長，オペレーショナル・リスク作業部会議長は日本出身であり，2010年夏まではこれに加え格付・証券化部会共同議長も務めていた。

　以上のように，わが国当局の交渉力は，当局内の人事政策とも深く関係する。また，当局内の人事政策は，国際的な議論で得られた知見を国内の行政に生かすことができるかどうかにも関わってくる。

　こうした点についての問題意識を，金融庁の人事担当課長であった遠藤俊英

氏は以下のように述べている。

　「金融庁の『国際化』をいかに進めていくか。人事担当者として，人材育成の観点から少しばかり考えてみた。
　まず，目標設定。これについては，『国際会議の議長職を張れる人材をコンスタントに供出すること』としたい。……何とか一貫した育成教育で，そうした人材をつくり出していきたい。
　目標達成のために何が必要か。3点考えられる。
　第1は派遣留学生の拡大だ。……ただし留学したからといって，すぐに有能な国際交渉要員になれるわけではない。……逆説的だが，留学は英語の下手さ加減を自覚するための機会であり，本格的な英語修行の出発点と位置づけられるのではないか。
　第2は留学終了後のキャリアパスだ。……国内業務の担当係長であっても，ワーキンググループや小委員会など何らかの会議を担当する。事前配布資料を読み込み，対処方針とプレゼンテーションペーパーをつくり，議場で発言し，休憩時間に根回しを試み，帰国後は上司への報告と次回への作戦を考える。……しどろもどろの対応しかできない自分を恥じることも，一度ならずあるだろう。こうした経験が大切なのだ。
　第3は国内業務と国際業務の有機的な結合だ。欧米の代表は国内担当者が国際会議も担当している。他方，日本は国際交渉専門部隊に任せがち。そのため，国内監督の実態を踏まえた説得力ある議論の展開が難しくなる。言葉の問題や国内業務偏重からこうしたやり方を採ってきたが，国際部門と国内部門と一体的に運営し，日頃の金融機関との議論を直接，国際会議の場に生かせる組織に変えていくべきだ。」(1)

　こうした方向を進めていくにあたっての障碍の1つは，内外の文化的な違いである。国際交渉においてもきめ細かな調整は不可欠であり，いわゆるハード・ネゴシエーターのスタイルだけで交渉が済むわけではない。他方，国内業務においても論理的な整理や割り切りは不可欠であり，当事者間の貸し借りを重視するだけのスタイルでは大きな懸案の解決はむずかしい。ただ，内外で基本的な世界観に違いが残る面は否めない。担当者個人にも，内と外の物の考え方を使い分けつつ自らの人格の統一を保つ，という困難な努力が必要になるが，組織の側にも，国際会議に強いが国内の礼儀作法に弱い，といった「変な人」を，多様性の一環として許容していく文化が必要となる。

Ⅲ　危機後の交渉過程

　今次世界金融危機は，第1に，中国等新興国が台頭し，日米欧諸国の相対的な比重が低下する中で発生し，その地位変動を更に推し進める効果を持った。第2に，世界経済全体に大きな影響を及ぼし，多くの国民に失業を始めとした苦しみをもたらした。第3に，金融機関の救済や処理のために巨額の財政資金の投入を必要とした。第4に，金融機関経営者・職員の巨額報酬問題も相俟って，有権者の激しい怒りの中で規制改革論議が行われることとなった。

　こうした事情を背景に，金融危機後の国際的な規制再構築の過程は，さまざまな側面で従来よりも「開かれた」形のものになった。

　第1に，基準設定に携わる会合に幅広い諸国が出席するようになった。バーゼル銀行監督委員会の加盟国は13から27へと拡大された。金融安定化フォーラムの加盟国は12から24に拡大され，金融安定理事会に改組された。G7に加えG20のプロセスが創設され，金融規制改革に関する議論は後者を中心に行われることとなった。

　第2に，従来，銀行監督当局と中央銀行だけで概ね議論が完結していたのが，財務省や首脳を巻き込んだプロセスとなった。バーゼル銀行監督委員会から作業状況が金融安定理事会やG20財務大臣・中央銀行総裁会合に報告され，G20首脳による金融サミットで主な課題やスケジュールが確認されて，その指示に沿って仕事を進める形となった。

　第3に，各国の世論や国民感情の動向の影響が大きくなった。他方，主要金融機関の影響力は低下し，極端な場合には，彼らの発言が逆効果になる場面（主要金融機関の反発を招く施策こそが有効な施策であると受け止められる場面）も生じた。

　第4に，金融規制改革を巡るある種の国際論壇が成立し，そこでは経済学者・実務家・当局者による様々な新構想が次々に発表され，それが当局間の交

渉にも大きな影響を与えるようになった。金融工学の専門家の比重は低下し，マクロ経済学，金融論，経済史などの専門家の比重が上昇した。

第5に，金融当局内でも，高いレベルの当局者の関与が強まった。バーゼル委の上部機関である「中央銀行総裁・銀行監督当局長官合同会合」は，かつては概ね1年半に1回の開催だったのに対し，2010年には3回も開催され，うち2回は予定の昼食を飛ばして議論が続いた。

以上のような変化については，銀行規制に関する国際基準の設定過程が，中央銀行の「クラブ」文化の影響の強い「バーゼル・プロセス」型から，代議制民主主義の影響の強い「ワシントン・コンセンサス」型へと近づいた，と位置づけることも可能だろう。

国際決済銀行（BIS）のアジア太平洋事務所長などを務めた吉國眞一氏の分析を基に，バーゼル・プロセスとワシントン・コンセンサスの違いを極端に図式化して表現すれば，以下のようになろう。

表　バーゼル・プロセスとワシントン・コンセンサス

	バーゼル・プロセス	ワシントン・コンセンサス
中心となる国際機関	BIS	IMF，世銀
中心となる各国機関	中央銀行	財務省
事務局と加盟国の力関係	事務局は裏方	事務局が原案を起草
典型的な会議のイメージ	マイクを使用せずにすむ人数の，専門的知見を備え，互いに気心の知れた参加者が，本音ベースの議論を行う，非公開の会合	ステートメントの読み上げ，コミュニケの公表
ハードロー・ソフトロー	条約の裏づけがない	条約の裏づけがある
伝統的な思想	物価と金融システムの安定	自由市場経済のダイナミズムの発揮

バーゼル銀行監督委員会は，BISから事務局機能の提供を受けているが，委

員会メンバーには中央銀行でない銀行監督当局をも含む。ただ，同委議長は，1973年の創設以来，中央銀行の幹部職員が務めてきた。筆者が1991年に初めて同委の部会に出席した際には，イングランド銀行出身の事務局次長から，「中央銀行のクラブへようこそ。あなたの前任者のように，会議中にネクタイを緩めたり，ワイシャツのボタンを外したりしてはいけませんよ」と歓迎（？）の冗談を言われたことがある。

BISの書庫で直接原資料に当たってBISの20世紀史を纏めた矢後和彦氏は，次のように述べている。

> 「吉國眞一氏も強調するように，『バーゼル・プロセス』という手法は，バーゼル委員会の時期にあらわれたものではなく，それはBISの歴史とともにあった。議事録を残さない月例の中央銀行総裁会議，その情報を舞台裏でたくみに用意する金融経済局，中央銀行の『クラブ』という独特の組織構造と『カルチャー』のなかで下される密度の濃い意思決定──これらはBISが創設の当初から維持し続けた流儀であり，……バーゼル委員会にもこの企業文化が継承されたとみることができる。問題は，この『バーゼル・プロセス』が，『バーゼルⅠ』『バーゼルⅡ』にいたる国際的銀行監督の議論のなかで継承されていくか，それとも，そこになんらかの修正や変化（たとえば『ワシントン・コンセンサス』との混交）が生まれてくるか，という点にあるだろう。」
(3)

バーゼル・プロセスの文化は，バーゼルⅠ，バーゼルⅡに至る議論の中では継承されたが，バーゼルⅢの際には，ワシントン・コンセンサスとの混交といってもよいような修正・変化を受けた，と考える。それは，危機後に金融規制の再構築の構想を打ち出す上で，バーゼル銀行監督委員会が，金融安定理事会やG20プロセスにやや遅れをとった，という戦術的な面も若干は影響しているかもしれないが，基本的には，危機が金融の世界だけでは収拾できず，巨額の財政出動を必要とし，また，経済全体への深刻な影響を与えたことの結果だったと思われる。

IV　危機後の交渉過程への対応

　以上のような変化が生じる中で，わが国としての発言力を維持・拡大していくためにはどのような対応が必要だろうか。

　危機以前にも必要とされた対応は，引き続き有効と考えられる。それ以外にも，実現可能性を脇において，とりあえずまず理想を述べるとすれば，以下のようなことが考えられるのではないか。

　第1に，諸外国の納税者をも説得できるだけの提案を日本から打ち出していけることが望ましい。多くの国の納税者が「何もしないでこれまで通り」という答には納得しない以上，外国当局の示す提案の問題点を指摘し批判するだけで，代替案がないのでは，答にならない。「危機の再発防止と世界の金融システムの安定」という目的を共有した上で，よりよい解決策を示すことにより，日本にとっても望ましい結果を得る，という作戦が望ましい。

　かつて，国際会議に出席する日本代表が，日本の状況の説明と弁明に終始し，世界共通の問題には沈黙，国際貢献は資金拠出を中心に行う，という時代があった。日本の状況に対する世界の関心が薄れる中で，発言力を維持・拡大しようとすれば，世界全体の課題の解決に知恵と提案の面で貢献していくことが望まれる。

　ただ，どのような提案も，ある程度諸外国に対する説得力を持とうとすれば，100％日本にとって都合が良いだけでは済まない場合が多い。また，議論の過程で揉みくちゃにならざるを得ないので，日本的な完成度を提案段階から求めても余り意味がなく，却って時期を失するだけになる可能性もある。バランス感覚をもって高い判断を行う必要がある。

　第2に，そうした提案を，当局間で議論するだけではなく，危機後に成立した金融規制の再構築を巡る英語での活発な言論空間で展開し，当局の周りにいる幅広いステーク・ホールダーをも説得できることが望ましい。2009年7月，

当時金融庁長官であった佐藤隆文氏は，英フィナンシャル・タイムズ紙に寄稿し，自己資本比率規制の過剰な強化の副作用について論じた。[4] 佐藤氏は，後に，「議論進行中のテーマに関する現職当局者の直接の寄稿は，やや『場外乱闘』のような側面もなくはないが，国際的な世論形成のためには様々なプラットフォームからの情報発信が不可欠と考え，踏み切ったものである。」[5] と述べておられ，金融庁内にも躊躇があったらしいことが窺える。海外当局者からは膨大な場外乱闘が日々なされているが，日本当局の場合，積極的な発信を評価される社会的な環境になく，むしろ当事者には様々なリスクが伴う場合が多い。実際，佐藤氏の当該寄稿についても，日本国内では，「どうせ相手にされない」といった批判はあっても，「これだけでは足りない。もっとやらないとだめだ」という注文は聞かれなかった。「今頃言い出してもどうせ遅い」といった批判もあったが，その後，ハーバード大のハル・スコット教授や，ドラロジエールIMF元専務理事などが，よく似た趣旨の論考を公表しており，むしろタイミング的には早かったとも言える。

英語経済論壇における日本発の発信の競争力は概して低く，散発的な取り組みにとどまらず，試行錯誤をしながら継続的に工夫を重ねていくことが望ましい。日銀白川総裁の講演や，リチャード・クー氏のバランスシート不況論は，関心を持って読まれているし，元日銀の大山剛氏のように，今次金融危機の教訓と改革案を纏めて英語で出版された方もいる。こうした努力を国力の1つとして受け止めていく姿勢が必要だろう。

第3に，しかし，発信のためには，何より，コンテンツが必要になる。日本の書店に山積みになっている本の中には，「海外で起こっている事件や行われている議論の忠実な要約と紹介」と「これまでの議論の積み重ねの上に立たない独自の見解」が多いが，これらを英訳してもインパクトは有しないであろう。その両者の間に，「海外での議論の積み重ねを踏まえつつ，日本の金融危機の経験を教訓化して，海外でも応用の利く提案として提示する」知的作業を，当

局・学界・業界ともに進めていく必要がある。

　そのためには，一方では，確立した通説でも新しい事実に照らして疑ってかかる知的自由を持つ必要があり，他方，日本なりのやり方や考え方に含まれている暗黙の前提を明確化して，一般的な概念に翻訳して伝えることのできる客観性を持つ必要もある。当局・学界・業界の間で，知恵を持ち寄る努力も必要となろう。

　日本が自らの金融危機の克服のために行った様々な工夫は豊かな内容を有しているが，その工夫の背後にあった思考過程は残念ながら十分に一般化・教訓化されてこなかった。日本の金融危機の経験を日本人自らが十分に咀嚼し，整理し，教訓として一般化できていれば，今次世界金融危機に際しても世界への大きな貢献となっていた筈ではないかと考える。

　第4に，これと関連して，当局内では，これまでに進められてきた金融工学面でのレベルアップに向けた努力に加え，マクロ経済学や金融論の面での素養作りも重要になると考えられる。学部レベルの経済学と大学院レベルの経済学の間には大きなギャップがあり，自学自習でそのギャップを乗り越えることは極めて困難だが，前者だけでは国際的な議論で話題になっているような論文は読みこなせない場合が多い。日銀には蓄積があるが，金融庁の側にも，日銀と連携できるだけの素養が必要である。金融庁では，吉野直行金融研究センター長を講師とした勉強会の試みも始まっている。

　第5に，各フォーラムのメンバー拡大に伴い，諸外国の当局と連携し，仲間を作り，孤立を避けるための努力が更に重要となる。アジア諸国の発言力が高まることにより，仲間作りが容易になる，という見方もあるが，アジア諸国の多くは，アジア金融危機の後，わが国よりかなり厳しい規制を採用しており，また，強い成長力を背景に，経済の過熱防止に政策の力点を置ける状況にある。「規制が経済の回復の制約となるのではないか」という懸念がまず前面に来ざるをえないわが国とは，必ずしも自然に利害が一致するわけではない。争点毎

に欧米諸国も含めた様々な合従連衡のパターンを追求しつつ，EMEAP（東アジア・オセアニア中央銀行役員会議）の銀行監督専門家会合などを通じ，域内のパイプを強くしていく努力が必要となる。

　理想的には，以上のようなことと考えられるが，特に，英語経済論壇での積極的な発信等の点については，英語国以外には極めてハードルが高く，こうしたスタイルを十分に発揮できているのは，現状では米・英両国だけといってもよい。そこで，英語国以外からモデルを探そうとすると，これもまた日本には到底真似できないが，一種の解毒剤として参考になるのが，フランスの交渉スタイルである。

　かつて財務官として通貨外交の衝に当たった内海孚氏によれば，

> 「対外交渉の世界で，いまだ日本が習得しえないでいること，それは極端な主張をすることによって，イニシアチブを握るということではないか。
> 　通貨外交の分野で，この両極端は大方の場合，米国とフランスであった。」[6]

という。

　フランスが手持ちのドルの金兌換を要求し，ニクソン・ショックを経て，各国の為替市場が無秩序と混乱の状況におかれた。このため，1971年12月，主要10カ国の蔵相がワシントンのスミソニアン博物館に集まり，事態を収拾しようということになったのだが，内海氏によれば，

> 「ところがこれに先立って，それまで両極端に立って争っていた米国（ニクソン大統領）とフランス（ポンピドー大統領）がアゾレス島で会談し，……主要な枠組みについて合意してしまった。従って，スミソニアン会議は，その枠組みの中で通貨間の平価をどう決めるかだけの会議になってしまった。
> 　その後，固定相場は結局長続きせず，これに代わる新通貨制度の模索の過程で，米国とフランスが再び両極端の立場をとった。日，独，英はこれを『神学論争』と揶揄していた。ところが，一九七五年ランブイエ先進国首脳会議で，米仏間でひそかに準備された妥協案が明らかにされ，日本などの中間派は色を失った。結局，この米仏合意に他の国も従わざるをえなかった。

　一つの極端に立つこと，それには独自の哲学がなければならない。極端を強みに転

化すること，それにはスパッと妥協を決断できなければならない。そのいずれについても，コンセンサス社会である日本は，不得手ということなのであろう。」

　国民性にそぐわない交渉スタイルには無理があり，わが国の場合，フランスと同じ作戦までは取れないかもしれない。また，G5主導の時代に有効だった戦略をそのままG20に適用するのでは，単に孤立するだけに終わる可能性もあろう。ただ，特に危機後の新しい交渉過程では，「局地戦で自らの利害の主張を行う」という姿に加えて，「世界全体を見据えたある程度大きな考え方の体系を持って主張を行い，その上で必要な妥協も大胆に行っていく」というスタイルも意識して取り入れていかないと，狭い自国の国益を確保することすら難しくなるのではなかろうか。

　もっとも，全ての問題の議論について，危機モードのプロセスがいつまでも続くとは考えられない。一部の事項は，各国当局間の専門的な議論が中心のプロセスに戻っていくとも考えられる。ただ，日本として，大掛かりな議論にも耐えられる体制を整備しておくことは，平時の交渉においても懐の広さに繋がるだろうし，また，何より，国内における政策構想力の向上にも繋がるのではなかろうか。

V　おわりに──「こうしよう」と言える日本

　米国なり，「欧米」なり，国際機関なりから新提案がやってきて，それにYESというのが「世界第2の経済大国として相応しい国際貢献」，NOというのが「国益を守るハード・ネゴシエーター」だ，というのが日本社会における通念だったように思われる。自分から世界全体のことは語らないが，結果に日本に不利な面があると，「陰謀に嵌められてお人よしの日本はまた割りを食った」と考える。

　将棋をしているのに自分の玉の周りしか見ないでいて，詰みそうになると嵌められたと叫ぶ。それでは米中に次ぐ世界第3の経済大国の姿としても余りに

奇異である。

　世界の金融資本市場の一体化の中では，日本当局は，世界全体の政策設計にも一定の役割を果たし，その中でわが国の国益も守っていく，という対応を図らざるを得ない。ロナルド・ドーア氏の著書の題名を借りれば，「こうしようと言える日本」である。

　国際会計基準の設定主体をより中立・公正なものにするための国際的な作業部会では，金融庁の河野国際審議官が議長となり，国際室の長岡調整官と開示課の園田補佐が事務局を務めて，包括的な提案をとりまとめた。河野国際審議官は，2011年4月から，証券監督者国際機構の政策面での最高責任者も務めている。早崎参事官は，保険監督者国際機構の副議長として，金融システム全体への影響の大きな保険会社の判別方法やそれへの政策対応のとりまとめを行っている。日本銀行の中曾理事は，BISの市場委員会の議長を務めているほか，G20サミットの要請によるコモディティ市場の分析作業の議長も務めている。本年1月に行われた中央銀行総裁・銀行監督当局長官合同会合では，金融システム全体への影響の大きな銀行の判別方法に関する日本案が多くの国の支持を集めた。自己資本比率規制が貸し渋りに繋がらないようにするための提案は，金融庁長官が2009年1月に言い出したときには総スカンを食ったが，2010年末にはバーゼルⅢの一部となった。

　バーゼルⅠの交渉プロセスは，日本の国力が頂点にあった1987年1月の「米英共同提案」の公表で本格化した。同年夏に着任した大蔵省銀行局の千野忠男審議官は，着任忽々，同局の渡辺達郎課長補佐と共にニューヨークに飛んだ。事前準備で交渉チームには睡眠時間が殆どなかった。ある日，会議中にバターンという巨大な音がし，椅子と共に渡辺補佐がひっくり返り，日本側も米側もびっくりした。そうした体力ギリギリの努力を繰り返して，米側もだんだん日本側の主張にも耳を傾けてくれるようになっていったという。

　それから20年余り。わが国の相対的な国力は，その間に大きく低下した。発

言力の基盤となるのはやはり国力であり，国力の低下は他の手段で補っていかなければならない。交渉のための組織・体制は，主要諸外国の水準には至っていないとしても，当時に比べれば大幅に充実した。また，先人の苦労の経験も蓄積され続けている。ただし，新しい交渉スタイルへの転換はまだ途上である。今後更に工夫の積み重ねが必要と考えられる。

(1) 遠藤俊英「金融庁『国際化』への試み」『ファンド情報』2010年7月26日。遠藤氏は，執筆当時，金融庁総務企画局総務課長であった。
(2) 吉國眞一『国際金融ノート　BISの窓から』(麗澤大学出版会，2008年) 167頁以下。
(3) 矢後和彦『国際決済銀行の20世紀』(蒼天社出版，2010年) 261-262頁。
(4) Sato, Takafumi, "Tightening capital rules could increase risk-taking," *Financial Times*, 1 July 2009.
(5) 佐藤隆文『金融行政の座標軸――平時と有事を越えて』(東洋経済，2010年) 332頁。
(6) 内海孚「両極端の強み」『日本経済新聞』1993年11月17日夕刊「あすへの話題」欄。

(金融庁・総務企画局参事官 (国際))

論　説　世界金融危機後の国際経済法の課題

国際金融危機への通商法の対応とその課題
―― 国際経済法を貫く公共哲学の必要性 ――

米 谷 三 以*

Ⅰ　はじめに
Ⅱ　国際金融危機への対応
Ⅲ　自由貿易体制の発展と停滞
　1　国際機構の進化
　2　政策思考の停滞――重商主義の温存――
Ⅳ　重商主義の問題点
　1　WTO協定の規範的弱体化
　2　政策思想としての陳腐化
Ⅴ　「比較優位の理論」に基づく通商法
　1　貿易自由化約束の意義
　2　政策規律の方向性
　3　遵守促進の効果
　4　政策に関する情報交換の促進
Ⅵ　「比較優位の理論」的発想の拡張可能性
　1　投資協定への拡張
　2　国際標準化機関等との協働関係の明確化
　3　分配政策への拡張
　4　マクロ経済政策への拡張
Ⅶ　おわりに

Ⅰ　はじめに

　自由貿易体制は，WTOを主柱に機構として高度に発展しており，国際金融危機に際して有効に機能した。しかし，政策思考において，輸出拡大に偏した利己的な重商主義を温存しているために，脆弱性を克服できず，また今後の課

題への対応を困難にしている。「比較優位の理論」を基礎とし，分権的責任分担・相互協力を基調とする，国際経済法を貫く公共哲学の確立が必要である。

II　国際金融危機への対応

2008年10月に発生したいわゆるリーマン・ショックの後，G20 や WTO などにおいていわゆる「保護主義」監視メカニズムが迅速に構築された。1930年代の世界恐慌への対応と異なり，国内産業保護政策の蔓延が一応食い止められていると評価できる。

WTO においては，2009年以降，貿易政策検討制度（TPRM）の一環として，半年に１度，事務局長の責任において各国の措置について報告書がまとめられ，公表されている。[1] 最初の報告書は，2008年10月に事務局長主導で作業が開始され，加盟国に配布された。貿易政策検討機関（TPRB）が行う年次報告の参考となる「事務局長の年次報告」の準備のために作成されるものとして位置づけられた。2009年３月に第２次報告書が作成された後，４月の TPRB 非公式閣僚会合において，四半期毎にモニタリングを行い，結果を公表することを加盟国が了承し，WTO の活動として正式に位置づけられた。７月に第３次報告書，さらに11月に上記「事務局長の年次報告」が作成され，その後12月の一般理事会会合において，半年毎に報告書が公表されることが合意され，その後順調に公表されてきている。

ただし，この報告書は，そもそも「保護主義」を定義しておらず，したがって「保護主義的措置」の是正を求めるのでなく，加盟国の自制を促すに止まる。「貿易促進，貿易制限の双方を含む，全ての貿易措置及び貿易関連の政策措置」を掲載するに止まり，掲載した個々の措置の協定整合性の評価も行っていない。ただし，通報義務を課すだけの透明性確保から相互監視に大きく踏み込んだ。作業に当たる事務局が，加盟国から自国及び他国が執った措置について情報提供を受け，他国から「保護主義的」であるとして情報提供があった措置

について，情報提供された措置の内容が正しいか否かを照会し，確認が取れたか否かを明記した上で掲載している。

WTO以外では，G20の枠組みにおいて，「貿易・投資制限的な措置をとらない」とするいわゆるスタンドスティルの合意がなされた。2009年4月のロンドンサミットにおいて，この約束の遵守状況の報告を四半期ごとにするようにWTOその他の国際機関への要請がなされた。また同年9月のピッツバーグサミットにおいて，これに先立ってWTO，OECD，UNCTADが共同で作成・提出した報告書が歓迎され，その継続が要請された。2010年3月，2011年5月にそれぞれ第2回・第3回の共同報告書が公表された。

こうした対応の結果，保護主義の蔓延が食い止められていると評価されている。これは，1929年の「暗黒の木曜日」に始まる大恐慌において，各国が自己防衛のために保護主義的行動に走り，その結果不況が深刻化・長期化するに至ったのと好対照である。かつて米国は，悪名高いスムート＝ホーレー関税法を制定し，輸入関税を引き上げたし，その他各国とも関税引き上げ，為替切り下げ等に訴えた。今回は，WTO協定その他の国際的枠組みが一定の効果を挙げていると評価できる。[2]

しかし，同様の自制が今後も期待できるのか疑問がある。[3]譲許を超える関税賦課のような明白な違反がほとんどないとしても，中間財に対する強制規格の導入など，政策的必要性に乏しく国内産業保護目的を疑われる措置も少なくないし，政府調達における自国産優遇など，違反でないが国内産業保護目的が明らかな措置もある。[4]さらに輸出規制の拡散が世界的な懸念事項になりつつある。[5]

こうした保護主義監視体制の最終的な拠りどころは，WTO協定である。したがって，WTO協定の定める政策規律及びその紛争解決メカニズムがどの程度有効かあらためて評価する必要がある。

Ⅲ　自由貿易体制の発展と停滞

1　国際機構の進化

　自由貿易体制は，機構面でみれば戦後一貫して発展し高度化している。現在は，WTO協定がその主柱となり，貿易自由化を促進し維持する様々な実体的義務を規定している。WTO協定の前身たるGATTは，ITO（国際貿易機関）の発効に至るまでの暫定協定であり，祖父条項があるなど国内産業保護措置の是正に十分でないところがあった。[6]これに対して，WTO協定は，管理組織としてWTOを設立し，祖父条項をもたず，またその対象範囲も拡大して，サービス貿易さらに知的財産権の取扱いにも及んでいる。[7]さらに，紛争解決了解（DSU）が，GATT時代に発展してきた紛争解決手続実務を条文化し，いかなる措置についても協定整合的か否かの第三者による判断を求めることができるようにした。さらに，紛争解決機関（DSB）の是正勧告に従わない加盟国に対して対抗措置が執れるようにした。[8]さらに，新設されたTPRMにおいて加盟国の経済政策が定期的にレビューされ，個別措置の協定整合性が所管の理事会・委員会においてしばしば取り上げられる。

　中でも，WTOの紛争解決手続は，利用度が高く，2011年6月末現在で400件以上において開始され，100件を大きく超えるDSB勧告が下されている。紛争解決手続において違反を認定された措置が実際に是正されている割合も非常に高い。

2　政策思考の停滞――重商主義の温存――

　機構上の高度な進化と比較して，政策思考の停滞が目に付く。今日においてもなお重商主義の論理がまかりとおっており，保護主義的思考に付け入る隙を与えている。

　重商主義は，輸出を増加しつつ輸入を抑えることによって国富を増やすとい

うのが基本的姿勢である。輸出を増加するために，外国の関税その他貿易障壁の撤廃を追求する。経済学においては貿易自由化を推進する考え方として支持されていない(9)が，通商政策・法解釈の実務においては依然として残っている。

かかる政策思考は，WTO協定を関税譲許その他の市場アクセスの交換契約とする見方に典型的に現れている。上級委員会は，日本－酒税ケースにおいて，「関税譲許の交換契約」という理解を示した。WTO協定を，各国が輸出機会を求めて外国における関税その他貿易障壁の引下げ・撤廃を要求し，自国への輸出機会の付与すなわち関税その他貿易障壁の引下げ・撤廃を対価として提供することに合意したものとする(10)。

協定の個々の規定又はその解釈においても，重商主義的発想を窺わせる表現が散見される。第1に，補助金協定の規定は，あたかも，目的を一切考慮せず，貿易に及ぼす効果が重大であれば，それだけで補助金の撤回を求められるかのようである。第5条が，補助金によって「他の加盟国の利益に対する著しい害」を及ぼすべきでないと規定し，第6.3条が，たとえば輸入代替が発生する場合にかかる「著しい害」が存在する可能性を規定する。

第2に，協定整合性の評価において貿易に及ぼす影響を重視している先例がある。たとえば，内国税について内国民待遇義務を規定するGATT第3条2項は，「国内生産を保護するように」適用することを禁じている。先例上，措置の客観的構造からみて保護主義的な適用になっているか否かが判断されるが(11)，その判断において，対象の国内税が国産品との比較において輸入品に対して過度に重い税負担を課していることが重視されている(12)。この税負担の比較は，個々の輸入品と国産品との間でなく，対象の輸入品全体と「同種の」国産品全体との間で行われる(13)。輸入品全体で税負担が相対的に重ければ輸入が減少する可能性が高く，したがってこの比較方法は，貿易に悪影響が及ぶか否かを重視するものである。上級委員会は，現実の貿易減少がないことは無関係と判示するが，措置導入以外の要因に拠る可能性を排除できないことを理由としており(14)，

貿易に及ぼす効果自体の関連性を否定したわけでない。

Ⅳ　重商主義の問題点

1　WTO協定の規範的弱体化

　重商主義的発想の問題点の一は，WTO協定の拘束力を弱めることにある。第1に，消費者保護など貿易以外の政策に無関心であるため，協定の正当性に対する確信が薄れる可能性がある。第2に，規定されている範囲でしか国内産業保護措置を抑制できず，WTO体制に対する信頼が損なわれる可能性がある。それぞれ以下，詳しく見ていく。

　第1に，輸出機会を得るために国内政策について譲歩したかのような説明をすることになりやすく，WTO協定の実体的正当性に対する確信が弱まるリスクがある。WTO協定を市場アクセスの交換「契約」と考えるならば，WTO協定違反と判断された政府措置の撤廃・修正を国内政策決定過程において説明するにあたって，合意を尊重すること，すなわち自国の政策に対する制限は輸出機会と引き換えであって，協定に合意した以上そのとおりに拘束されてやむを得ない，と説明するのが素直である。WTO協定の解釈論も，合意したことそれ自体の正当性に依存する。「市場アクセスの交換契約」は，獲得した市場アクセス全体と提供した市場アクセス全体との均衡を中核とし，それ以外の政策的考慮の位置付けが不明である。市場アクセスを得るために，貿易以外の政策を大きく制限している可能性もあるし，逆に制限を拒否している可能性もあり，その点の合意点を示す手がかりが協定の文言以外にない。したがって，解釈において協定の文言の辞書的意味がきわめて重視される。確かに，私人間の契約内容を明らかにする上で文言を重視するのは当然であり，その類推で考えれば，「市場アクセスの交換契約」であるWTO協定を同様な手法で解釈するのは法的論理として全く正当に見える。しかし，対象措置の正当性を確信している人々にとって，そうした理由付けが説得的か疑わしい。むしろ，WTO協

定の正当性に疑いを抱かせることになりかねない[15]。

　米欧間で長年争われているいわゆるホルモン牛肉の販売規制を巡る紛争がこのようなリスクを示す例である。肥育のために成長ホルモンを投与した牛由来の牛肉を輸入禁止としたEUの措置が紛争の対象である。この輸入禁止の根拠となる予防原則のWTO協定上の取扱いが問題となり，紛争解決手続においてEUの立場が認められなかった。しかしEUは，DSBによる是正勧告及び米国の対抗措置にも拘わらず，輸入禁止措置を維持しているし，WTOに対する消費者団体その他の反発も強い[16]。その他，履行が遅れたケースに対象措置が法律であって議会の説得が必要であった場合が多いのもこの観点から説明ができよう[17]。

　第2に，重商主義的論理からは，WTO協定に規定されていない範囲・分野で輸入を制限して国内産業を保護するのは自由である。WTO協定は，合意された市場アクセスの交換がそのとおり実行されればその目的を達成しており，それを超える自由化をしないことを非難する根拠がない。

　G20等のスタンドスティルの合意にも関わらず，WTO協定等に違反しないが国内産業を保護する措置が採用された例が少なくない。たとえば米国は，リーマン・ショック後政府調達における国内優先措置すなわちバイアメリカンを導入した。政府調達協定等によって内国民待遇を得ている国から指摘を受け，その原産品を対象から外したため協定上の整合性が一応確保された[18]。また中国は，以前から政府調達におけるバイチャイナ規則を有しており，リーマン・ショック後この徹底を求めた。範囲の問題はあるが，現時点で政府調達協定に加入していない以上，政府調達におけるバイチャイナの取扱いは違法でない[19]。ロシアは，加盟交渉中の関税譲許を超える関税引き上げを行った。加盟前でありもちろん違法でない[20]。

　しかし，協定不整合でないとしても，そうした振る舞いは，WTO体制に対する信頼性を著しく損なう。WTO協定が抜け穴だらけであり，むしろ抜け穴

を巧みに利用することが賢い，という認識を広め，結果としてWTO協定に対する遵法意識を損なうのではないか。相互「監視」により「自制」を期待することの限界が目立ってしまう。

以上に鑑み，重商主義的発想が温存されている限り，保護主義抑止体制が強固であるとは言い難いと考える。重商主義は，自国の利益のみを考える利己主義的な発想であり，他国が輸出機会を提供し，自己は提供していないという状況がもっとも望ましく，抜け道を探すことを奨励する。さらに他の加盟国が誠実に遵守していない場合，自国だけが誠実に遵守する理由を見出せない。そうした発想の政府に対して，不況が長引き保護を求める声が高まってもなお誠実な遵守を期待できるであろうか。合意の履行を法的に確保するだけなら，遵守を強制する強力な超国家的権力を創設すればよいが[21]，それを望まないのであれば，分権構造のままで加盟国が自発的に政策協調する枠組みを作れないか検討する必要がある。

2　政策思想としての陳腐化

また，重商主義は，政策思想として陳腐化しつつあるように思われる。輸出拡大を狙いとするので，関税の撤廃・削減を語りやすいが，それ以外の政策措置の問題に適切な議論枠組みを提供しがたい。しかし，通商問題の焦点は，関税だけでなく，関税以外の政策措置の問題にも移りつつある。

国内政策措置に関する規定は，GATT／WTOの枠組みにおいて加速度的に増加してきた。かつては関税削減が主たる関心事項であったが，1970年代の東京ラウンド以降非関税障壁の問題が大きく取り扱われるようになった。たとえば，技術規格に関するスタンダードコードが東京ラウンドにおいて合意されたのを始めとして，検疫措置及び技術規格に関するSPS協定及びTBT協定がウルグアイラウンドにおいて合意され，WTO協定の一部となっている。

この傾向は，WTO協定以外でも強まっている。シンガポールなどの4カ国

が発案し，その後米国を含めた大規模な自由貿易協定として注目を集めている環太平洋戦略的経済連携協定において，regulatory coherence の問題を取り上げるよう米国の産業団体が強く主張している[22]。また日 EU 経済連携協定についても，EU 側から非関税障壁に対する強い関心が表明されている[23]。また先に述べたとおり，輸出制限の拡がりが国際的な関心事になりつつある。

「非関税障壁」に対する関心の上昇は，関税引き下げの余地が小さくなったという，重商主義的発想に基づく部分が大きい。しかし，先に述べたように，特定の政策目的のために執られる措置について，輸入を阻害するという理由だけで制限することは困難である。貿易の視点すなわち交換する市場アクセスが全体として均衡しているか，でなく，規制の視点すなわち規制・補助金に対する制限として適切か，を考えることが必要である。

重商主義は，かかる課題に対処するために有効な枠組みを提供できない。関税以外の措置について，非関税障壁であるとして撤廃を求めても直ちに相手国に受け入れられる提案でない[24]。そうした貿易政策以外の政策に適切な位置付けを与えるような思考枠組みが必要である。次に述べる「比較優位の理論」は，そのような思考枠組みの基礎となり得る。

V 「比較優位の理論」に基づく通商法

「比較優位の理論」は，経済学において自由貿易を推進する理論的根拠とされ，通商法実務においても，GATT／WTO の理論的支柱であると一応理解されている[25]。各国が比較優位を有する産業に特化し，その生産物を適切な比率で交換することにより，自給自足の状態よりもより多い生産物を消費できるようになるとする。貿易を自由化することにより各国が比較優位を有する産業への特化が実現される[26]。貿易自由化の結果実現される経済効率の最適化が目的であり，重商主義と異なって，輸出増加それ自体に価値を置かない。どのような点で違いが生じるか，以下具体的にみていく。

1　貿易自由化約束の意義

「比較優位の理論」に拠れば，貿易自由化は，自らを利する行為であって各国が自発的に行うはずであり，他国の関税譲許その他の貿易自由化約束を対価として求める必要がない。にもかかわらず，貿易自由化のためにWTO協定その他を締結するのは，自国全体の利益を増進するとしても国内政治上強い反対に遭うからである。貿易自由化によって厳しい競争に晒される生産者の反対は強烈であろう。効率化によって利益を受ける消費者は，個々人の受ける利益が小さいため貿易自由化の積極的な賛成派にならない。[27]この政治的不均衡に抗する手立てとして，複数又は多数国の政府が国際的な「合意」の形式を採用し自らを拘束し後退しにくくしたのがGATT／WTOその他の通商協定であると理解することになる。

したがって，「比較優位の理論」から出発すると，WTO協定その他通商協定を市場アクセスの「交換契約」と考えない。他国の貿易自由化約束それ自体が自国にとって利益をもたらすわけでなく，自国の貿易自由化約束によって不利益を引き受けるわけでもなく，両者が対価関係に立たないからである。世界経済の最適化という共通の目標を実現するための貢献として一定の政策ガイドラインに従う約束をいわば出資する，組合契約のような「合同行為」であると理解する。この違いが，以下に見るように，WTO協定その他の通商協定の解釈の方向性，またそれぞれの論理の有効射程の違いとなって現れる。

2　政策規律の方向性

「比較優位の理論」は，貿易自由化の目的を，輸出拡大とせず，世界経済と自国経済との連動した効率化とする。したがって，輸出を阻害する関税以外の政府措置を「非関税障壁」として把握し，関税及非関税障壁の撤廃・削減を目指すという重商主義の発想を退け，関税を含めあらゆる政府措置を経済の効率化の観点から最適な方向へ誘導していく，という発想になる。より具体的に

は，以下に見るように，通商協定は，「市場の失敗」の是正を目的とし，そのために最適の手段を選択していることを政策規律として求めるのが合理的であることを念頭において各規定を解釈することになる。

　経済理論によれば，関税を撤廃して貿易を完全に自由化すれば，各国経済が比較優位産業に特化し，効率的な状態が実現される。ただし，各国経済において市場メカニズムが完全に機能し，効率的であることがその前提条件である。そのためには現実に存在する様々な「市場の失敗」を是正することが必要になる。ただし，「政府の失敗」を避けるべく，「市場の失敗」の是正措置が最適な経済効率を達成するように設計・運用されるよう確保する必要がある。代表的な「市場の失敗」として，外部効果，規模の経済性，情報の非対称性，公共財などがあるとされる。たとえば，環境規制は，外部効果の内部化を図るものとして，安全規制は，情報の非対称性を是正するものとして説明することができる。研究開発補助金は，不完全情報のため企業がリスクを取れず，また他への技術的波及効果という正の外部効果がある研究開発活動を行わせるために付与するものと説明される。「比較優位の理論」に依拠して貿易自由化を進めるならば，国内政策に対する規律は，実際に存在するこうした「市場の失敗」の是正を目的とし，かつ，そのために最適な手段を選択していることを要求する，という方向に論理的にならざるを得ない。

　したがって，「比較優位の理論」に依拠してWTO協定が合意されたとすれば，協定の目的は，世界経済における資源利用の効率性向上ないし最適化であるはずであり，そのような読み方は，協定前文の文言上可能である。したがって，「市場の失敗」の是正を目的とせず，又は「市場の失敗」の是正を目的としていてもそのために最適でない手段を選択している政府措置は，協定の目的の実現を妨げるため，いずれかの規定によって禁止されているはずである。しかし，違反でなくてもそうした措置の是正を求めることが協定の趣旨に照らし正当化される。

かかる規範的理解は，GATT 第23条1項の文言を適切に説明する。同項は，協定違反の措置のみならず，違反でない政府措置又は状況のために「協定の目的の達成が妨げられている」場合にも WTO が「適当な勧告」を行うことを想定している[30]。これに対して，「市場アクセスの交換契約」という考え方は，明文の規定違反でも是正が求められず，規定違反がなくても是正が求められる可能性があることを説明しにくいのでないか。

以下措置類型ごとの考え方の違いをみていく[31]。

(1) 関税に対する規律

重商主義的発想では，輸出に対する障壁となる関税がゼロとされるのが望ましい。これに対して，比較優位の理論は，輸出の拡大それ自体を目的としないので，関税引き下げを無条件・無制限に追求するわけでない。現実にも潜在的にも比較優位性をもち得ない産業を国際競争から保護し続ける範囲で関税を問題視するに止まる。

たとえば，一定期間保護すれば国際競争力を獲得すると見込まれる産業を保護するために必要最小限の範囲で競争する輸入品に関税を賦課することは，当該企業がその見込みに基づいて行動することを妨げる何らかの「市場の失敗」がある場合に正当である[32]。また，外国産品の輸出価格が真の国際競争力よりも構造的に低くなっている場合，たとえば，外国の農産品が土壌の劣化という負の外部効果を反映しない価格で販売されており，その分低価格となっているとして，あるべき価格との差額分の関税を維持することは，比較優位産業への特化を妨げず，むしろかかる特化のために必要である。ただし，こうした理由がないのに関税を維持することは，比較優位産業への特化を妨げるため制限されるべきであり，適時に撤廃されるべきである。

(2) 内国民待遇義務

消費者安全等貿易以外の政策目的で採用される国内規制について，重商主義的発想では，関税と同じく輸出を阻害しないように規制されるべきであり，先

に述べたように，規制のもたらす負担が輸入品に偏っていないかが重要とされる。規制の政策目的は，一定の政策目的のための措置に対する例外規定（たとえばGATT20条）との関係で関連性を有するに止まるとするのが素直である[33]。

これに対して，「比較優位の理論」に基づく考え方は，貿易に対する影響でなく，経済効率の最適化という一貫した観点を求める。したがって，政策目的の必要性・正当性すなわち現実に存在する「市場の失敗」の是正を目的としているか否か，さらに，手段選択の厳格な合理性すなわち最適な手段が選択されているか否かを問うことを求める[34]。最適な手段の選択は一定の範囲――たとえば「同種の産品」――に限定されてよい。これらの条件を充たさない措置は，「市場の失敗」が最適に是正された状態と比較していずれかの輸入品を（同種の）国産品に比べて不利に扱うことになる。

こうした解釈論は，内国民待遇義務を規定するGATT第3条の文言解釈として可能であり[35]，最も貿易制限的でない手段の選択を要求するTBT協定第2.2条等の規定をこの延長線上に位置づけることができる。内国民待遇義務において措置の目的を考慮しても，一定の目的を有する措置を適用除外とするGATT第20条の存在意義を損なわない。たとえば，第20条(b)号が対象とする検疫措置は，国内で疫病が発生した場合に発生地周辺の出荷・販売制限でよいのに対して，海外で発生した場合通常国単位で輸入禁止とせざるを得ないなど形式的に輸入品を区別して規制することが必要であり，内国民待遇義務に整合し得ない。

また先例においても，GATT第3条2項2文が禁止する「国内生産に保護を与えるような適用」であると認定するにあたり，対象の内国税について措置国が主張する政策目的に照らして課税要件と税率とが合理的関係にないことが指摘されている[36]。また内国規制に関する第3条4項の解釈において，事実上規制目的を先例が考慮しているとの指摘もある[37]。

(3) 補助金規律

「比較優位の理論」からは，補助金についても，国内規制に対するのと同じく，「市場の失敗」の是正のために最適な措置以外を禁止するのが論理的である。たとえば，生産活動がもたらす正の外部効果を内部化するのに最適な環境補助金，個々の企業にとってリスクが大きすぎるとしても，研究成果に正の外部効果が存する等社会全体としては行われるべき研究開発活動を支援する補助金などは，「市場の失敗」の是正を目的とするものであり，金額その他の条件が最適であれば経済の最適化の観点からみて望ましいが，そうでない補助金は非効率を発生させる。[38]

先に述べたとおり，補助金協定上の規律は，文言上，補助金の目的を問わず，その貿易転換効果のみを問う規定となっており，重商主義的発想に基づいて設計されているかのように見える。しかし，この見方の修正を迫る先例が近時連続して出されている。まず，米国－綿花補助金のケースにおいて，その対象産品の国際価格が下がると国内生産者が対応できるように補助金額が増加するという「価格連動型（price-contingent）」の補助金について，「著しい害」が推定できるとし，他方，価格連動型でない補助金について「著しい害」との因果関係を認めなかった。[39]価格連動型の補助金は，支援対象の産品の価格競争力を人為的に操作するに止まる可能性が高いであろう。上級委員会は，因果関係の認定における利益の存続の問題と絡めて措置の性質（nature）を考慮すべきであると述べており，[40]後続のEU－エアバス及び米国－ボーイングケースにおいても同旨の判断が踏襲されている。[41]「市場の失敗」の是正を目的とするという「措置の性質」を考慮して協定整合的であると事実上判断する余地がある。

補助金協定の文言どおり，「著しい害」の認定にあたり補助金の目的を全く考慮しないとすれば，研究開発支援その他正当な目的のための補助金措置が撤廃を求められることになる。協定の文言は，補助金のもたらす貿易転換効果が重大である場合に救済を限定することで規制の適切さを担保しようとしているように見えるが，それでは政策上有効な補助金ほど「著しい害」を認定されや

すくなるという逆説的事態に陥る。補助金の目的を問わない規律が不適切であることは明らかであり，先例上その欠陥が事実上是正されつつあると評価してよいように思われる。

(4) 輸出規制の規律

輸出規制の問題は，近時重要性が認識されるようになった。中国による鉱物資源の輸出数量規制のほか，ウクライナ等の食糧輸出制限の問題もある。

輸出関税以外の輸出制限は，GATT 第11条1項によって禁止されており，第11条2項(a)，第20条(g)，(j)など一定の場合に正当化されるに止まるが，これらの例外規定をいかに解釈するか，必ずしも明らかでない。中国 原材料輸出制限のケースにおいてこれらの例外規定が扱われており，パネル段階では，第20条(g)を理由とする正当化が認められなかった。[42]

輸出規制は，重商主義の想定外かもしれないが，先の大戦の背景として「持てる国」と「持たざる国」との対立の激化があったことを踏まえると自由貿易体制の課題でないはずがない。[43] 比較優位の理論では，すべての産品を最も効率的に利用すべく消費も競争に委ねるため輸出を自由化すべきということになる。ただし，潜在能力のある国内産業を支援するため，輸入関税と同様に，購買力の差を一時的に相殺するだけの輸出関税の賦課が正当化される余地がある。また有限資源であれば，過剰消費のリスクに鑑みて生産・消費の数量制限が正当化されよう。生産を制限すると対象産品の価格が上昇し，違法生産・輸出の誘因が大きくなるので，たとえば，生産制限の遵守を確保するために消費（国内消費・輸出）を同時に制限し，両者を合計した数量が生産制限量を上回らないようにすることが考えられるのでないか。有限天然資源の保存に関する措置を例外とする第20条(g)号は，以上の考え方を踏まえて解釈すべきであろう。

なお併行して，資源分野における世界的な寡占化の進行という問題もある。[44] 競争法の適法な域外適用によって対処できないとすると，資源国を含めた各国における競争政策の適正な実施を求めること，つまり，競争政策の責任分担が

問われることになる。[45]

(5) PPM規制の規律

産品の特性・品質でなく，生産方法に着目するいわゆるPPM措置（production process and method）の規律をいかに考えるかは，輸出規制と並んで，重商主義的発想で分析し難い問題である。[46]輸出国における環境規制等が産業政策的配慮によって不当に緩和されているという輸入国側の問題意識から，自国と同等の環境基準を生産において充たしていることを輸入の条件とするのが典型的なPPM措置である。かかる措置が広く認められるとすると，途上国からの輸入を先進国が事実上制限できてしまうことが問題の核心である。

比較優位の理論は，各国がそれぞれの「市場の失敗」を最適な手段で是正することを求める。したがって，真に最適な基準を採用しているPPM措置を退ける必要は乏しいが，他方PPM措置を採用した外国政府の措置の最適性における判断を尊重すべき理由もない。むしろ情報収集能力・権限に鑑みると，「市場の失敗」の有無，手段が最適か否かの判断を，当該「市場の失敗」が存するとされる国の政府に委ねるのが適切であろう。必要な情報の多くが当該国の領域内に存在するからである。これは，産品の生産，流通及び消費に対して適正な政策措置を執る一次的権限及び責任を事実上国境で分担することを意味する。[47]

先例上，自国生産者に適用している基準と同一の基準を外国生産者に課すことは違反であるが，各国の状況の違いを適正に反映するPPM措置は正当化される可能性があるとされている。[48]重商主義には，通常の規制措置とPPM措置とで取扱いを変える内在的理由がないように思われるが，比較優位の理論は，上記先例の考え方を容易に説明できる。

3 遵守促進の効果

先に，重商主義的発想がWTO協定の拘束力を弱めることを指摘した。第

1に,貿易以外の政策的考慮の位置づけが曖昧であり,協定の実体的正当性に対する確信を損なう。第2に,協定に明文の規定がないことを理由として保護主義的措置を取ることに対する歯止めがない。比較優位の理論に基づく理解は,これらの弱点を克服することができる。

第1に,比較優位の理論に忠実なルールならば,加盟国に対して,関税を含め政府措置が「市場の失敗」の是正を目的としており,かつ最適な措置を選択することを要求することになる。かかるルールに違反すると判断された措置は,国内経済において何らかの非効率をもたらしており,利害関係者の誰かを不利に扱っている可能性が高いので,是正勧告に従う政策判断の正当性を国内政治的に説明しやすい。たとえば,国内産業保護を目的とする措置について,是正すべき「市場の失敗」が存在しないとすると,非効率な産業が温存され,消費者にその非効率さを甘受させることになるという説明ができる。

勿論,国内の意思決定過程において,WTOの評価に疑問が投げかけられ,再検討の結果問題なしとして従前の措置が維持されるかもしれないが,そうした事態は特段問題でない。結果として真に目的が正当で手段選択が最適である限り最適化を損なわないし,そうした点に政策判断の注意が集中することはむしろ望ましい傾向だからである。

第2に,WTO協定に明文の禁止規定がないことは,国内産業を保護する措置を正当化しない。「市場の失敗」がないのに,すなわち現実にも潜在的にも非効率な国内生産者を維持すれば,それだけ経済効率が低下し,WTO協定の目的が達成できなくなる。そうした行為は,明文の規定がなくても否定されるべきである。この考え方を支持する規定がWTO協定にあることは先に述べた。

4 政策に関する情報交換の促進

さらに,「比較優位の理論」に忠実に設計された通商協定は,その履行確保

の過程において経済政策の改善に資する情報が交換されるという特長がある。これに対して、「市場アクセスの交換契約」の解釈適用においては、先に述べたように、文言の辞書的意味に重点が置かれ、また貿易に及ぼす影響が重視されることになるが、このような情報は、政策立案上の価値に乏しい。

　比較優位の理論に基づく政策規律が条文化されているならば、具体的紛争における議論は、「市場の失敗」の是正を目的とすると説明できるか、当該「市場の失敗」が現実に存在するか、選択された政策手段が目的の実現のために最適かに事実上集中する。こうした議論は、措置国における政策論として問題の措置が最適か否かを再検討するために有益な情報を提供することになる。WTOの紛争解決手続は、約束違反を糾弾する場でなく、お互いの経済政策の向上に有益な情報交換を行う場として位置づけられ、むしろ、各加盟国が経済政策の最適化のための協力関係の構築に資するのではないか[49]。つまり、相互「監視」でなく、相互「協力」が行われる場となるわけである。

　また、加盟国の国内政策決定過程の合理化・透明化を促すことになろう。たとえば企業等とくに外国企業からなされた規制案への意見を政府が検討せざるを得なくなる。規制の改善可能性を示す資料は、当該規制案が協定違反とされる根拠ともなるからである。つまり、政策決定過程において企業等が意見を述べる機会を実質的に確保することになる。SPS協定及びTBT協定においてパブリックコメント制度の導入が義務付けられた意味をこうした流れで理解することができよう。PPM規制等について述べたように、比較優位の理論を出発点とすると、個々の政策分野において適正な決定・実施を遂行する責任を各国が負う分権的責任体制を構築することになる。それぞれの責任を十全に果たせるような協力体制作りが重要であり、個別紛争の解決プロセスがそのための情報流通経路の一つとなる。

VI 「比較優位の理論」的発想の拡張可能性

「比較優位の理論」は，貿易に関する理論であり，またもっぱら効率性の問題を取り扱っている。本稿の議論が，国際経済法が取り扱うその他の問題に拡張できないかを検討する。

1 投資協定への拡張

投資協定は，外国投資家による投資の保護を相互に約束するものであり，WTO協定と異なり，その対象事項に製造に対する規制を含む。元々の目的が投資家の私的利益の保護を図ることにあることから[50]，一見したところでは，むしろ重商主義的発想に近いように思われる。しかし，世界経済の最適化に連動して国内経済の効率化を図るという発想がここでも応用できる[51]。たとえば内国民待遇義務や公正衡平待遇義務を，製造規制において「市場の失敗」の是正を目的とする最適な措置のみを許す規定と解釈する余地がないか。むしろ二国間投資協定のネットワークが形成されている現状においては，WTO協定と相俟って，経済政策の厳格な合理化を通じて世界経済の最適化を促進し，もって自国経済も利益を得るという協力体制が形成されつつあると考えることもできる。投資協定の発展を国際行政法の出現と捉える近似の見方は，かかる思考を支持する[52]。

2 国際標準化機関等との協働関係の明確化

貿易・投資に影響する措置は，WTO協定によって規制を受けるほか，国際標準化機関その他その分野独特のフォーラムにおいて標準化，合理化等が進められていることが多い。義務として採用すべき最低基準，目標とすべきガイドライン，または参考とすべきベストプラクティスなどが採用されている。

比較優位の理論を基礎とすれば，WTO等とこれら国際標準化機関等との協

働関係を明らかにすることができる。貿易自由化等及び規制標準化等は，世界経済の最適化という同一目標達成に向けた相互補完的な活動である。WTO協定等は，個々の政策措置が充たすべき最低要件を定め，国際標準化機関等のフォーラムは，個々の政策措置を合理化・最適化する目安を提供する。

ただし，両者の直接的連動，すなわち国際標準化機関等において形成された基準を協定整合性評価において考慮することには慎重であるべきである。[53] 国際標準化機関等において形成された基準・ルールは，WTO協定等によって当該基準等への収斂が強制されるならばそのルール形成自体が困難になってしまう[54]であろうし，そもそも司法的な執行になじむかも疑わしい。[55] むしろ，合意されたルールが未来永劫適切である保証がないこと，判断能力の限界に照らし規制の多様性それ自体も世界経済の最適化のために有益であることを考慮し，たとえ条約で採用されたものであってもWTO等においては適用を抑制すべきである。規範の最終的な調整を関係国に委ねれば足りる。

このような国際フォーラム間の協働関係は，関税・通関手続分野で古くから構築されているが，WTO協定中のSPS協定及びTBT協定において検疫・食品安全及び規格の分野で明文化されるに至った。標準化機関等が採用したルールとWTO協定等のルール及び紛争解決手続とを連動させようと考えるのは自然であるが，先に述べたように，連動させることが適切かにおいて慎重さが必要である。重商主義的発想では，同一の規制への収斂が無条件に望ましく，ここでも比較優位の理論に依拠する議論との違いが見られる。

3　分配政策への拡張

経済理論においては，効率性の問題と並んで所得分配の問題が認知されている。後者を扱う所得再分配措置には，労働者保護政策，社会保障政策，所得税等における累進税率などがある。また，資源保護政策も世代間の所得分配問題を扱うことになる点では効率性の問題でない。もっぱら効率性の問題を扱う比

較優位の理論に基づく議論がこうした措置にまで拡張可能かどうかを検討する必要がある。

(1) 資源保護政策

　有限な資源の採掘・消費を市場メカニズムに委ねると将来世代に遺す量が過小になる可能性がある。利用可能な資源量が完全に分かっていれば、それを各世代に平等に分配するというやり方が一応考えられる[56]。しかし、未来の不確実性たとえば災害や気候変動などによって利用可能な資源が減少し、又は人類の存続に必要な資源が増加するリスクを勘案すれば、公平なシェアを将来世代のために取っておく発想は不十分である。たとえば、利用可能な資源の総量を過剰に見積った場合の損害が回復不能である。

　したがって、不確実性故に持続可能性の保障がないことを出発点として、将来世代が利用可能な資産を最大化するという発想が必要となろう。すなわち各世代に、その消費フローを最大化するのでなく、将来世代が利用可能な資産ストックを最大化するよう行動してもらうわけである。この資産ストックには、人間の生存可能性の増加に貢献する限り、取引の対象になると否とを問わず、あらゆる有形物・無形物が含まれ、整備された農地、住宅、工場その他の不動産・動産の他、良好な環境資源、人的能力、さらに人間関係・倫理観念などのいわゆる社会関係資産（又は社会資本）も含まれるであろう。

　このように、消費可能な産品のフロー生産の最適化でなく、将来世代に遺す資産ストックを最大化することを経済の目的とすれば、効率性もその点から評価するのが当然である。資源保護政策は、現在世代と将来世代との配分の問題を扱うのでなく、将来世代に遺す資産ストックの最大化を達成するための最適な利用基準が何かを扱うものとなり、環境保護政策などと同様に、「市場の失敗」の是正措置の一として位置づけることができるようになる。

(2) 所得再分配政策への拡張

　このように、将来世代に遺す資産ストックの最大化を実現するための効率性

を考えるならば，労働者保護，社会保障など効率性と異なる次元の所得分配の問題として認識されている政策も，同じ次元で考えることができるようになる。いずれも，将来世代に遺す人的資産ストックの最大化を目指す政策と位置づけることができるからである。たとえば労働者保護は，労働能力の再生産・最大化を妨げるような雇用・労働慣行を規制するものといえる。また典型的な所得再分配措置とされる生活保護ですら最適化を目的とするものとして説明可能である。人間の判断能力の不完全性を所与とすると，ある人に現在所得がないとしても資産ストック最大化に貢献していないと断定できない。ある人が資産ストック最大化に貢献しているにも拘わらず市場がこれを正当に評価できない可能性があるため，逆に最適な行動を選択するインセンティブが小さくなっているとも言える。

　上記議論をさらに租税措置一般に拡張することができる。伝統的には，租税は，政府サービスの受益者がその費用を負担する（利益説）ものとして効率性の観点から説明しやすいものもあるが，所得税など所得再分配の観点から設計されており，負担者の能力に対応するとされている租税も多い（能力説）と考えられている。上述のように考えれば，後者の租税措置も同一の観点から説明できる。そうすれば，租税一般について，厳密な対応を求めないとしても，市場において提供できないサービスを提供する対価という考え方を適用できるであろう。そうすれば，「市場の失敗」を是正する最適な措置かどうかという基準で租税措置全体を評価できるようになる。

4　マクロ経済政策への拡張

　このほか，国際金融の問題として，プルーデンシャル規制の協調，開発協力援助などの問題がある。前者は，効率性の問題であり，後者は，所得再分配措置であるが，上記議論がいずれも応用できよう。開発援助は，民間投資家・当該国政府いずれも負い切れない投資リスクがある案件をより大きなリスクテイ

クが可能な他国政府又は国際機関が引き受けることと考えれば，世界経済の最適化を目的とする措置であるとして議論できる。さらに，財政・金融・為替などマクロ政策分野での政策協調の問題がIMFその他で検討されている。これらの分野についても一元的に捉えて協調関係を明確に定義できないか検討が必要であろう。

Ⅶ　お わ り に

このように，重商主義的発想に立ち，個々の国が利己的利益を追求する自由を尊重する中での利益均衡を目指すのではなく，比較優位の理論を基礎として，世界経済全体での経済効率の最適化に向けた協力体制の構築という方向で国際経済法実務が進化することが，保護主義を抑止し，経済危機に対する抵抗力を強めるために望ましいと考える。そうした表層的でない相互協力の精神を確立しなければ，WTOその他貿易自由化・投資保護を取り扱う法制度は，正当性・信頼性が揺らぎやすい構造的脆弱性を克服できないであろう。政策の国際的調和という新しい課題に応えるために他の国際フォーラムと適切な協調関係を構築する思想的基盤も安定しない。国際経済法を貫く公共哲学を確立する必要がある。[59]

* 経済産業省通商政策局国際法務室長，法政大学大学院法学研究科教授。本稿において意見にわたる部分はすべて，筆者個人の見解であり，筆者が属する組織の意見を代表するものでない。
(1) 金融危機後の保護主義監視に関する以下の記載は，不公正貿易報告書，経済産業省通商政策局編（2009，2010年），727頁及び811頁以下に負っている。なおWTO事務局長による報告書等は，WTOのHP上の関連頁から入手できる。Available at http://www.wto.org/english/news_e/archive_e/trdev_arc_e.htm.
(2) たとえば，Douglas A. Irwin et al., *The Genesis of the GATT* (Cambridge University Press, 2008), chapter 1.1.
(3) WTO事務局長による直近の半期報告にあたり，警戒を強化すべきとの発言があった。"Talking points by the Director-General at informal TPRB", available at http://www.

wto.org/english/news_e/sppl_e/sppl196_e.htm.
(4) たとえば，不公正貿易報告書，経済産業省通商政策局編（2011）（「2011年版報告書」），137頁以下及び183頁以下。
(5) たとえば，WTO 事務局長による指摘がある。*supra* note 3, para.10.
(6) GATT の組織的欠陥について，John H. Jackson, *"World Trading System" The World Trading System*, 2nd ed. (The MIT Press, 1997), chapter 2.2.
(7) WTO の全体像については，たとえば，筑紫勝麿編著「ウルグァイ・ラウンド」（日本関税協会，1994年）。
(8) 同上，第5章。
(9) たとえば，小宮隆太郎・天野明弘『国際経済学』（岩波書店，1972年）210頁以下。
(10) Appellate Body Report on *Japan — Taxes on Alcoholic Beverages* ("*Japan — Alcoholic Beverages II*"), WT/DS8/AB/R, WT/DS10/AB/R, WT/DS11/AB/R, 4 October 1996, p.15.
(11) *Ibid.*, p.29.
(12) *Ibid*.
(13) Appellate Body Report on *Korea — Taxes on Alcoholic Beverages*, WT/DS75/AB/R, WT/DS84/AB/R, 18 January 1999, para.150.
(14) Appellate Body Report on *Japan — Alcoholic Beverages II*, p.16.
(15) これらの点をより詳細に議論するものとして，米谷三以「WTO 紛争処理手続の果たすべき役割──『司法化』に潜む危険性と提案」，日本国際経済法学会年報第8号（1999年），16頁，とりわけⅡ章4項及びⅢ章。
(16) ホルモンその他の例について，Michael J. Trebilcock and Robert Howse, *The Regulation of International Trade*, 3rd. ed. (Routledge, 2005), pp.15-17.
(17) 参考として，第11章「『法それ自体』の違反に関するDSB勧告の履行」（川瀬剛志執筆分）川瀬剛志・荒木一郎編著『WTO 紛争解決手続における履行制度』（三省堂，2005年），4項。
(18) 2011年版報告書，138-139頁。
(19) たとえば日本貿易振興機構経済分析部「各国の政府調達制度とWTO政府調達協定との整合性」（2005年），44頁以下。
(20) 2011年版報告書，191-193頁。
(21) 勧告不履行に対する金銭賠償を導入するなどのDSU改正提案はこの方向にある。この点の解説として，たとえば，第1章「WTO紛争解決手続における履行問題──問題の所在と解決方法」（ウィリアム・J・デイヴィー執筆分（荒木一郎訳））川瀬・荒木『前掲書』（注(17)）4項。
(22) 2001年版報告書，495頁。
(23) 同上，496頁。
(24) ただし，米韓 FTA のように，相手国産品だけを自国の規制の適用から除外するなど

国内規制の一貫性を犠牲にする選択がなされることもある。Agreed Minutes on regulations pertaining to automotive fuel economy and greenhouse gas emissions, signed 10 February 2010, available at http://www.ustr.gov/webfm_send/2555.
(25) たとえば，Jackson, *supra* note 6, pp.11-21.
(26) たとえば，小野・天野『前掲書』(注(9)) 1.2項。
(27) Mancur Olsen, *The Logic of Collective Action: Public Goods and the Theory of Groups*, revised ed. (Harvard University Press, 1971) を参照されたい。
(28) たとえば，小野・天野『国際経済学』(注(9)) 1.1項。WTO法の教科書もこの点に言及する。たとえば，Jackson, *supra* note 6, p.18.
(29) たとえば，J. E. スティグリッツ（藪下史郎訳）『公共経済学〔第2版〕』（東洋経済新報社，1993年），第4章。
(30) この点をより詳細に議論するものとして，米谷三以「GATTは何を目指しているのか――紛争処理コスト削減のための一考察(上)」（貿易と関税1997年11月号）53頁以下及びその引用文献。
(31) この点で参照すべき文献はきわめて多いが以下ではごく限定して言及する。
(32) たとえば，小宮・天野『国際経済学』(注(9)) 194-195頁。
(33) たとえば，Federico Ortino, *From 'Non-Discrimination' to 'Reasonableness': A Paradigm Shift in International Economic Law?* (2005), available at http://papers.ssrn.com/sol3/papers.cfm?abstract_id = 922524.
(34) これらの点をパネルが自由心証に基づいて判断してよいとすると，政策判断を代行することになってしまう。情報収集能力・権限及び政策判断能力の限界を考えれば，明白な誤り・不合理がない限り措置国の判断を尊重すべきであろう。かかる審査基準のために違法措置を見逃してしまうリスクは，アンチダンピング関税・相殺関税によって対処することが想定されていると考える。この点を詳細に検討するものとして，米谷三以「GATTは何を目指しているのか――紛争処理コスト削減のための一考察(中)」（貿易と関税1997年12月号）46頁以下。
(35) この点について，Kazumochi Kometani, "Trade and Environment: How Should WTO Panels Review Environmental Regulations under GATT Articles III and XX," *Nw. J. Int'l L. & Bus.* Vol.16, No.3 (1996), pp.441-477。
(36) Panel Report on *Chile ― Taxes on Alcoholic Beverages*, WT/DS87/R > WT/DS110/R, 15 June 1999, paras.7.146-7.156.
(37) Kazumochi Kometani, "Current Application of the WTO Rules to Domestic Policy Measures: An Effective Promotion of Trade, or an Unnecessary Distortion of Markets?," in Akira Kotera et al., *The Future of the Multilateral Trading System: East Asian Perspectives* (Cameron May, 2008) pp.74-76.
(38) この点EUにおける議論が参考になる。Kelyn Bacon, *European Community Law of State Aid* (Oxford University Press, 2009), chapter 8に詳しい。

⑶⑼ Panel Report on *United States—Subsidies on Upland Cotton* (*"US-Cotton"*), WT/DS267/R, 8 September 2004, para.1308.

⑷⓪ Appellate Body Report on *US—Cotton*, WT/DS267/AB/R, 3 March 2005, paras. 476, 482, and 484.

⑷⑴ Appellate Body Report on *European Communities and Certain Member states—Measures Affecting Trade in Large Civil Aircraft*, WT/DS316/AB/R, 18 May 2011, para.772, fn.1766; Panel Report on *United States—Measures Affecting Trade in Large Civil Aircraft (Second Complaint)*, 31 March 2011, paras.7.1695-1698.

⑷⑵ Panel Report on *China—Measures Related to the Exportation of Various Raw Materials*, WT/DS394/R, WT/DS395/R, WT/DS398/R, 5 July 2011, para.7.466.

⑷⑶ しかし，WTO事務局長は，輸出規制についてGATTの規定が少ないとの認識を示している。"Talking points by the Director-General at informal TPRB", *supra* note 3, para.10.

⑷⑷ たとえば，BHPビリトン社によるリオ・ティント社の買収計画に関する競争法の適用について，不公正貿易報告書2011年版，400-401頁。

⑷⑸ 競争政策の適正化が求められている事象は他にも存在する。たとえば，企業結合規制が国内産業保護のツールとして使われている問題，ロイヤルティの上限規制などライセンス契約に対する過剰規制の問題がある。同上，415頁以下。

⑷⑹ PPM規制一般について，米谷三以「生産方法の規制に関するGATT上の規律：内国民待遇義務の本質論から（下）」（貿易と関税1997年5月号）51頁以下及びその引用文献を参照されたい。

⑷⑺ この点を指摘するものとして，Joel P. Trachtman, "Regulatory Jurisdiction and the WTO", in William J. Davey and John H. Jackson (eds.), *The Future of International Economic Law* (Oxford University Press, 2008), p.193.

⑷⑻ Appellate Body Report (21.5) on *United States—Import Prohibition of Certain Shrimp and Shrimp Products*, WT/DS58/AB/RW, 22 October 2001, para.144.

⑷⑼ この点をより詳細に議論するものとして，米谷「前掲論文」（注⑮）とりわけⅡ章4項及びⅢ章。

⑸⓪ たとえば，Christopher F. Dugan et al, *Investor-State Arbitration* (Oxford University Press, 2008), Chapter II.

⑸⑴ むしろ，投資受入国政府の規制主権の存在を考慮して，投資家との対等の関係を想定する商事仲裁の発想を排斥すべきとするものとして，Gus Van Harten, *Investment Treaty Arbitration and Public Law* (Oxford University Press, 2007), とりわけChapter 6。

⑸⑵ たとえば，*Ibid.*; Stephan W. Schill, "International Investment Law and Comparative Public Law—an Introduction", in Stephan W. Schill (ed.), *International Investment Law and Comparative Public Law* (Oxford University Press, 2010), p.3.

⑸3 なお WTO 協定と多国間の環境条約との関係について，積極的な連携を肯定する考え方として，Joost Pauwelyn, *Conflict of Norms in Public International Law* (Cambridge University Press, 2003)。投資仲裁の適用法規における多国間の環境条約等の位置付けについて，小寺彰編著『国際投資協定——仲裁による法的保護』(三省堂，2010年) 所収，第 4 章 (「適用法規——国際法の直接適用とその含意」(米谷三以執筆分) 及びその引用論文を参照。

⑸4 たとえば，コーデックス委員会における困難について，たとえば，山下一仁「国際基準へのハーモナイゼーション」山下一仁編著『食の安全と貿易——WTO・SPS 協定の法と経済分析』(日本評論社，2008年) 第 7 章，263頁。労働基準について，吾郷眞一『国際経済社会法』(三省堂，2005年)，第16章。

⑸5 環境保護条約について，太田宏「地球環境問題——グローバル・ガヴァナンスの概念化」(渡辺昭夫，土山實男編『グローバル・ガヴァナンス——政府なき秩序の模索』(東京大学出版会，2001年) 所収，298-299頁。

⑸6 「世代間の公平」という捉え方について，たとえば，R. K. ターナー他 (大沼あゆみ訳)『環境経済学入門』(東洋経済新報社，2001年)，とりわけ第 2 章。

⑸7 社会政策を分配政策としない考え方として，たとえば，大河内一男『社会政策 (総論)〔増訂版〕』(有斐閣，1980年)。なおこの見方では，消費から得られる効用最大化という消費者の行動原理の見直しが必要である。消費は，自己の労働力等の資産を維持・拡大するために必要な投資と同視される。

⑸8 租税の意義及び能力説と利益説については，たとえば金子宏『租税法〔14版〕』(弘文堂，2009年) 第 1 編第 1 章。

⑸9 なお，関連するテーマとして，WTO の憲法化及びグローバルガバナンスの問題がある。包括的に扱ったものとして，たとえば Christian Joerges & Ernst-Urlich Petersmann (eds.), Constitutionalism, Multilevel Trade Governance and Social Regulation (Hart Publishing, 2006)

(経済産業省通商政策局国際法務室長，
法政大学大学院法学研究科教授)

論　　説　APEC2010とポスト・ボゴールにおける
　　　　　アジア国際経済秩序の構築

座長コメント：APECと国際経済法

中　谷　和　弘

　本特集の元となった報告は，2010年11月に横浜において開催されたAPEC首脳会議・閣僚会議の直前の同年10月23日に横浜国立大学において行われた。
　世界全体のGDPの約5割，世界全体の貿易及び世界人口の約4割をカバーするアジア太平洋地域の21の国と地域が参加する経済協力の枠組として，APECでなされる秩序形成が世界経済全体に多大なインパクトを与えることはいうまでもない。しかしながら，APECに関しては，下記に指摘する特徴が法的分析になじみにくいためもあってか，国際経済法上，十分な検討が行われてきたとは言い難い。
　APECの特徴としては，第1に，その本質は「開かれた地域協力」であること，第2に，そこでの行動は「協調的・自主的な行動」であって諸合意は非拘束的なものであること，第3に，非国家主体（特にビジネス界）との連携が深いこと，が挙げられる。また，見落とされがちなことではあるが，第4の特徴として，APECは，単にアジア太平洋地域の経済協力を推進する機関であるにとどまらず，同地域における安全保障にも貢献するという政治的役割をも果たしている。
　この第4の特徴に光をあてて論じたのが椛島論文である。安全保障に関するフォーラムとしてはASEAN＋3があるが，ASEAN＋3とAPECの両者の関係はどうなっているのだろうか。後者は前者よりも広範なメンバーを含むこ

とや両者の主要任務に鑑みると，後者は前者を補完するものであると一般には推測されようが，競合的な側面もあるのかどうかは興味深い課題であろう。

久保田論文は，第3の特徴であるビジネス界との連関に焦点をあてて論じたものである。APECビジネス諮問委員会（ABAC）は，我が国が今後の経済戦略を推進する上で無視できない重要性を有しているといえよう。

田村論文は，第2の特徴である非拘束的性質に関しても言及する。非拘束的合意＝ソフトローは国際法の各分野に見られ，今日の国際社会において無視できない重要性を有している。2010年首脳会議では，ボゴール目標（自由で開かれた貿易及び投資を，先進エコノミーについては2010年までに，途上エコノミーについては2020年までに達成する」との1994年の首脳会議で合意された目標）の達成評価が行われ，13のエコノミー（5つの先進エコノミー及び8つの自主的に加わったエコノミー）は，「更に取り組むべき作業が残っているものの，ボゴール目標達成に向けて顕著な進展を遂げた」と評価されたことは，非拘束的合意の履行という観点からも大きく注目されよう。

横浜での首脳会議では，「横浜ビジョン」を採択し，「我々の構想するAPEC共同体」として，より強固で深化した地域経済統合を促進する「緊密な共同体」，より質の高い成長を実現する「強い共同体」，より安全な経済環境を提供する「安全な共同体」を挙げている。特に最後の「安全な共同体」は，テロ，感染症，自然災害，食料不足の発生の防止や対応の強化によって様々なリスクを最小化することを目指すものであり，上記の第4の特徴と関連して，非経済的な危機にも対応するAPECとして大きく注目される。また，アジア太平洋自由貿易圏（FTAAP）の実現に向けた具体的な措置をとることで合意がなされたが，諸措置の実施にあたってはAPECの非拘束的及び自主的な性質を考慮すべきだとしている。

地域統合のあり方についてはEUが1つの代表的なモデルであるが，ASEANやAPECの展開はEUモデルが唯一のモデルではないことの証左で

あるともいえ，EUをモデルとして措定しがちであった国際組織法学のあり方にも再考を迫るものといえよう。

(東京大学大学院法学政治学研究科教授)

論　説　APEC2010とポスト・ボゴールにおける
　　　　アジア国際経済秩序の構築

国際関係の構造変動と APEC の展開

椛　島　洋　美

I　はじめに
II　関係指向型枠組み
III　自由化の試み
　　1　自由化目標設定へ
　　2　EVSL
　　3　自由化の試みの過程から
IV　地域秩序の安定化
　　1　東ティモール問題
　　2　安全保障領域への拡大
　　3　脅威対象の拡大
V　おわりに

I　はじめに

　1989年に誕生した APEC は，一定の法的拘束力を伴うルール，予算，組織が体系的に整備されてきている EU としばしば比べられてきた。APEC では経済厚生の向上や持続的成長という規範が構成員間で共有されながらも，コンセンサスによる意思決定を重要とし，法的拘束力のない状態で各構成員が自主的に実行する形式をとる。このような APEC のやり方を見て EU より劣位と論断する研究もあるが，そもそも EU は他の地域と比べても極めて例外的な展開を見せていると考えた方がよい。EU は当初から「1つのヨーロッパ」の形成を目標とし，リスボン条約でも共通の外交等で一体化したヨーロッパ像を想

定しているのに対して，APECでは現時点までに「1つのアジア太平洋」の形成を求めてはいない。本稿では，EUとAPECは類型的な違いという視点から考えを出発させる。「1つのヨーロッパ」を想定するEUは連合化，連邦化を彷彿とさせる構造を持つのに対し，APECは「1つのアジア太平洋」を目的としないという点で，EUとは異なる類型として観念する。そして，APECを関係指向型枠組みととらえ，APECが近年の域内外での構造変動に直面している状況を考察する。本稿での素描をとおして，APECが域内外の構造変動に影響を受けてこれまでとは異なる展開を見せつつも，関係指向型枠組みとして変わらず動いてきていることが明らかにされる。

ところで，1990年代後半からAPECに少なからず影響を及ぼしてきた域内外の構造変動とは何か。本稿では5つの点に着目する。

1つは，金融危機である。1997年に勃発したアジア金融危機では流動する資本を協力して管理する必要性を認識させ，2008年の世界金融危機ではより体系的な協力が重要であることを知らしめることになった。

2つ目にWTOの展開があげられる。WTOとしてスタートし，初めての多角的貿易交渉が始まったのは2001年11月のドーハ閣僚会議であった。以降，2003年のカンクン会議で土台となる主要事項について合意することを目指すも決裂するなど，ドーハ・ラウンドがいつ妥結するのか，先行き不透明の状態が長く続いてきた。

3つ目は，地域経済協定のブームがある。金融危機とWTO難航の影響もあり，近年FTA等地域経済協定が世界各地で結ばれ，WTOへの通報は，2011年5月末時点で489件に上っている。アジア太平洋地域も例外ではなく，特にかつて地域経済協定にあまり積極的でなかった日本，中国，韓国が意欲的に動いてきていることは大きい。

4つ目に，テロをはじめとする非伝統的脅威が，アジア太平洋地域でも広く認識されていることがある。2001年の9・11テロ以来，アジア太平洋地域もテ

ロと隣り合わせであることが広く認識されるようになった。また，海賊，鳥インフルエンザ，SARS，地震や津波等の自然災害など，伝統的安全保障に納まらない形の脅威も頻発している。

5つ目として，新興国の台頭があげられる。なかでも中国は1990年代末から援助供与国となり(2)，2009年にはGDP成長率8.7%(3)，名目GDPでは今や世界2位に位置している(4)。このまま中国の経済成長が進めば，アジア太平洋経済にとって有用だという判断が見られる一方で，中国は経済的，軍事的に脅威になるという見方も根強い。

II 関係指向型枠組み

アジア太平洋は，内政，外交について異なる価値観が混在する地域であり，それこそがAPECの性格を規定するものとされてきたが，それを前提にAPECが1つの枠組みであるととらえる視点はこれまで希薄だった。枠組みの定義を，「組織，ルール，慣習，規範を構成員が創出，共有していく側面と，有形無形の制度がアクターを制約する側面の両方を持つ仕組み，またはその視角」として措定したとき，組織化やルール化の形態が地域枠組みによって異なることは明らかだ。課題に対する集団的な決定と実施を組織的に進められるように整え，1つの地域として一体化していく気運を持つEUをここでは統合指向型枠組みと位置づけよう。一方，組織的あるいは体系的に集団的な決定と実施を行わないものには様々なパターンがあると思われるが，基本的にメンバーの良好な関係維持を一義に置き，政府間主義をベースに政策，国内制度について各自が自主的に決定，判断，実施を行うAPECのような形を関係指向型枠組みとする。

ここで，統合指向型を関係指向型が発展したものとしてはとらえないことに留意したい。欧州統合の初期の時期に，B・バラッサは自由貿易協定から政治同盟へ段階的に進んでいくことを，E・ハースは論争性の少ない問題から政治

性の強い問題へと協力分野が拡大していくことを論じた。山本はこれらを単線的発展モデルとして論じているが，本稿でいう統合指向型は関係指向型が発展したものとはとらえない。関係指向型は統合指向型とは異なる類型と位置づける。

関係指向型は国際関係の民主化に関わる3つの性格を持つ。第1は，多様性，多元性を尊重した関係である。構成アクターとして，国家政府だけでなく，多国籍企業，NGO，自治体等国家政府以外のアクターが政治的，経済的，社会的，文化的な違いを背景に関与していることを前提とする。国家も相互に多様であることが期待される。

第2に，パワー関係を持ち込まない手法がある。現実社会では国家間の格差やパワー関係の大小があることに変わりはないが，主権国家の対等性と国際社会の分権性を前提としてきた例として国際連合を想起したい。但し，国際連合では国際問題の解決にパワー関係をできるだけ持ち込まない方策として法の支配を採用してきたが，法の支配を受け入れれば，ルールを作る過程で現実のパワー関係が持ち込まれるかもしれないという見方もあり，現実のパワー関係を持ち込まないために，あえて法の支配の原則を確立しない選択もある。

第3に，相互の置かれている状況，権利を保障しあう関係として当事者性を重視することがあげられる。ここでいう当事者性とは，各アクターの立場や置かれている環境を理解し，できるかぎり尊重することを指す。言うまでもなく，アクターである国家は国際環境とともに国内の歴史的背景や社会的諸勢力からの縛りを前提に行動判断を行わなければならない。域内での協調行動の重要性が認識されつつも簡単には共同歩調をとれない構成員への気遣いがそこにある。

これら3つの要素は，域内関係の民主化に関わるものである。国際関係の民主化については，先述のように国際連合のような例があるが，関係指向型枠組みは民主主義のもっともラディカルな条件として出てくる3つの要素——アクターの多元化，パワー関係の排除，当事者性の重視——で独特な特徴を表す。

そこでは、創出された地域が一部の国家に独占されてはならないという規範が共有され、パワーを回避し、排他的でない関係が築こうとされる。

Ⅲ 自由化の試み

1 自由化目標設定へ

1989年にはじまった APEC は、当初 ASEAN 以上の地域を創出することに対して ASEAN 諸国が難色を示したことから、アジア太平洋地域の経済成長を牽引するそれらの国々をいかに巻き込んで確立していくかが課題だった。最終的には、ASEAN 諸国の抵抗を和らげ APEC の継続に同意を得ることができたが、晴れの船出のために APEC は以下3つの性格を備えることになった。1つは、APEC の対象を経済実務領域に特化すること、2つめに ASEAN 諸国の強く要求する技術移転や人材養成の分野を他の分野よりも優先して実施すること、3つめに ASEAN の存在を APEC の中心に置くこと——それらは、先進国メンバーのパワーに影響を受けたり ASEAN を凌駕したりする構造ができるのではないかという ASEAN 諸国の懸念緩和へ作用した。また、通商手続きの統一化などとともに技術移転や中小企業対策を打ち出すことにより、域内の多様性、多元性に配慮し、相互に排除しない形態が APEC 誕生まもない時期に確立されることになった。

こうして将来的継続を確実にした APEC は1990年代前半に、早くも貿易と投資の自由化へ重心を置き始める。1992年にはじまる APEC 賢人会議の答申を経て、2010～2020年までの自由化目標が閣僚会議や首脳会議の俎上に載せられた。アメリカや日本などの先進経済は2010年、アジア NIEs は2015年、発展途上経済は2020年までに自由化を完了させるという内容にシンガポールやアメリカは域内の多様性や発展途上経済への配慮があるとして積極的だった。しかし、タイは AFTA での自由化を優先すべきと主張し、マレーシアはアメリカなどが APEC 域内でパワー関係を発揮させたり APEC を牛耳ったりすること

になるとして反対の姿勢を示していた。

　折しもアジアの外に目を向けると，各地で地域経済圏の拡大と深化が進んでおり，それぞれの域内での特恵的措置により，必然的にアジアが通商関係において疎外される可能性は強まった。もっともASEAN諸国にはAFTAが実現しつつあったが，AFTAの能力や有効性はいまだ未知数で，地域経済協定の締結いかんによっては外資が域外へ逃げることもありえ，ASEAN経済にとって早晩大きな打撃になることは明らかだった。結果，APECでの自由化はやむなしという総論的合意に到達することになる。

　もっとも1993年の議長国アメリカが自由化に積極的な態度を示したのに対し，翌年の議長国であるインドネシアはアメリカの取りまとめた自由化の方向性を継承する保障すらなかった。インドネシアは途上国の意見を代表する立場から，94年2月末には，自由化よりは中小会議の育成，人材養成，科学技術の民間協力，公共のインフラ整備の4点を重点事項とすることについて内々で決定していた。[10]が，インドネシアが自由化によって獲得できる利益やプレゼンス向上に関する計算や，前年の議長国アメリカとインドネシアとの間での水面下でのやりとりなどにより，[11]94年のAPEC会議でも自由な貿易と投資を優先課題とすることとした。インドネシアはASEANのリーダーとして消極的意見を含みながらも全てのASEAN諸国のコンセンサスを獲得し，賢人会議の提案した自由化の目標設定に向けて弾みをつけた。

　とはいえ，同年のAPEC首脳会議を機に即，APECが自由化に特化することにはならなかった。そもそも目標年限のついた自由化について，インドネシアがASEAN諸国をはじめとする各首脳の同意を取り付けたのは，APECが自由化，円滑化，経済協力の三位一体型協力・協調体制のビジョンをAPECメンバーに打ち出したことが多分に関係していた。[12]メンバー間経済格差の大きい中，APECは創設以来，所期の目標の1つであるAPEC地域の発展のためには，自由化措置で協調行動をとるだけでは十分ではないとし，多元性，多様

性を配慮していかなるメンバーも排除しない枠組みを基本としてきた。賢人会議もまた，自由化，円滑化，経済協力を三位一体として推進し，多様なメンバーに配慮するという提案を行なった。自由化への歩みを進めつつも，円滑化や経済協力を同時に進行させるという，多様性や当事者性に配慮したロジックは，94年の自由貿易圏を企図する首脳声明発表を可能にしたとも言えよう。[13]

2 EVSL

1994年の APEC 首脳会議で採択された自由化目標は，1995年大阪首脳会議での「行動指針」，1996年11月マニラ閣僚会議での「個別行動計画」及び「共同行動計画」として継承され，特定の分野の自由化を他の分野よりも先に行うという，早期自主的分野別自由化（Early Voluntary Sectoral Liberalization: EVSL）の導入を促した。EVSL に関する議論の焦点は，① EVSL の対象を自由化以外にも広げるのか，② APEC メンバーは，合意された分野をすべてパッケージで実行するのか，個別選択を認めるのか，の２つであった。前者については，1997年１月に行われた APEC 高級実務者会合と APEC 貿易投資委員会で，中国や ASEAN 諸国から貿易の円滑化や経済技術協力を EVSL の対象に含めるべきだという意見が出ていることを受け，それぞれの会合で EVSL は APEC の三本柱である自由化，円滑化，経済技術協力すべてで取り組む点で合意に至る。その結果は11月，バンクーバーで行われた APEC 経済閣僚会議に反映され，EVSL として自由化に加えて貿易円滑化，経済技術協力を促進させることが共同声明に盛り込まれた。

EVSL の対象は，最終的にメンバー間で最大限の支持を獲得し，かつコンセンサスを得られる15分野に絞られた。そのうち，ただちに自由化可能な優先９分野において自由化，円滑化，経済技術協力３つすべて（９×３）での例外なき実施を求める，いわゆる「パッケージ化」が提案されたが，APEC バンクーバー経済閣僚会議では合意に至らず結論は保留された。1998年６月にマ

レーシアのクチンで行われたAPEC高級実務者会合では，EVSLの具体的実施が求められ，優先9分野について協議された。早期自由化が困難な水産物や林産物を抱える日本は，参加メンバーがそれぞれ対象品目や自由化の方法を選択できるようにすべきと主張する一方，アメリカなどは9分野すべてをパッケージとして進めるべきだと反論した。1997年11月のAPEC閣僚会議では，アメリカ，カナダ，オーストラリア，ニュージーランド，シンガポール，香港がパッケージ化に賛成したのに対し，日本，韓国，マレーシア，インドネシア，チリ，メキシコなどはパッケージ化に異議を唱え，参加は自主的に決められるべきと応酬していた。しかし，98年6月のAPEC高級実務者会合とAPEC貿易担当相会議では，アメリカが主張する例外なき自由化——自主性原則ではなく，9×3のパッケージとしてWTOと同じように扱うべき——とする意見にアジア諸国も同調し，実質的に自主性を主張するメンバーは日本だけとなった。

　1998年になって，関税自由化に難色を示していたAPECメンバーがアメリカ等自由化推進側へ寝返った理由は3つある。1つは，多くのAPECメンバーが国際機関やアメリカとの関係を考慮せざるを得なかったことがあげられる。アジア金融危機により韓国，タイ，インドネシア等がIMFやアメリカからの緊急融資を経済の自由化や構造改革などの条件つきで受ける中，アジア諸国にとっては自由化に留保を付け加えるのが難しい状態であった。また，中国もクリントン大統領の訪問を控えて波風を立てたくない，WTO加盟目前に不規則行動をとりたくないという意図があった。2つめに，3×9のパッケージ化に反対するメンバーのほとんどは，自由化目標が2020年の途上経済であり，早期自由化が実現されても実施の留保が認められるために，この時点で積極的に反対する理由はなかった。3つめに，金融危機以降，日本はアジア諸国への巨額の支援を展開しつつも，金融システム不安を解消できないまま，円安に歯止めをかけられず，加えて市場開放も遅れがちでアジアの製品輸入に積極的で

ないことに多くのアジア諸国が苛立っていたことがあげられる。[15]

　1998年6月には，各メンバー自らの判断に委ねる「自主性」とメンバーの事情によって実施を留保できる「柔軟性」を盛り込みつつも，パッケージ化の主張が反映され，APEC貿易担当大臣会合での結論としてAPEC閣僚会議，首脳会議に送付された。[16] しかし同年11月にクアラルンプールで行われたAPEC閣僚会議の共同声明では，EVSLが自主性原則に基づいて行われ，[17] 必ずしも9×3のパッケージで実行しなくてもよいという玉虫色の合意となった。[18] 一方，円滑化及び経済技術協力については優先9分野での合意された計画に基づき，作業の開始が確認された。[19]

　同年6月の貿易担当相会議の段階で，日本が最後までパッケージ化に反対して孤立した状況に追いこまれたにもかかわらず，11月のAPEC閣僚会議で双方の意向を汲んだ形の結論に至ったのは，日本からアジア諸国への積極的な働きかけと問題の先送りがあったためである。まず，日本からアジア諸国への積極的な働きかけとして，たとえばマレーシアへはマハティール首相への理解を直接求めたほか，自由化に対する日本の態度を容認してもらう見返りに，5年間で250億円にのぼる無償・技術援助の実施を示した。インドネシアへも，日本が水産物，林産物に対して自由化を実施することは難しいことを説明し，日本の立場への理解を求めた。[20] その結果，次第にメンバーの中に「できないことを無理強いしてはいけない」，「急速な自由化は各国の国内問題を引き起こす恐れがある」といった意見が出され，孤立無援だった日本の立場を理解し，日本を排除しない雰囲気が作られることになった。[21] もう1つの理由は，EVSLの扱いを先送りにしたことである。日本が林産物と水産物の2分野の自由化に断固反対した上，フィリピンやタイも全面参加に難色を示したことから，アメリカはそれらを含むEVSLでの自由化についてAPECではなくWTOの場に持ち込むことで妥協を示し，合意を取り付けた。[22]

3 自由化の試みの過程から

EVSLのパッケージ化をめぐる攻防においては，一時，包括的な自由化実施路線で押しきる統合指向的な様相を見せたが，最終的には包括的自由化での実施も自由化の留保も両方認めることで合意した。これは，メンバーの要請に極力応える，自由化だけではなく円滑化や経済技術協力も盛り込むなど，APEC創設以来基盤となってきたメンバーの多様性に配慮する形にほかならない。また，自由化で国内合意が整わない日本の当事者性を重視し，最大限日本の立場を保障する方向で話を落ち着かせたこと，WTOの前哨戦ととらえて臨んだアメリカの意向を抑え，パワーや権力性をAPECに持ち込ませないようにしたことも特筆される。自由化に関わる過程は，関係指向型の特徴が典型的に現れていると言えよう。

21世紀になってボゴール目標の合意内容がいっこうに進まずEVSLもほぼ頓挫したことが確実になり，APECでの自由化は怪しくなったという認識が広がった。さらにWTOドーハ・ラウンドの難航もあって，アジアにおける地域貿易協定の乱立に拍車がかかった。多角的な自由貿易体制の実現を企図するAPECでも，2002年10月のロスカボス閣僚会議で初めて地域貿易協定に触れ，事後留意すべき点と指摘された[23]。それを受けて2003年5月，タイのコンケンで「FTA・RTAに関する政策対話」が行われ，以降APECではFTAやRTAといった二国間協定が許容されてきている。また，1990年代末に発足したASEAN＋3が近年，自由貿易圏構想に着手したからといってAPECの場でアメリカやオーストラリアに批難されることもない。これらは市場の自由化へ向かうものなので国際的に同意を得やすいということもあるが，多様性，多元性，当事者性を重視するAPECという枠組みだからこそという解釈もできる[24]。APECの中での自由化の試みが必ずしもうまくいっていなくても，APECが関係指向型として動くことで，新たな地域協定を創出することへの合意や容認のベースを作り出してきている。

IV 地域秩序の安定化

1 東ティモール問題

　1997年にアジア金融危機が生じたことに伴い翌年5月に開かれたAPEC蔵相会議では，危機の原因として金融部門への不適切な政府介入や硬直的な為替制度などが指摘され，資本家や流入する資本の性質はともかく，それを受け入れる経済環境や社会的基盤に問題のあることが指摘された[25]。これを機に，発展拡大の前提として金融システムの再建，強化が具体的に求められるようになる[26]。同蔵相会議での合意事項は透明性や国内のセーフティネットの必要性にまで言及し，ともすれば経済，実務分野に限定した協力というAPECの一線を越えて論争性の高い問題に関わる可能性を秘めていた。そして，その試金石となったのが東ティモール問題であった。

　1999年8月，東ティモールではインドネシアからの分離独立をめぐって内戦状態になり，9月に事態はさらに混迷を極めた。国際社会には東ティモールの展開に対して悲観的見方が広がり[27]，近隣諸国を中心に国連平和維持軍の派遣に関する議論が高まっていく。このような最中，第11回APEC閣僚会議がニュージーランドのオークランドで開かれた。

　経済会議のために集まった経済相や外相らは，事前の高級事務レベル会議で合意された早期自主的分野別自由化とWTO会議への意見調整を主たる議事と認識しつつも，APEC地域の経済回復という点から東ティモールの混乱に関する議論を用意しつつあった。ただ，APECが経済問題に特化したフォーラムとして性格を既定してきたことから，APECの閣僚会議の場で正面から持ち出すことが難しく，カナダとオーストラリアの提案による緊急外相会議開催として結実した。当会議の開催に抵抗感を示したメンバーもいたが[28]，閣僚の代わりに高級事務官をオブザーバー資格で参加させるなど，国家としての取り扱いがされていない台湾と香港を除いて，全構成国が顔をそろえることになっ

た。そしてインドネシアが国際部隊受諾の意思を表示するまで軍事交流や経済交流を停止するとしたアメリカ、オーストラリア、ニュージーランドに対し、マレーシアやタイ等はインドネシアの意思を尊重しようとするなど、議論が紛糾する可能性を潜在させつつも、協議は最後まで決裂することなく議長声明を発表して閉会した。

　東ティモールに関わる会議開催は経済問題に特化するというAPEC原則からの逸脱ではあったが、協議が決裂せずに議長声明まで淡々と進められた。その要因は3つある。1つはAPECの東ティモール問題に対する対策会合が、緊急外相会議という通常のAPECとは別枠で協議する形をとったことである。政治色のある議論やパワー関係に関わる話が持ち込まれることから通常の閣僚会議とは別枠の設定とする一方、APECの手続き的連続性が確保され、インドネシアに対する勧告ではなく外相会議サイドの一方的な議長宣言やコンセンサス方式による意思決定の方法が踏襲されて極力パワーの色彩を排除した。

　2つめの要因は、緊急外相会議の最終結論を国連とインドネシア政府の決定に任せたことである。最終的にはインドネシアの自主性に委ねられるという、APECの積み上げてきた、当事者の判断を尊重する原則にのっとったものであった。このことは、内政干渉に敏感なASEAN諸国の抵抗を抑え、会議出席者間の反目を防ぐことにも一役買ったと言えよう。

　要因の3つめに、緊急外相会議では、国際部隊の派遣はインドネシアを支援するものとして終始位置づけられてきたことが挙げられる。緊急外相会議の共同声明では、各構成員が次第に東ティモールへの国際部隊の派遣に備えてきていることを示唆した。しかしそれは「国際社会は現地の状況を懸念し、インドネシアが協力を求めてくるときはそれに応える用意がある」という文脈においてであり、国際部隊はあくまでもインドネシアが応援を頼ったときにのみ派遣されるものとして、当事者性を第一に、困難に陥っているインドネシアをサポートする性格であることが提示された。パワーとしての国際部隊の介入では

なく，地域の仲間であるインドネシアを支援する文脈がそこにはあった。

2　安全保障領域への拡大

そもそも地域秩序の安定化についての議論がAPECに持ち込まれたのは，中国をメンバーに入れることが持ちあがった1990年代前半にまで遡る。経済発展が始まりアジア太平洋地域にも少なからず影響を与える様相を見せていた社会主義体制の中国を，天安門事件に伴う国際社会からの制裁の段階から脱却させ，自由で開かれた多角的な体制に参加させるかがアジア太平洋地域に安定化をもたらす鍵と考えられていた。地域大国に成長する可能性も含め，当初から中国を二国間関係ではなく，アジア太平洋地域の中で制御する場としてAPECが利用されてきた。[32]

さらに，1994年後半にオーストラリアとアメリカはAPECに安全保障機能を付加する可能性に関する議論を始め，1995年のAPEC大阪閣僚会議で米国国防長官ウィリアム・ペリーが安全保障問題をAPECでも取り扱ってはどうかという提案をした。議長国であった日本の村山富市首相は，将来的には安全保障問題もAPECで議論される可能性があるとして肯定的な態度を示したが，他の多くのAPECメンバーによって反対された。[33]一方，APEC会議の場外に目を向ければ，安全保障に関するやりとりは日常的に行われてきた。たとえば，1993年シアトルでのAPEC首脳会議の際，クリントン大統領と江沢民国家主席とが天安門事件後初めての二国間首脳会談を行ったり，1995年の大阪閣僚会議の際に北朝鮮の核開発の問題をめぐって，日本，アメリカ，韓国の外相が意見交換をしたりしてきた。また，その他にも，外相，高級事務レベルで直面する安全保障問題に関して，情報交換，意見調整，議論をAPEC会議場外でアドホックに行うことがたびたびある。[34]1990年代前半からAPECで安全保障問題を取り扱う可能性が問われていたことや，APEC会議の場外では盛んに安全保障問題を議論してきたことは，東ティモール問題をAPEC会議の場内に

引き込む伏線としてはたらいたとも考えられよう。

　APECがアジア金融危機を経験して，外資の受け入れや資本環流に十分な「現場」づくりが必須であるという認識がAPEC内に高まったころに，東ティモールの動乱が起こったことは，ある意味，よいタイミングだったかもしれない。金融危機と東ティモール動乱という，問題の発生箇所がインドネシアとして重なったところだったために信用破綻が危惧されたことや，不法地帯化した東ティモールに事態改善の見通しが立たなかったことにより，APECでは東ティモールの混乱がAPEC地域の経済に急迫の危険をもたらすものという見解が現れるようになった。APECメンバー間の認識によれば，このまま東ティモールの混乱状態が長引く場合，インドネシアの国家政府と国民経済の信用回復はさらに時間がかかることになり，公的資金援助の停止ならびに停止解除の延期ばかりか，利潤回収率低下の予想から民間資本投入が手控えられる状況が続くことにもなりかねない。そうなれば，直接投資で勢いづいていたインドネシアに十分な資金と技術を集めることをさらに遅らせることになり，APEC経済の停滞は継続する。このような見解の共有から，APEC地域でのさらなる経済停滞，経済悪化を防ぎ，資本と技術を持ち込む直接投資を呼び込むための方策として，現に差し迫った東ティモールの混乱状態を除去し，治安の安定を図ることがAPECでも急がれることになった。

3　脅威対象の拡大

　この東ティモール問題以降，経済ガバナンスや市場能力強化の問題としてAPECの会合で安全保障に関わる問題が正面から取り上げられるようになる。とりわけ2001年9月におこったアメリカへのテロ攻撃で投資家や消費者の信頼が損なわれていくおそれがあるとし，APECの場にも議論は持ち込まれた。2001年10月のAPEC上海首脳会議で発表された「テロに関するAPEC首脳声明」では，テロが「自由で開かれ，繁栄したエコノミーというAPECの展望

及びAPECメンバーが持つ基本的価値に対する直接的な挑戦」であると位置づけ，対テロ協力を強化する方法に言及した。[35]

　APECがパワー関係を域内に持ち込むことを嫌う形だったにもかかわらず，アメリカ主導で作成された同声明案が，首脳会議の公式文書として採用された理由は3つある。1つは，反テロ協力を，経済のレトリックを通して求めていったことがある。9・11テロによって航空業，保険業，観光業等アジア太平洋地域の経済界は大きなダメージを受け，株価は急落，外国為替市場も不安定化した。マネーロンダリング防止，航空安全や捜査強化のための税関ネットワークの開発，さらに貧困や社会的排除の解消など，経済，技術協力の文脈でテロ対策を打ち出したことで，メンバーの合意をえることが可能になった。[36]

　2つめは，中国のイニシアティブがある。APECはアジア金融危機で十分な役割を果たせず，求心力が低下したと言われてきていた。[37]2001年議長国の中国はアメリカの存在で影が薄くなることを懸念しつつ，9・11テロ後初めての多国間首脳会議の場で貿易投資自由化の取り組みとともに反テロ協力を打ち出すことで責任ある大国としての存在をアピールすることを狙っていた。[38]

　3つめは，反テロ声明として提示しつつも，メンバーの多元性を考慮し，テロを限定しなかったことがあげられる。王光亜・中国外交部副部長は，首脳会議で発表された反テロ協力の声明が，9・11テロといった一定のテロに限定しすぎない形に調整したことを説明した。[39]テロ全般に幅広く反対する線を打ち出し，チェチェン問題を抱えるロシアやイスラム系のAPECメンバーも受け入れやすい，多様性に配慮した形にした。

　翌年も，2002年8月にメキシコ・アカプルコで行われた高級実務者会合で，アメリカがテロに関する文書を再びAPECで採択することが提案された。その後もバリ，ミンダナオ，モスクワで次々とテロ行為がおきたことで，10月のメキシコ，ロスカボスでのAPEC首脳会議では「テロリズムとの闘い及び成長の促進に関するAPEC首脳声明」と「APECメンバー・エコノミーでの最

近のテロリズム行為に関するAPEC首脳声明」の2つが発表された。前者はあくまで経済活動を妨げるものとしてテロを位置づけるのに対し，後者の中では安全保障理事会の決議を歓迎し，APECは経済問題以上の分野への領域拡大を確実にしたような表現になっている。ここにきてAPEC域内での経済交流や資金還流のための環境整備のために，経済分野以上の問題を取り上げる素地が確立されたと言えよう。

2003年10月の年次定例閣僚会議と首脳会議では，安全保障への脅威の対象がより広げられた。SARSやHIV/AIDS等の自然発生的な感染症を含む将来の公衆衛生上の脅威，あるいはバイオテロリズムなど，APEC域内の経済成長を阻害する脅威に備えるべきという合意がなされた。同会議でアドホックの保健安全タスクフォースが立ち上げられることも決められた。その後も，鳥インフルエンザ，パンデミック，地震や津波等の自然災害，食品安全，海賊問題などが次々と取り上げられるようになった。2009年11月のAPECシンガポール首脳会議で出された共同声明では，「アジア太平洋地域における経済成長と繁栄を持続する上で，人間の安全保障を強化し，ビジネスと貿易の攪乱への脅威を減少する重要性を再確認する」ことが確認されている。[40] APECでは，テロを含めた安全保障上の脅威を人間の安全保障を脅かすものと規定し，原則として経済領域に関わる問題として取り扱ってきている。

V おわりに

APECを自由貿易圏にすることに対しては長い間大きな抵抗があり，自由化目標年限の設定についてもメンバーのコンセンサスを獲得するのに一筋縄ではいかなかった。また，早期自由化として設定したすべての分野をパッケージで実施していくのかどうかについても，最後まで日本が承認しなかったこともあって当初の想定どおりにEVSLが動くことはなかった。このような経済自由化に関するAPECメンバー間の意見の齟齬や合意レベルの希薄さは，

APECという地域的なまとまりやアジア太平洋というアイデンティティの創出をそぐものであり，APECの深化に支障を来すという懸念も示されてきている[41]。しかし一進一退はしても，APECでの自由化促進へ向けた試みが，結果として閉鎖的なFTAを排除し，また二国間FTAの積み重ねがFTAAPのような多国間FTAの要求にフィードバックさせる構造を作り上げてきている。一方，APECは資本環境整備の文脈で，地域秩序の安定に関わるあらゆる論点を盛り込んできた。その展開過程はまさに関係指向型枠組みそのものである。域内の相互関係を重視する点で，APECを結果指向のフォーラムとしてではなく，信頼醸成過程のフォーラムと解釈するJ・ラビンヒルの議論につながるところがあると思われるが[42]，本稿は彼の議論を引き継ぐものではない。というのも，ラビンヒルはメンバー間の表面的関係にとどまらず信頼の部分にまで言及するが，本稿ではそこまでは考えないからである。アクターの多元化，パワー関係の排除，当時者性の重視ではあるが，そこに信頼醸成装置が内蔵されているかについての検討は本稿では控えた。政府エリート間の信頼ならともかく，国家間の信頼の問題については別の場であらためて議論される必要があると思われるからである[43]。特に，中国が台頭する中でAPECの中で中国をどう扱っていくかは目下，暗黙の課題となっている。米中，日中，中ロ等の二国間関係や，中国による周辺外交の重点化，北朝鮮問題での中国の位置づけを含め，現下APECに求められているのは，中国との信頼ではなく関係性なのである。関係性からAPECを見ていくことが，今後のAPEC——ポスト・ボゴールにヒントを与える可能性がある。

(1) Wallace, William, "Regionalism in Europe: Model or Exception?", *in* Fawcett, L. and Hurrell, A. (eds), *Regionalism in World Politics: Regional Organization and International Order* (Oxford University Press, 1995), pp.201-227.
(2) 毛利和子『日中関係——戦後から新時代へ』（岩波書店，2006年）134頁。
(3) International Monetary Fund, *World Economic Outlook 2010 April*, p.49.

(4) 『朝日新聞』2011年2月15日朝刊。
(5) Balassa, Bela, *The Theory of Economic Integration* (Irwin, 1961), and Haas, Ernst, *Beyond the Nation-State: Functionalism and International Organization* (Stanford University Press, 1964).
(6) 山本吉宣『国際レジームとガバナンス』(有斐閣, 2008年) 231-232頁。
(7) Funabashi, Yoichi, *Asia Pacific Fusion: Japan's Role in APEC* (Institute for International Economics, 1995), pp.55-71.
(8) 遠藤哲也「APEC・同非公式首脳会議(インドネシア)の成果と日本」『世界経済評論』1月号(1995年) 8-20頁。
(9) *APEC EPG Report* (1994), pp.37-42.
(10) 『東南アジア月報』1994年2月。
(11) 労働集約型産業でインドネシアの新しい競争相手が出現しつつあったこと, アメリカが数十億ドル規模の投資拡大を条件に, インドネシアが議長国として自由化目標に向かって舵取りを行なうことを求めたことが背景にあるとされる。『朝日新聞』1994年11月3日朝刊。
(12) APECの経済協力は, 非政治性, 非拘束性の要素を含み, それ自体途上国の利益に結びつきやすいことから, 特にAPECの途上国に支持を得ている。
(13) 実際このことを証明するように, 首脳宣言には自由化と並行して円滑化(投資原則, 関税, 基準認証)と経済協力(人材育成, 科学技術協力, 中小企業振興対策, インフラ整備など)に関する記述が盛り込まれている。Leaders' Declaration-Bogor (1994).
(14) 『朝日新聞』1998年6月26日朝刊。
(15) 『朝日新聞』1998年7月26日朝刊。
(16) APEC Meeting of Ministers Responsible for Trade 1998.
(17) APEC Ministerial Meeting 1998, para.11 and 13.
(18) 『朝日新聞』1998年11月16日朝刊。
(19) APEC Ministerial Meeting 1998, para.14.
(20) 古川浩司「APECに関する日本の意思決定分析――EVSLイニシアティブを素材にして」『中京法学』第36巻第1号(2001年) 1-23頁。
(21) 『朝日新聞』1998年11月12日朝刊。
(22) 『朝日新聞』1998年11月16日朝刊。
(23) APEC Ministerial Meeting 2002, para.47.
(24) Terada, Takashi, "Constructing an 'East Asian' Concept and Glowing Regional Identity: From EAEC to ASEAN + 3", *The Pacific Review*, Vol.16, No.2 (2003), pp. 251-277.
(25) APEC Finance Ministers Meeting 1998, para.8.
(26) APEC Finance Ministers Meeting 1998, para.18-21.
(27) 『朝日新聞』1999年9月7日夕刊。

(28) 『日本経済新聞』1997年9月7日夕刊。
(29) APEC成員以外に，クック英外相，ダガマ・ポルトガル外相，国連代表者が加わったとされる。
(30) *Asiaweek* 1999.10.9.
(31) APEC事務局側の資料としては，緊急外相会議の議長声明は残されていない。ここでは『毎日新聞』1999年9月9日夕刊を参考にした。
(32) Roy, Denny., *China's Foreign Relations* (Rowman and Littlefield Publishers, 1998), p. 95.
(33) 『朝日新聞』1995年11月20日朝刊。
(34) Bonnor, J., Soesastro, H., and Bergin, A. (eds), *The Role of Security and Economic Cooperation Structures in the Asia Pacific Region: Indonesian and Australian Views*, (Centre for Strategic and International Studies, 1996) pp.45-56.
(35) APEC Leaders Statement on Counter-terrorism, 1998, para.2.
(36) Ibid., para. 6 and *Xinhua News Agency* 10/15/2001 at http://www.china.org.cn/english/20504.htm
(37) 『朝日新聞』2001年10月19日朝刊。
(38) 議長国が一連の会議準備や運営過程に影響を及ぼすことを指摘するものとして，鈴木早苗「緩やかな協議体における議長国制度の意義――APECとサミットを事例として」『国際問題』第132号（2003年）138-152頁。
(39) *CNN World*, 21/10/2001, at http://articles.cnn.com.
(40) APEC Leaders' Declaration 2009, para.23.
(41) Webber, D., "Two Funerals and a Wedding?: The Ups and Downs of Regionalism in East Asia and Asia-Pacific after the Asian Crisis", *The Pacific Review*, Vol.14. No.3 (2001), pp.339-372.
(42) Ravenhill, J., "APEC Adrift: Implications for Economic Regionalism in Asia and the Pacific", *The Pacific Review*, Vol.13 No.2 (2000) pp.319-333.
(43) 椛島洋美・原清一「ソーシャル・キャピタル論からみるAPECの可能性」石川明編『国際経済法と地域協力』（信山社，2004年）207-239頁。

【追記】 本稿は，平成21-23年度日本学術振興会科学研究費補助金 若手研究B「東アジア地域統合における政治と経済の緊張関係」の助成を受けている。

（横浜国立大学大学院国際社会科学研究科准教授）

論　説　APEC2010とポスト・ボゴールにおける
　　　　アジア国際経済秩序の構築

APEC2010プロセスの回顧
―― 貿易投資アジェンダを中心として ――

田　村　暁　彦

- I　APEC2010を取りまく背景
- II　「横浜ビジョン」の内容
- III　APEC2010貿易投資アジェンダ
- IV　APECの今後の方向性――非関税障壁と「内国措置」そして成長アジェンダ――
- V　結　語

I　APEC2010を取りまく背景

　APEC2010プロセスは，同年11月13～14日の横浜APEC首脳会合の閉会を以て幕を閉じた。横浜APEC首脳会合の成果文書は，首脳宣言本体である「横浜ビジョン――ボゴール，そしてボゴールを超えて」の他，その附属文書である「2010年ボゴール目標達成評価に関する首脳声明」「APEC首脳の成長戦略」及び「アジア太平洋自由貿易圏（FTAAP）への道筋」の，合計4つの文書から構成される。2010年はAPECが1994年に採択した「自由で開かれた貿易投資（free and open trade and investment）」を先進エコノミーが達成するという「ボゴール目標（Bogor Goals）」の目標年であること，また，2008年に起こったリーマンショック後世界経済の持続性に対して疑問符が付けられている中でアジア太平洋地域における成長や経済統合に関する将来ビジョンが求められる地合いがあったこと，等を背景に，APEC2010は当初より，APECという

国際組織にとって，重要な節目の年と認識されており，大きな成果を期待されてもいた。

また，同地域では，WTOドーハラウンドが進捗しないことも手伝って，FTA・EPA交渉が盛んに行われ，実際多くのFTA・EPAが締結されたが，それらが網のように複雑に張り巡らされた結果，逆に貿易阻害効果をもたらす「スパゲッティ・ボール現象」が現出し，そのため，これらのFTA・EPAを包摂するより広域のFTAが待望されてきたという実情がある。これに対して，地域の貿易投資関連国際機関であるAPECとしては，何らかの解決策を与えることが出来ないかという問題意識で，近年，様々な技術的な検討が行われてきた。2008年に開始された，域内FTA・EPAを比較検討する「類似点相違点調査（convergence and divergence study）」プロジェクトはその一例である。APEC2010は，これらの技術的検討をより体系的に推進するためのビジョンを描くことが出来るかが問われていた。APECは，元々は，「ボゴール目標」に体現された「開かれた地域主義（open regionalism）」の精神に則り，WTOを側面支援し，MFN原則を堅持する（即ち特恵主義に対して消極的な姿勢を採る），非拘束的（legally non-binding）な国際枠組みとして発足し，現在でもなお基本的にはその伝統を保持しているが，一方で，APECの外で，政策担当者やビジネス従事者が真に求め追求しているのは，上記の通り，「スパゲッティ・ボール現象」の解消であり，むしろTPPやASEAN＋3（EAFTA），ASEAN＋6（CEPEA）といった，法的拘束力のある特恵協定であるFTAやEPAを広域化させる方向性である。このような現実（特恵協定の広域化の追求）とAPECの理想（MFN原則重視，非拘束的枠組み，貿易投資自由化円滑化への自主的な取り組み）との間の矛盾が無視出来ないほど大きくなり2010年を迎えたのであり，APEC2010プロセスは，この矛盾を何らかの形で解決するミッションも負うこととなるのは自然の流れであった。

Ⅱ 「横浜ビジョン」の内容

　横浜APEC会合の主要成果文書である「横浜ビジョン」の主要内容は次の通りである。

　まず，ボゴール目標については，2010年に目標期限を迎えた先進エコノミー，及び元々は同年が目標年ではないものの同年に達成評価を行うことを自主的に選択した途上エコノミーの，合計13エコノミーは，ボゴール目標の達成に向けて「顕著な進展（significant progress）」を遂げたことを確認した。

　更に，APECの将来として，「我々が構想するAPEC共同体」という将来像を掲げ，その中味として「緊密な共同体」「強い共同体」「安全な共同体」の三本柱を提示した。「緊密な共同体」は，より強固で深化した地域経済統合の促進によって実現されるべきものであり，「強い共同体」は，より質の高い成長の実現を通じて図られる，そして「安全な共同体」は，テロ，感染症，自然災害，食糧不足等の発生抑止・備えの強化を通じて実現されるべきこととされた。

　上記の「APEC共同体」構想の実現に向かう道筋としては，例えば，貿易投資アジェンダ，特に地域経済統合アジェンダに相当する「緊密な共同体」の成立に向けては，アジア太平洋自由貿易圏（FTAAP）の実現に向けた具体的な取組みがなされるべきこととされ，成長アジェンダに相当する「強い共同体」の成立に向けては，付属文書として採択された「APEC成長戦略」を2015年に向けて実施していくこととされた。

　（参考）
第18回APEC首脳会議
「横浜ビジョン～ボゴール，そしてボゴールを超えて」首脳宣言（骨子）

　これまでのAPECの歩み
・APECは，ボゴール目標によって示された道順に従って進み，アジア太平洋地域は，世界経済の原動力，そして成長エンジンとなった。
・ボゴール目標に向けたAPEC2010年エコノミーの進展に関する報告書を承認。13

のエコノミーがボゴール目標の達成に向けた顕著な進展を遂げた。
・域内の自由で開かれた貿易及び投資を達成するという揺るぎないコミットメントを再確認。

現下の好機と課題
・21世紀は，新たな好機と新たな課題とを投げかけている。
・アジア太平洋地域の経済は，近年の経済金融危機から回復しつつあるが，不確実性は未だ残っている。世界的な需要をリバランス・強化し，健全な財政運営を追求し，インフラ・中小企業・家計・グリーン投資等の主要分野に対するファイナンスを促進。より強固で強じんな世界金融システムを構築。
・ドーハ開発アジェンダの迅速かつ成功裏の妥結への強いコミットメント。
・保護主義を抑止するための継続的な取組において，新たな輸出制限を課すこと，又は輸出刺激措置を含むすべての分野におけるWTO非整合的な措置を実施することを控えるとの2008年に行った現状維持（スタンドスティル）に関するコミットメントを2013年末まで延長。
・国連の気候変動交渉に献身的であり続けるとのコミットメントの表明。

APECの将来
我々は，課題に立ち向かってこれを克服するとともに，より完全に統合されるための好機を最大限に活用することができ，より質の高い成長及びより安全で安心な経済環境を実現するアジア太平洋地域を構想する。
　1　我々の構想するAPEC共同体
　(1)「緊密な共同体」：より強固で深化した地域経済統合を促進
・物品・サービス・資本の移動に対する障壁の削減。ビジネス関係者のより円滑な移動。税関関連手続の簡素化・調和。規制関連協力の深化。
　(2)「強い共同体」：より質の高い成長を実現
・APECエコノミー内及びエコノミー間において均衡ある成長を推進。
社会のあらゆる層がその潜在力を発揮するための機会を提供。
・低炭素でグリーンな経済の加速。イノベーションの推進。
　(3)「安全な共同体」：より安全な経済環境を提供
・テロ，感染症，自然災害，食料不足等の発生抑止，備えの強化を通じて，自然及び人から生じる経済活動に対するリスクを最小化。
　2　我々が描くAPEC共同体の構想への道筋
　(1)　緊密な共同体への道筋
・2020年のボゴール目標達成に向けて地域経済統合の取組を推進。
・アジア太平洋自由貿易圏（FTAAP）の実現に向けて具体的な手段をとる。

FTAAP は，ASEAN＋3，ASEAN＋6及び環太平洋パートナーシップ（TPP）協定等の現在進行している地域的な取組を基礎として更に発展させることにより，包括的な自由貿易協定として追求。APEC は，投資，サービス，電子商取引等の分野において分野別イニシアティブに関する作業を継続し，更に発展させることにより，FTAAP の追求に貢献。
・「APEC 投資戦略」の実施。サプライチェーンの能力の2015年までに10％改善との目標を達成すべく取り組む。認定事業者制度に関する取組を継続。
　(2)　強い共同体への道筋
・APEC 成長戦略を発表し，2015年に向け，着実に実施。構造改革のための APEC 新戦略の承認。人材及び起業家精神の育成。グリーン雇用・技術・産業の創出。情報通信技術の利用の高度化。
　(3)　安全な共同体への道筋
・食料安全保障，防災，感染症対策等に関する具体的取組の促進。
　(4)　すべての道筋における前進のための経済・技術協力
・人材養成・技術普及を含む経済・技術協力（エコテク）活動の強化
　結　び
今後，地域経済統合を強化・深化させ，貿易・投資に対する障壁に取り組むための具体的なイニシアティブを策定・実施し，将来における質の高い，持続可能な成長を確保するための作業を加速化する。

Ⅲ　APEC2010貿易投資アジェンダ

　2010APEC における貿易投資アジェンダとしては，上記のような APEC にとっての2010年というタイミングの特殊性も踏まえ，大きく分けて 2 つの論点が当初から関係者の間では認識されていた。1 つは，2010年組のボゴール目標の達成度評価とその履行確保メカニズムとして一応機能してきた IAP（個別行動計画）及び IAP ピアレビューの今後のあり方に関する考え方の整理，もう 1 つは，TPP や ASEAN＋3（EAFTA），ASEAN＋6（CEPEA）といった FTA・EPA や FTAAP 構想と APEC という国際機関との関係性についての考え方の整理，であった。（特に後者については，2009年 APEC 首脳宣言において，2010年 APEC の任務として「FTAAP へのありうべき道筋を探るべし」という指示が与えられたことが発端である。("We will continue to explore building blocks towards a possible

Free Trade Area of the Asia Pacific (FTAAP) in the future...... We look forward to the progress update from Ministers and officials next year on the outcomes of the exploration of a range of possible pathways to achieve FTAAP."))

(1) ボゴール目標達成評価とIAPの今後のあり方

まず，ボゴール目標達成評価とIAPの今後のあり方についてであるが，特にボゴール目標の達成度評価については，「これら13エコノミー[1]は，更に取り組むべき作業が残っているものの，ボゴール目標達成に向けて顕著な進展を遂げた」との評価を確認した（"while more work remains to be done, the 2010 economies have made significant progress toward achieving the Bogor Goals"）。更には，関税，サービス貿易及び投資に関する規制の削減・撤廃，非関税障壁や国内の課題等の改善促進により，貿易投資を更に自由化・円滑化するためのコミットメントを維持しなければならないことも確認された。

2010年エコノミーによるボゴール目標の達成評価の表現方法については，APEC2010プロセスを通じて，加盟エコノミーの間で厳しい交渉が行われた。元々「自由で開かれた貿易投資」という「ボゴール目標」の内容は，その政治的性格の故に極めて曖昧であり，厳格に解釈をすれば，関税がゼロになることを以て初めて目標が達成されたと言える，と主張することも論理的には可能である。加盟エコノミーの間ではそこまで厳格に本目標を捉える向きはなかったものの，かといって13エコノミーの単純平均実行関税率が8.2％（1996年）から5.4％（2008年）まで削減されたという程度の貿易自由化を以て「ボゴール目標が達成された」と評価することに対して消極的な向きも多かったのは事実である。途上エコノミーでありながら2010エコノミーとして評価対象となることを自主的に決めたエコノミーの中には，国内の改革プロセスを後押しする目的で厳正な評価を求める向きもあった。2020エコノミーの中にも，自らは今次評価の対象ではないにも関わらず，今次評価が10年後の自らの評価プロセスのスタンダードを決めるという立場から積極的に意見を述べたエコノミーもあった。

一方，2010エコノミーの一部には，「ボゴール目標」という手法が貿易投資自由化の実現のために最も効果的であるかどうか疑問があるとの立場から，「同目標は（概ね）達成された」と評価することによって，少なくとも2010エコノミーに関しては，「ボゴール目標」あるいは少なくとも IAP・IAP ピアレビューから「卒業」し自由になりたいという意向があった。（学識経験者の中にも，例えば山澤逸平教授のように「卒業」論を唱える向きもあった。）しかし，結局，「ボゴール目標」は今後も2010エコノミーも含めて全ての加盟エコノミーの目標であり続けるべきであるとの意見がコンセンサスとなったこと，「ボゴール目標」が（概ね）達成されたと評価することに対する消極的な声が（今次評価の主たる対象である）先進エコノミーの中ですら根強かったこと，等を背景に，上記のような総括（"while more work remains to be done, the 2010 economies have made significant progress toward achieving the Bogor Goals"）となった次第である。

　IAP 及び IAP ピアレビューのあり方については，結局2010年プロセスでは検討が殆ど行われず，次年度以降に先送りされた。（目立たないが，ボゴール首脳声明の別添である「ボゴール目標に向けた APEC2010年エコノミーの進展に関する報告書」に，「自由で開かれた貿易と投資というボゴール目標に向けた APEC 参加エコノミーによる進展を APEC エコノミーが評価するための適切な評価プロセスを2011年に探求することが重要。」という一文がある（日本語版83頁）。）なお，IAP とは，APEC 加盟エコノミーが，貿易投資の自由化・円滑化の現状と対応策を15分野に分けて自ら記載し，毎年その進展状況を改訂版として年末の APEC 閣僚会議に提出するものであり，いわば1994年の「ボゴール目標」及びその目標を具体的なメニューにした「大阪行動指針（Osaka Action Agenda（OAA））」を実行に移すことを確保するための各エコノミーの自主申告制度である。IAP ピアレビューとは，毎年改訂される IAP を APEC 加盟エコノミー同士で評価し合うことで，そのエコノミーの貿易・投資政策の状況を共有し，さらなる自由化・円滑化を促す仕組みである。（なお，IAP も IAP ピアレビュー報告書も，APEC 事務

局のホームページに設置された e-IAP というページで閲覧することが出来る。）

なお，本件については，その後，2011年プロセスで検討がなされ，その結果，IAP ピアレビューは廃止されることとなり，IAP については，最終評価年である2020年に向けて，2010年組も2020年組も，簡易なフォーマットを用いて2年毎に自己申告（及び APEC 事務局のシンクタンクである PSU が数枚の進捗報告書を作成）することとなった。その意味するところは，「ボゴール目標」及び IAP という，APEC の伝統である貿易投資自由化円滑化に対する加盟エコノミーの自主的取り組み，というアプローチは2010年エコノミーに関する部分も含めて基本的には温存された，ということである。筆者は2011年プロセスに直接関与していないので，上記の決定の背景を承知していないが，2010年における議論から推察するに，自主的・非拘束的という側面の維持温存に対する拘りに由来する側面もさることながら，APEC 加盟21エコノミーの中に「2010エコノミー」と「2020エコノミー」という2種類のエコノミーが共存することに内在する APEC のインテグリティの潜在的危機を可能な限り顕在化させないようにしたいという動因も強く働いたのではないかと思われる。

(2) FTAAP と APEC の関係性の整理

次に，TPP や ASEAN＋3（EAFTA），ASEAN＋6（CEPEA）といった FTA・EPA や FTAAP 構想と APEC という国際機関との関係性についてであるが，本問題は，「横浜ビジョン」のみならず，その附属文書である「アジア太平洋自由貿易圏（FTAAP）への道筋」において詳細に合意内容が記載されている。要点は次の通りである。

・APEC は，FTAAP の長期的展望について検討することを2006年に発表。今こそ FTAAP を，野心的なビジョンからより具体的なビジョンへと転換していく時機。
・FTAAP は，狭義の自由化を達成する以上のことをなすべきであり，包括的で質が高いものであるとともに，「次世代型」の貿易及び投資の問題を組み込み，対処すべき。
・FTAAP は，中でも ASEAN＋3，ASEAN＋6及び環太平洋パートナーシップ

（TPP）協定といった現在進行している地域的な取組を基礎として更に発展させることにより，包括的な自由貿易協定として追求されるべき。
・APECは，FTAAPの発展のプロセスにおいて，リーダーシップと知的インプットを提供するとともに，FTAAPに含まれるべき「次世代型」の貿易及投資の問題を規定し，整理し，そして対処することに重要な役割を果たすことにより，FTAAPの育ての親（インキュベーター）として，重要で意義のある貢献を行う。
・上記を実施するに当たり，APECの非拘束的及び自主的な性格等が考慮されるべき。

　ここでは，要するに「FTAAPは，包括的な自由貿易協定である」ことを前提とした上で，ASEAN＋3，ASEAN＋6及び環太平洋パートナーシップ（TPP）協定等を基礎として更に発展させる，としていることが重要である。即ち，まずは，FTAAPは拘束的なFTAとして認識された。また，同地域で取り組まれている代表的な広域FTAは全てそのビルディングブロックであることが共有された。一方で，APECの非拘束的性格が考慮されるべきであるとも述べている。ここに，拘束的なFTAAPと非拘束的なAPECの間に緊張関係が生じることとなる。APEC2010議長国日本は，この緊張関係を，「APECはFTAAPの「インキュベーター」である」と規定することによって止揚しようとした。即ち，FTAAPは，21世紀型のFTAとして様々な知的インプットが求められる通商政策ビークルであり，そこへのインプットを，交渉の場ではないAPECが行う，という関係と整理した訳である。

　なお，ここで1つ指摘しておきたいのは，「FTAAPは，包括的な自由貿易協定である」，即ちFTAAPが法的拘束力のあるフレームワークであるという理解を加盟エコノミーで共有するまでには，APEC2010プロセスを通して加盟エコノミー間で相当複雑な議論が展開されたという事実である。FTAAPはFree Trade Area of Asia-Pacific構想として2004年にABAC（APECビジネス諮問委員会）が提案した構想であるが，その後2006年にAPEC加盟エコノミーの間で検討の対象とされて以降も，これが法的拘束力を持つFTA相当の構想

であるのか，それとも「ボゴール目標」等 APEC の伝統である自主的・非拘束的な貿易投資自由化円滑化に向けた取組みの結果実現する「状態」であるのか，あるいは両方を結合した概念であるのか，コンセンサスがなかったのである。(FTAAP は Free Trade "Area" of Asia-Pacific である（即ち Free Trade "Agreement" ではない）ことを指摘して，FTAAP は非拘束的枠組みを構築する構想であるとの主張があったが，地域貿易協定を規律対象とする GATT 第24条が Free Trade "Area" という文言を使用していることから分かる通り，この主張は正しくない。) 2010APEC は，「ボゴール目標」の目標年であったこと，また TPP 等一部のエコノミーが FTAAP のビルディングブロックと考える動きが活発化していたこと等を背景に，FTAAP のアイデンティティ論争が一気に噴き出したのであった。

さて，APEC の「インキュベーター」機能に話を戻すと，実際，APEC として「横浜ビジョン」を実施に移す初年度である2011年米国プロセスでは，FTAAP に含まれるべき事項を巡る検討が既に行われており，「次世代貿易投資イシュー」が APEC2011の優先課題の１つに掲げられている。2011年に，①グローバル・サプライチェーンの円滑化，②中小企業の国際的な生産ネットワークへの参画，及び③貿易を阻害しないイノベーション政策，の３イシューに取り組むことについて，本年５月に開催された APEC 貿易担当大臣会合で合意された。なお，これらのイシューは，FTAAP のビルディングブロックの１つとして「横浜ビジョン」に明記された TPP の交渉において，「次世代貿易投資イシュー」として交渉対象分野の１つに含まれている。即ち，APEC2011議長国である米国は，自らが主導する FTA 交渉である TPP 交渉と，非拘束組織である APEC での議論とを，戦略的に関連づけており，「APEC は FTAAP の「インキュベーター」」であるという横浜ビジョンの精神を積極的に体現しようとしている。

なお，横浜ビジョンでは，FTAAP のビルディングブロックとして，TPP

以外に，ASEAN＋3（EAFTA）及びASEAN＋6（CEPEA）も例示されているのは上記の通りであるが，実際問題として，今後，APECでの検討が，EAFTAやCEPEAの検討・交渉に知的貢献を行う，という関係が成立するかどうかは，必ずしも明らかではない。つまるところ，APECの「インキュベーター」機能が発揮されるかどうかは，APEC加盟エコノミーがその機能を積極的かつ戦略的に活用するかどうかにかかっており，TPPに関しては，米国がそのような姿勢を有している，ということである。即ち，CEPEAやEAFTAを主導する日本や中国が，APECの「インキュベーター」機能を積極的に活用して，これらの広域FTAの検討に資することとするかどうかにかかっている。但し，実際には，CEPEAやEAFTAはTPPと異なり，未だ研究段階の構想であり，トラック2による研究が終了した後，現在「ASEANプラス」の枠組みで原産地規則等の技術的検討が政府レベルで行われている段階に止まっている。このように，交渉に未だ至っていないこれらの枠組みに関して，APECが「インキュベーター」機能を果たすという展開は，屋上屋を重ねることとなり，論理的には不可能ではないが，現実として殆ど想定出来ない。

　勿論，APECのインキュベーター機能の発揮の可能性は，関係国の意欲のみに依存するものではない。そもそもAPEC自身が本当に「横浜ビジョン」が標榜するほどに，拘束的枠組みであるFTAの「インキュベーター」として効果的な枠組みなのかどうか，という点が重要である。APECの貿易投資自由化円滑化に対する関わりは，むしろ元々は，ボゴール目標に見られるように，主として「開かれた地域主義」「WTOに対する貢献」「自主的自由化」「非拘束的」という哲学に基づくものであった。それが，今世紀初頭からのFTA・EPAの急増・拡大という背景を受けて，APEC自身のアプローチの妥当性に揺らぎが生じた。実際のところ，ボゴール目標が地域の貿易投資自由化にどの程度インパクトを与えたかは必ずしも明らかではない。「横浜ビジョン」の付属文書である「2010年ボゴール目標達成評価に関する首脳声明」においては，

「13の2010年エコノミーが，更に取り組むべき作業が残っているものの，ボゴール目標達成に向けて顕著な進展を遂げた」との評価がなされた訳だが，ボゴール目標が元々想定していた「開かれた地域主義」「非拘束的」というアプローチの勝利かどうかについては必ずしも明らかにされていない。2011APECにおいて，IAPについては継続するものの，IAPピアレビューは廃止することとしたことが，APECとしてこのようなアプローチが効果的かどうかについての「迷い」を表していると言えよう。いっそのこと，APEC自身を，FTA・EPAに寄せる方向で改組し，「条約に基づく拘束的枠組み」とすることによって，上記のジレンマを一気に解決してしまおうとする意見もない訳ではないが，APEC加盟エコノミーの組成等の理由により，少なくとも政府関係者の間ではAPECの組織論としてそのような方向性は現実的な選択肢と見なされていない。APEC2010の運営に実際に携わった筆者の印象としては，APECの「非拘束的性格」が域内の貿易投資自由化円滑化に与える効果は限定的であるとの認識は広く共有されているが，しかし，かといってAPECを法的拘束力を有する国際機関に改組することも考えられない，従って，少なくとも当面は，APECのあり方を，FTAの急増・拡大という現実に合わせる形で規定する必要がある，そこで，今のところは，「FTAAPのインキュベーター」という存在としてAPECの存在意義を規定し，それが域内の貿易投資自由化円滑化という目的にどれほど効果的に機能するか暫く様子を見てみよう，というのが実情ではなかったかと思う。

　なお，上記のようなAPECとFTAAPとの関係についての議論の展開は，APEC2010の特殊事情に影響されている側面はある。議長エコノミーは日本であり，APEC2010の成果文書作成は日本が当然狙ったが，文書の調整過程では，（当該成果文書によって宿題を負うことになる）翌年議長国の米国は，自らが推進するTPPと，自らが翌年議長を務めるAPECとの間に有機的な連関がある旨を規定することを求めた。また，日本も，少なくとも横浜会合前夜は，同年11

月9日，菅内閣が，「TPP について情報収集を進めながら対応していく必要があり，国内の環境整備を早急に進めるとともに関係国との協議を開始する」等を内容とする「包括的経済連携に関する基本方針」を閣議決定し，横浜会合でもその方針を説明する等，2011年中の TPP 交渉参加が現実味を帯びていた。従って，FTAAP のビルディングブロックとしては TPP のみならず ASEAN＋3（EAFTA）や ASEAN＋6（CEPEA）も「横浜ビジョン」において列挙されたものの，実際には，APEC の FTAAP に対する「インキュベーター」機能という点に限って言えば，専ら TPP との関係を念頭に置いたもの，というのが実態であったと言えよう。

これに関連して，最後に，FTAAP のビルディングブロックとしての ASEAN＋3（EAFTA）や ASEAN＋6（CEPEA）の位置づけについて指摘しておきたい。2009年 APEC 首脳宣言で規定された「2010年 APEC では FTAAP への道筋について検討すべし」との指示を出発点として，「FTAAP のビルディングブロックを追求」（"explore building blocks towards a possible Free Trade Area of the Asia Pacific (FTAAP)"）する作業が2010APEC プロセスを通してなされた訳だが，FTAAP は法的拘束力のある枠組みであるとのコンセンサスが得られた段階で，そのビルディングブロックとして APEC 域内の広域 FTA・EPA を列挙することとなるは自然の流れであり，実際，既述の通り，「横浜ビジョン」では，FTAAP のビルディングブロックとして TPP のみならず ASEAN＋3（EAFTA）や ASEAN＋6（CEPEA）も列挙されたのは既述の通りである。しかし，当初から FTAAP のビルディングブロックであることを意識し APEC 加盟国による参加を前提として交渉を行っている TPP と異なり，ASEAN＋3（EAFTA）や ASEAN＋6（CEPEA）は，APEC との直接の制度的関連は存在しない。これらの構想は，前者は ASEAN＋3サミット，後者は東アジアサミット（EAS）の主要な経済アジェンダとして推進されているものであって，APEC とは異なる国際的フレームワークに由来する構想で

ある。これらの構想を TPP と並んで，「横浜ビジョン」において，FTAAP の ビルディングブロックと位置付けたのは，21ある APEC 加盟エコノミーのう ち TPP 交渉に参加しているのは9カ国に過ぎない，一方で多くの APEC 加盟 国が ASEAN + 3（EAFTA）や ASEAN + 6（CEPEA）にも参加している，と いう実情を考慮した議長国日本の考えによるものである。しかし，FTAAP の ビルディングブロックに ASEAN + 3（EAFTA）や ASEAN + 6（CEPEA）と いった APEC 由来ではない構想を含めることで，アジア太平洋地域の貿易投 資アーキテクチャーを巡る矛盾が露呈したことも事実である。2011年から EAS に，APEC 加盟国である米国とロシアが参加することとなったことが， この矛盾を一層深刻なものにする。この点については，本稿の最後に改めて触 れたい。

Ⅳ　APEC の今後の方向性
──非関税障壁と「内国措置」そして成長アジェンダ──

既述の通り，APEC2010は，貿易投資アジェンダに関しては，「ボゴール目 標」に体現される非拘束的・自主的取組みを今後も継続することと決めた一方 で，域内の FTA 網の広がりという事態に対処するために FTAAP の「インキ ュベーター」としても機能することも併せて決意した。これらの方向性が，域 内の貿易投資自由化円滑化を進めるに当たって，最善のものであるかは，今後 の展開を待ちたいが，少なくとも前者については前途はかなり厳しいのではな いかと感じる。

しかし一方で，APEC が有する非拘束的性格，加盟エコノミーの自主的取 組みを促すアプローチは，伝統的貿易投資アジェンダ以外の分野で効果を発揮 するのではないかという気がしている。既に述べた通り，APEC2010の成果の 一つが「APEC 首脳の成長戦略」という付属文書の採択であるが，この「成 長戦略」は，アジア太平洋地域における「成長の質」を高めるためのメニュー

であり，「均衡ある成長」「あまねく広がる成長」「持続可能な成長」「革新的成長」「安全な成長」の5つの成長の「特性」(attributes) を実現すべく，「構造改革」「人材・起業家育成」「グリーン成長」「知識基盤経済」「人間の安全保障」の5つの分野において具体的な作業を行う旨指示している。そして，本成長戦略の実施体制として，高級実務者（SOM）レベルで毎年進捗を確認するとともに，2015年にその進捗を首脳に報告することとなっている。このような実施確保の手法は，APECの伝統的なアプローチであると言えよう。

　成長戦略のメニューは，貿易投資アジェンダに比べると，対象としてはいわゆる「内国措置」を扱うものばかりであり，手法としては主として途上エコノミーに対する知識経験の共有，キャパシティビルディング，という色彩が濃厚である。「成長戦略」で盛り込まれた5つの分野のうち最も代表的な政策分野である「構造改革」アジェンダは，APECでは実は豪州が議長を務めた2007年プロセスにおいて大きく取り上げられた。当時は，「構造改革優先5分野」として，規制改革，競争政策，公共部門管理，企業統治，経済法制度整備が挙げられていたが，これら構造改革は，成長政策としてのみならず，貿易投資政策としても認識されていた。即ち，これらの分野における進展によって，「内国規制（behind the border barriers）」が除去軽減され，それによって地域経済統合が進む，という理解がされていた。（例えば，2008年に豪州が主催したAPEC構造改革担当大臣会合の声明には"Structural reform consists of improvements made to institutional frameworks, regulation and government policy so that 'behind-the-border barriers' are minimized to improve economic performance and advance regional economic integration." というくだりがある。）2010年の「成長戦略」では，成長アジェンダと貿易投資アジェンダとの間の連関性については必ずしも明確ではない。（一応，「成長戦略」の前文には次のくだりがある。「（成長の質の改善は，）アジア太平洋地域における経済統合の強化を目的とする，活発な貿易及び投資の問題というAPECの中核的な目標を追求する上でも不可欠である。」）しかし，これらの

「内国措置」あるいは「非関税障壁」となりうる様々な措置は，その除去軽減が図られれば，域内の貿易投資の円滑化に大いに貢献するものである。特に，WTOやFTA・EPA，更には各国の自主的自由化の取組みによって，関税等「越境規制（at the border barriers）」の改善が大幅に図られてきていることに鑑みると，「内国措置」は貿易投資の促進に向けた次なる「フロンティア」と言えよう。但し，「越境規制」と比べると，これら「内国措置」の除去軽減は，法的拘束力のあるFTA・EPAには馴染まない分野であり，従ってAPECのような枠組みを活用して事態の改善を図ることは，事実上貿易投資の円滑化に資する取組みとして，地域経済統合の実現の観点から極めて有効ではないかと考える。

V 結　語

APEC2010を終えて得た実感は，APECは，WTOのように貿易問題に特化した国際機関と異なり，首脳レベルの会合を毎年定期的に開催する，そしてその扱うことの出来る問題の射程が広い「コミュニティ」であるということである。（実際，「横浜ビジョン」では，目指すべきAPECの絵姿として「APECコミュニティ」という文言を使っている。）そして，貿易投資アジェンダは，当該「コミュニティ」において検討される重要な「サブスタンス」でもあるが，同時に「コミュニティ」を活性化するための重要な「ツール」でもある。これは，ASEAN＋3やEASについても同様である。貿易投資アジェンダ（FTA・EPA等）は，その商業的意義は勿論非常に重要であるが，それと併せて，これらのアジェンダの推進を通じて「コミュニティ」自体を活性化させる，という意義も併せて有している。

既に述べた通り，「横浜ビジョン」には，FTAAPのビルディングブロックとして，米国等が推進するTPPのみならず，APECとは別の枠組み（ASEAN＋3サミット及び東アジアサミットとそれらの下部構造）で検討されているASEAN

+3 (EAFTA) や ASEAN +6 (CEPEA) も列挙されている。一方，2011年より EAS に，APEC 加盟国である米国とロシアが参加することによって，APEC と EAS の関係はどうなるのか，ASEAN +3 (EAFTA) や ASEAN +6 (CEPEA) は何らかの影響を受けるのか，について，アジア太平洋地域の地域統合関係者は注視している。

ASEAN +3や EAS という枠組みは，ASEAN を中心とするフレームワークであり，ASEAN が基本的には共同行動を取るフォーラムであるが故に，ASEAN の影響力が強いコミュニティである。これに対して，APEC では ASEAN という共同体自体はメンバーではなく，ASEAN 加盟各国が APEC において共同行動を取ることも殆どない。また，TPP に関しては，ASEAN の一部の国が交渉に参加している（シンガポール，マレーシア，ブルネイ，ベトナム）ため，TPP によって ASEAN 加盟国が2つに分断されている格好になっている（TPP 非参加国は，インドネシア，タイ，フィリピン，カンボジア，ラオス，ミャンマー。なお，後三者は APEC メンバーではない）。APEC や TPP は，米国の影響力が極めて強いコミュニティである。

日本としては，APEC，ASEAN +3，EAS といった，地域内に存在し，相互に性格や分野の異なる「コミュニティ」のいずれにも参加している国として，それらを全て活性化させることによってアジア太平洋地域の政治経済秩序を強化・安定化させ，かつ，それぞれの枠組みの中で主要な役割を演じることによって，地域内での存在を確保することが，国益に叶うと考える。従って，日本としては，それぞれのフォーラムで検討されている貿易投資アジェンダ (TPP, ASEAN +3 (EAFTA), ASEAN +6 (CEPEA)) についても，それらの推進が有する政治経済上の意義をも念頭に置きながら，そのいずれも全力で取り組んでいくべきであろう。

(1) 13エコノミーは，日本，豪州，カナダ，NZ，米国の5つの先進エコノミーと，チリ，

中国香港，韓国，マレーシア，メキシコ，ペルー，シンガポール及びチャイニーズ・タイペイの8つの途上エコノミー。

（日中経済協会北京事務所長（前経済産業省通商政策局アジア太平洋通商交渉官））

論　説　APEC2010とポスト・ボゴールにおける
　　　　アジア国際経済秩序の構築

アジア金融システム改革における ABAC の役割と課題

久保田　隆

　　本稿の目的
　I　ABAC の概要とアジア金融システム改革における課題
　　　1　ABAC の沿革と構成
　　　2　ABAC の体制と主な議論の担い手
　　　3　ABAC 日本支部とその課題
　　　4　ABAC の提言活動
　　　5　ABAC の意見表明活動
　　　6　ABAC の履行確保メカニズム
　II　ABAC における 2 つの機能とその課題
　　　1　ABAC の 2 つの機能
　　　2　2 つの機能それ自体の課題
　　　3　日本の経済戦略と ABAC

本稿の目的

　2010年11月，日本の横浜市でアジア太平洋経済協力（Asian-Pacific Economic Cooperation：APEC）の首脳会議が開催された。筆者は，ほぼ同時期に横浜国立大学で開催された国際経済法学会第20回大会の「APEC2010とポスト・ボゴールにおけるアジア国際経済秩序の構築」と題するセッションにおいて，金融や民間のプレゼンスの観点から現在の APEC を視た場合の役割や課題について報告する機会を得た。本稿はその内容を簡潔に纏めたものである。
　WTO や IMF 等に比べると，APEC の役割や機能に対する評価は必ずしも

高くなく，国際経済法や国際取引法からの分析もあまり進んでこなかった。しかし，最近になって，①拘束的な条約等を作成する能力はないが，非拘束的な基準を策定することを通じて一定の機能を果たしつつあるのではないか，②民間のプレゼンスを向上させる仕組みが機能しつつあるのではないか，③単なる技術的な調整の場を超えてアジア太平洋地域の経済成長政策にも影響を及ぼしつつあるのではないか，という新たな問題意識も一部に生まれつつある。[1]

そこで本稿は，民間のプレゼンス向上の一例として APEC の民間諮問機関として重要な役割を果たしている ABAC（APEC Business Advisory Council）を取り上げ，そのアジア金融システム改革における役割や日本の状況を紹介しつつ，その課題について検討する。[2]

I　ABAC の概要とアジア金融システム改革における課題

1　ABAC の沿革と構成[3]

ABAC は，1995年11月に APEC 大阪会合で設立された APEC 首脳に対する唯一の公式民間諮問機関である（以下，図表1参照）。1996年から活動を開始し，APEC に参加する21エコノミー（香港や台湾も中国と並んでメンバーであるため，国とは呼ばず，このような呼び名になっている）のビジネス界の代表から構成されている。ABAC の会合は，意思決定を行う全体会議（Plenary）とその年に検討するテーマに沿って専門分野毎に開かれる作業部会（Working Group）から成り立ち，原則として毎年4回開催されている。近年，APEC が ABAC との連携をより重視する方向にあり，日本でも，ABAC 日本委員と APEC 高級実務者との間，及び委員スタッフと関係省庁の実務者クラスとの間で定期的に意見交換を行っている。

ABAC の作業部会には，自由化作業部会（Liberalization Working Group），円滑化作業部会（Facilitation Working Group），持続的な発展作業部会（Sustainable Development Working Group），金融・経済作業部会（Finance and Economics

図表1　ABAC/APECの組織と関係

ABAC（1996年設立）
APEC首脳に対する唯一の公式民間諮問機関
APEC Business Advisory Council
APECビジネス諮問委員会
- ★CBAPWG（キャパシティビルディング・行動計画作業部会）
- ★FEWG（金融・経済作業部会）
- ★FWG（円滑化作業部会）
- ★LWG（自由化作業部会）
- ★SDWG（持続可能な発展作業部会）

ABAC日本委員
- 相原元八郎（三井物産顧問）2010年ABAC議長
- 渡辺喜宏（三菱東京UFJ銀行顧問）FEWG部会長
- 森本泰生（東芝顧問）SDWG副会長

↓ 支援

ABAC日本支援協議会（SCABAC-J）（1999年設立）
会長 渡辺捷昭（トヨタ自動車副会長）
① 会員企業63社
② 経済四団体
- ★日本経済団体連合会
  国際経済本部金原本部長、原主幹、竹原主幹国際協力本部 上田主幹
- ★日本商工会議所
- ★経済同友会
- ★関西経済連合会

↓ 連携

- ・外務省、経済産業省、財務省など関係省庁
- ・業界団体（JBA、JAMA、JEITA、JEMA等*）
- ・関係組織（日機輸、日本貿易会、JETRO等）
- ・歴代委員（企業）、スタッファーOB
- ・学術会、研究機関（PECC等）

*JBA：全国銀行協会、JAMA：日本自動車工業会
JEITA：電子情報技術産業協会、JEMA：日本電機工業会

APEC（1989年設立）
アジア太平洋21カ国・地域で構成
Asia Pacific Economic Cooperation

首脳への政策提言 直接対話 →

- 首脳会議
- 閣僚会議
- 高級実務者会合（SOM）
- APEC事務局
- 財政管理委員会（BMC）
- 経済委員会（EC）
  - 専門家会合
    - ★競争政策・法グループ
- 貿易投資委員会（CTI）
  - 小委員会／専門家会合
    - ★市場アクセスグループ　★税関手続小委員会
    - ★基準・適合性小委員会　★サービスグループ
    - ★政府調達専門家会合　★電子商取引運営グループ
    - ★知的財産権専門家会合　★投資専門家会合
    - ★ビジネス関係者の移動に関する専門家会合
  - 産業界との対話
    - ★自動車対話　★化学対話
    - ★農業バイオ技術についてのハイレベル政策対話
    - ★生命科学イノベーションフォーラム
- SOM Steering Committee on ECOTECH（SCE）
  - 特別タスクグループ
    - ★腐敗対策タスク・フォース　★テロ対策タスク・フォース
    - ★女性問題担当者ネットワーク　★鉱業タスク・フォース
    - ★緊急事態の備えタスク・フォース
  - 作業部会
    - ★農業技術協力　★エネルギー　★漁業　★保健
    - ★人材養成　★産業科学技術　★海洋資源保全
    - ★中小企業　★電気通信　★観光　★運輸

分野別担当大臣会合
- ★教育　★エネルギー
- ★環境・持続可能な開発
- ★財務　★保健　★人材養成
- ★鉱業　★海洋　★地域科学技術能力
- ★中小企業　★構造改革
- ★電気通信・情報産業　★貿易
- ★交通　★女性問題　★観光

出典：ABAC日本支部ホームページ。

Working Group），キャパシティ・ビルディング・行動計画作業部会（Capacity Building and Action Plan Working Group）の5つが存在する。

このうち本稿が検討対象とするアジア金融システム改革は，金融・経済作業部会（日本の渡辺喜宏三菱東京 UFJ 銀行顧問が2009～2010年に部会長，現在は筆頭副部会長）が担当し，同部会は，①年1回提言書を取り纏める（提言書の履行状況は APEC が review して feedback される）ほか，②必要に応じて国際機関（例：IMF，バーゼル銀行監督委員会）に要望書（後述）を提出するなど活発に活動している。部会の事務局は部会長を勤める委員の所属企業が担当し，2010年は三菱東京 UFJ 銀行から専属スタッフが5人程度派遣されている。[4]

なお，委員の任期には特に決まりがなく，2-3年で交代することが多い（他の部会もほぼ同様）。従って，担当者や国際情勢によって ABAC の役割や機能は大きく変化する。実際，世界金融危機による影響が広がった2009年以降，国際機関に対する要望書が活発に出されるなど，ABAC の金融面における活動は急速に活発化した。

2　ABAC の体制と主な議論の担い手

各エコノミーや部会ごとの事務局とは別に，ABAC 全体の本部事務局がフィリピンに存在し，常勤職員は5名である。ABAC の各エコノミー支部の体制は様々で（図表2参照），メキシコの Carlos Slim 氏（71歳）のような世界的な富裕事業家・慈善家も委員に名を連ねるなど，やや名誉職的な位置づけの所も多い。

金融・経済部会には全てのエコノミーの代表者が出席するが，金融界からの委員を派遣していない所も多く，その中には金融大国（例：シンガポール，香港）や経済大国（例：オーストラリア，カナダ）も含まれている。最近の金融・経済問題は非常に専門化しているため，金融界以外の委員が十分に議事に参加することは難しい。また，金融界からの委員を派遣しているエコノミーであっ[5]

図表2　ABAC各エコノミー支部の委員選出母体

国　　名	委員数（カッコ内は銀行・証券・保険）とその内訳
Australia	3（0）：法律事務所，サプライチェーン，エネルギー
Brunei Darussalam	3（1）：銀行，ITコンサルティング，コンサルティング
Canada	3（0）：ベンチャーキャピタル，ITコンサルティング，エネルギー
Chile	3（2）：銀行，銀行協会，銅山
China	3（1）：銀行，商社，通信
Hong Kong	3（0）：通信，建設，商社
Indonesia	3（1）：銀行，通信，エネルギー
Japan	3（1）：銀行，商社，電気
Korea	3（0）：鉱山，エネルギー，電気
Malaysia	3（1）：銀行，通信，インフラ建設
Mexico	3（0）：商社，映画，富裕事業家・慈善家（Fundación Carlos Slim）
New Zealand	3（1）：銀行，コンサルティング，食品
Papua New Guinea	3（0）：製造業協会，食品，食品
Peru	3（0）：製造，鉱業，不動産
Philippines	3（2）：銀行，保険，投資会社
Russian Federation	3（1）：銀行，投資会社，投資会社
Singapore	2（0）：ゼネコン，経済団体
Taiwan	3（1）：保険，メーカー，製造
Thailand	3（1）：銀行協会，商工会議所，経済団体
USA	3（1）：証券，製造，化学
Vietnam	3（0）：投資，投資，商工会議所

出典：ABAC本部ホームページ（https://www.abaconline.org/v4/content.php?ContentID=2608）から筆者作成（2010年10月時点）。2011年8月現在では上記からCanadaが1名減員，Singaporeが1名増員。

ても，十分な準備をして臨まないと議事を動かすまでには至らない。その結果，実際の議論は日米を軸に時々中国が入る形で進むことが多い。現在は日本人が要職を務め，それを補佐する事務局が議事のドラフトを作成したり要望を取り纏めているので，日本は議論をリードできる立場にある。一方，アジア地域に

おけるドル覇権や米国債の需要を脅かす可能性のある問題に対しては後述のごとく米国が強い警戒感を持っており，米国政府の意向を受けた ABAC 米国代表が決済や通貨に関して時折強く反対するようである。但し，それ以外の問題を巡って議論が対立することは少ない。

　従って，多くのエコノミーが無関心な状況の下で日米中など少数国の合意事項が「APEC の21エコノミーの産業界を代表」する意見として通ってしまい，それが影響力を及ぼす可能性もあり，ABAC 自体はコンセンサス・ベースで非拘束的（non-binding）な機関といえどもガバナンス上全く問題がないわけではない。[6] しかし，ABAC は日本が国際的な主導権を取り得る数少ない場所の1つであり，米中以外の関係国が比較的無関心なうちに官民が連携して日本の発言力を確保しておくことは日本のアジア経済戦略上は重要である。特に2011年は，ABAC が長らく支持してきた ASEAN＋3財務大臣会合の事務局を日本がインドネシアと共同で務めるため，官民連携の貴重な機会とも考えられる。

3　ABAC 日本支部とその課題

　ABAC 参加各エコノミーには各々エコノミー内支部が存在し，支部における取り組みは各々異なる。比較的バックアップ体制が整っている支部もあればそうでない支部もあるが，日本支部は経団連に継続的な事務局を置き，2010年には議長国（議長は相原元八郎三井物産顧問。2011年は副議長）を勤めており，その体制は相対的に整っている方だと言われている。

　その中で注目すべき仕組みは，1999年に設立された ABAC 日本支援協議会である。これは ABAC 日本委員と日本産業界との連携を深め，日本産業界の意見を APEC の政策に反映させる目的で日本の経済団体（経団連や日本商工会議所等）が中心となって設立したもので，① ABAC 諸活動に関する協議会会員企業と ABAC 委員との交流・意見交換の機会を提供し，APEC 活動の紹介や報告を行うほか（APEC 首脳会議に合わせて開催される APEC 首脳と ABAC 委員

の対話の後,APEC 高級実務者の参加も得て「ABAC/APEC 活動報告会」を東京と大阪で毎年開催し,ABAC 日本支援協議会の会員や関係団体から提起される意見・要望を ABAC 活動に反映),②政府関係者との会合や国際会議の場における ABAC 日本委員・スタッフの活動支援を行っている。

しかし,民間から政策要望や提案が ABAC に積極的に寄せられ,それが日本の交渉力強化に大きく役立っているかというと実態はそうではなく,[7] 政策立案は部会長のスタンスや各事務局の担当者の個人的力量に大きく依存している。但し,予算の制約から人的・物的資源は極めて限られているため,ABAC や APEC に限らず日本政府が担当するバーゼル合意やその他の国際交渉にも共通する課題であるが,日本の国際交渉力や提案力を高めるには官民一体となった積極的な取り組みが不可欠である。

これに対して米国では,日本に比べて積極的な問題提起が民間経済界からなされ,そのフォローアップを行う支援体制も比較的整っており,学界の貢献度も高く,[8] 官民交流も活発だと言われている。この背景には,世界のリーダーとして影響力を及ぼしてきた米国との総合的な国力の差や米国の母国語である英語の国際言語としての優位性,官民交流の盛んな米国の市場環境など,容易に越えられない日米の差もあるが,比較的早期に改善し得る部分もある。例えば米国では,ある政策について政府や民間の担当者が長らく担当し,担当者レベルで上役に根回しせずに即決できるだけの権限移譲が図られている。しかし,日本では政府や民間の担当者は通常 2-3 年おきに部署を異動するため,必要な専門知識が高度化した現在は容易に対応しにくい上,担当者に最終決裁権限がないのでその場に同席しない上役の決裁を条件に交渉に当たるケースも多く,交渉がやりにくい。最近,金融庁や日本銀行ではバーゼル委員会等の国際的な政策決定会合の担当者を長期間同一部署に置いてエキスパティーズを高める傾向にあるが,民間金融機関で同様の措置を講じることは人的資源の供出面で多大な負担を伴うものと予想される。

しかし，日本を取巻く今後の状況は更に厳しくなる可能性がある。まず，中国などの新興国の影響力が高まる中，アジア域内の日本の重要性が相対的に低下するため，このままでは日本の発言権低下は免れない。次に，ABAC 議長国は毎年交代するため，2010年のように日本が部会長と議長を担当するケースは稀であり，担当しない年は担当する年よりも影響力を行使することが難しくなる可能性がある。2010年当時 ABAC 金融・経済作業部会の渡辺部会長の事務局を担当された東京三菱銀行のスタッフは極めて優秀な方々であり，部会長[9]名で出す書簡や提言に対し，ドラフト段階から議論をリードし，ある程度の実効性を挙げてきた。しかも，2010年は ABAC 議長も日本の相原議長であったため，他部会との調整や全体取り纏めにおいても日本の各事務局間で緊密な連携を図ることができた。しかし，議長国は毎年交代し，2010年は日本だが2011年は米国である。また，部会長ポストも既述のように 2－3 年ごとに交代する慣習であるため，日本が部会長でも議長でもない年もあるため，日本代表のリソースが不十分な場合には今回ほどの発言力を維持することは難しくなってこよう。

従って，日本が今後も発言力を維持しようとするならば，日本の国際交渉力強化に向けて経済団体や政府が長期的な視野に立ってバックアップ体制を充実させる必要がある。すなわち，交渉担当者の決裁権限を拡げると共に，特定のエキスパティーズ養成のために知識面と共に国際会議での交渉経験を多く積ませるなど実践面でも長期間力を注ぎ，官民を挙げて基礎的な交渉力を高める体制作りが今後の課題となろう。

4　ABAC の提言活動

ABAC では毎年，アジア太平洋地域のビジネス界の見解，政策提言，政策実施状況についての評価をとりまとめ，「APEC 首脳への提言」を作成する。この提言に基づいて，毎年秋の APEC 首脳会議の開催に合わせて「ABAC 委

図表3　ABAC提言（2009, 2010年）の概要とその比較

○：提言に含まれる、×：提言から外れる

提言の概要	2009年	2010年
〈ASEAN＋3のマクロ経済政策への支持を表明〉 ASEAN＋3で2009年に合意したチェンマイ・イニシアチブのマルチ化（CMIM）の発展とASEAN＋3マクロ経済リサーチオフィス（AMRO）を通じた域内監視強化。	○（AMF構想に反対した米国も反対せず、提言に盛込まれる）	○（AMF構想に反対した米国も反対せず、提言に盛込まれる）
〈健全な国際通貨制度の促進に向けた検討〉 国際取引の決済において広範に使用可能な国際通貨バスケットを検討することで米ドルやユーロを補完し、国際通貨体制の安定化に寄与。	○（中国が提案し、提言に盛込まれる）	×（ドル覇権崩壊を恐れる米国が反対し、提言から外れる）
〈域内の債券・株式市場の発展に向けた取組みを推進〉 域内の国際証券市場を発展させ、国際決済の障害を減らすなどして、域内の債券・株式市場を発展させるべく官民が協力して様々な取組みを推進。	○	○
〈G20等の金融規制改革を評価しつつ注文をつける〉 G20の政策を支持しつつ、バーゼル銀行監督委員会等の細かな規制に対し、域内事情に合う修正を要求。	○：バーゼル規制改訂には官民対話が不可欠	○：新規制は国・地域間の相違を考慮すべき
〈IASB等の企業金融改革を評価しつつ注文をつける〉 OECD企業統治原則や国際会計基準審議会（IASB）による国際財務報告基準（IFRS）に対し、評価と注文。	○：OECD原則の導入は国内事情を考慮すべき	○：時価会計の扱い等で官民対話を求む
〈インフラに関する官民連携の推進〉 域内のインフラ・ニーズに対する資金調達上の障害除去	○	○
〈中小・零細企業の資金調達機会の拡大〉 中小・零細企業への貸付を増やすべく担保法制等を整備	○	○
〈ソーシャル・セーフティネットの拡充〉 拠出型年金制度を発展させる等の政策提言	○	○
〈ファイナンシャル・インクルージョンの促進〉 マイクロ・ファイナンスを促進	○	○
〈その他〉 2009年提言にはなかったが、2010年提言において、イスラム金融の活用、環境ファイナンスの促進が新たに盛り込まれた。		

出典：ABAC本部ホームページから筆者作成。

員と APEC 首脳との対話」が行われ，直接の意見交換が行われる。また，金融に関しては2009年は「APEC 首脳への提言」の中に，2010年は「APEC 財務大臣への提言」の中に詳細が書き込まれている。[10]

　2009年と2010年の金融に関する「提言」の具体的内容をみると（図表3参照），主に①他所の政策に評価・要望する部分と② ABAC 独自の政策を打ち出す部分がある。前者の政策評価に関しては，① G20 等による金融規制改革や②国際機関による企業金融改革，③アジア金融システム改革に関する ASEAN ＋3[11] 等の政策に関して，その方向性を評価しつつ，必要に応じて細かな注文や要望を表明するものが多い。後者の政策立案に関しては，①マイクロ・ファイナンス（貧困者向けの小口金融）の環境を整備するため2009年に提案された APEC 財務大臣プロセスに基づき，APEC ファイナンシャル・インクルージョン・イニシアチブを推進したり[12]，②年金制度や失業保険制度などのソーシャル・セーフティーネットを域内で強化したり，③域内のインフラ・プロジェクトに対する外国からの資金調達を円滑にすべく官民が連携して政策・規制上の障害を取り除く政策提言を行ったりしている。

　ここで2009年提言には大項目として盛り込まれたが，米国の反対で2010年提言からは大項目から削除された国際通貨制度に関して説明を加えよう。現在アジアでは，各国通貨に加えて米ドルが広範に流通し，国際取引の決済に多く用いられている。一方，最近の世界金融危機で危惧されたように，国際社会で基軸通貨として機能する米ドルやユーロに対する信認が必ずしも高くないため，これらの機能を補完し，国際体制の安定化に寄与するような通貨バスケットを構築し，アジア共通通貨を構築しようとする動きがある[13]。しかし，この動きに対しては，①ドル通貨がアジアで流通しなくなると，発行額の減少を通じて通貨発行益（シニョレッジ）が大幅に目減りしてしまうが，この部分は米国の膨大な経常収支赤字の相当部分を補填しているため容認できない，②アジア諸国において，共通通貨の持ち分が増える分ドル外貨準備高が減少すれば米国債の

買い手が減少し，米国政府が財政赤字の資金調達に困るので容認できない，という事情から，米国が強く反対してきた。2009年提言では，中国が自国政府の通貨バスケット構築提案を受ける形でこの問題を提起し，提言にも取り入れられたものの，2010年提言ではドル覇権を脅かす可能性のある提案に一貫して強く反対してきた米国の主張が通り，提言からは一応削除された。但し，2010年提言の文章を細かく見ると，既存のグローバルな構造を代替するものではなく補完するものでなければならないとは言うものの，AMRO（後述）の設置を通じて域内通貨単位の研究支援の拡充を期待するとしており（提言1A参照），完全に排除された訳ではない。

なお，通貨と並んで米国が懸念を示すものとして，アジア独自の国際証券決済システムの構築がある。現在アジアの外債の決済は米国か欧州経由で行われているが，欧州のユーロクリアに対して「アジアクリア」を創設してアジアで決済を賄おうとする構想があり，一部で検討が進んでいる。この構想も仮に実現すれば米国債の買い手減少に更に拍車をかける危険性があるが，未だ早期の実現可能性は乏しい。

一方，アジア通貨危機後の1997年9月に日本が非公式に打ち出した通貨安定を目的としたアジア通貨基金（AMF: Asian Monetary Fund）構想は，ASEANや韓国の賛同は得たものの日本の台頭を恐れた米国と中国およびIMFが強く反対して頓挫した。しかし，その代替案であるチェンマイ・イニシアチブ（CMI: Chiang Mai Initiative）に対しては両国とも反対はしていない。CMIはASEAN＋3の下で拡充しており，2009年にチェンマイ・イニシアチブのマルチ化（CMIM: Chiang Mai Initiative Multilateralization）が合意され，2010年にはASEAN＋3マクロ経済リサーチオフィス（AMRO: ASEAN＋3 Macro-Economic Research Office）を創設して域内マクロ経済の監視を強化する段階にまで発展してきたが，現在でも容認姿勢を変えていない。もっとも，ASEAN＋3の指導下にAMROが強化され通貨や決済でもアジア独自の政策を強めていった場

合，将来的には再び米国と対立する可能性もある。

5　ABACの意見表明活動

　ABACは，提言のほか，必要に応じてABAC議長名の書簡を発信し意見表明を行っている。例えば，2010年4月16日には，「バーゼル銀行監督委員会の市中協議案に関するABAC書簡」をバーゼル銀行監督委員会議長に送った。そこでは，「APECの21エコノミーの産業界を代表して」要望する形をとり，自己資本比率強化の新「規制の導入に当たっては国際的協調が必要であり」「バーゼル委員会の対応は，「1つの規制ですべてを賄う」規制改革とならないようにすべきである。少なくとも新しい規制はエコノミー間の相違を認識すべきである」と注文づけている。この書簡がどの程度の影響力を発揮したかは不明であるが，「APECの21エコノミーの産業界を代表して」行う財界の意見であれば無視はできないであろう。結果的に2010年9月に公表された自己資本比率新規制は当初案よりも大幅に緩和された。

　また，2010年2月15日にも「IMF宛緊急書簡」をIMF専務理事宛に送っており，当時提案されていた銀行課税に対し「我々は，世界的金融危機の禊ぎのために世界共通税を課すことは不適切な対応であり，産業界とりわけ中小企業，及び消費者に一層の重荷となると信じる。また我々は，現在検討中の提案は，導入実務上の困難さに加え多岐に亘る理由から有害であると信じる。……金融部門課税は実態経済の回復に対し，非常に有意な否定的効果をもたらす。……かかる課税は産業界及び消費者全体に不公平な罰をもたらす……金融市場を更に弱め，とりわけ流動性の低い資産について，市場流動性を乏しくさせる……国や地域によって，非課税，或いは特定取引免税の決定により，国境を越えた課税逃れが起き，かかる税は効果的に実施することは実質的に不可能である……」と強い反対表明を行った。その後，銀行課税提案は廃案になった。このケースでも，書簡の影響力の度合いは不明であるが，非常に多くの地域の声を

代表した財界の要望という面に着目すれば，それなりの影響力は持ち得ているものと推察される。

2011年以降も企業会計やバーゼルIIIに関して基準設定主体に要望を申し入れるなど，積極的な意見表明活動を継続している。[19]

6 ABACの履行確保メカニズム

ABACの提言を受けて，APECがその内容をどの程度政策に反映したか否かは，翌々年初にAPEC自身がレビューし，ABACに対してフィードバックする仕組みになっている。従って，提言に書かれた内容をAPEC首脳は全く無視することはできない。しかし，APEC自体がコンセンサス・ベースで非拘束的な基準しか策定しないため，ABACの提言もそれ自体では非拘束的な履行確保能力しか持ち得ない。従って，APEC首脳に期待する部分については，ABACは各エコノミーの政策実現を待つしかない。

一方，同じく非拘束的な他の国際的な基準（民間ならば，証券決済に関する民間G30勧告や大手民間格付け機関による格付け等。政府ならば，自己資本比率規制に関するバーゼル合意やマネーロンダリングに関するFATF勧告等）と比べると，それらが数値化された具体的な目標であるのに対し，ABAC提言の場合は極めて広範囲に亘る概括的な政策提言なので，仮に国内法化されてもABAC提言やAPEC自体の影響力が意識されることは少ない。

しかし，ABACの活動をAPECへの提言活動だけに着目するのは一面的である。既に見たように，ABACはアジア域内の債券市場の育成やファイナンシャル・インクルージョンなど独自の政策も多く推進しているほか，バーゼル銀行監督委員会等の国際機関に対して書簡で意見表明する機会を拡げており，これまで注目されてきた国際機関とは異なる役割，すなわち非常に広範な地域の民間意見として，非拘束的な要望形式で影響力を発揮している可能性に着目する必要があろう。

Ⅱ　ABACにおける2つの機能とその課題

1　ABACの2つの機能

　ABACはAPECに対する唯一の公式な民間諮問機関であり，APEC首脳への諮問や提言に止まらず，独自の活動も行っているほか，バーゼル銀行監督委員会等様々な国際機関に対しても活発に意見表明を続けている。従って，APECとの関係だけではなくABACの諸活動全体に着目してその機能を捉えることが民間のプレゼンス向上の実態を掴む上で重要である。その見地に立てば，ABACは以下2つの機能を有しており，特に政策評価機能において強い影響力を発揮し得るものと考えられる。

　第1に「政策評価機能」である。APEC首脳への提言や国際機関への意見表明を通じて，ABACはアジアを中心とする広域の民間ビジネスを代弁した要望を発しているが，ASEAN＋3（日本・中国・韓国）に加えて米国，ロシア，カナダ等もメンバーなので，ABACの要望を国際機関も無視し得ない。すなわち，ABACの政策要望が意外と影響力を発揮している可能性が高く，他の国際機関の政策を評価し，影響を与える機能を持つものと思われる。多くの国際機関では現在，一方的に基準を作成するのではなく規制案を出してパブリック・オピニオンを求めて改訂作業を行った上で成案化するため，ABACの政策要望はこのプロセスに載る形で極めて有効に，かつ迅速に機能し得る。

　第2に「政策立案機能」である。ABACは域内債券市場の発展や中小企業対策，インフラ対策，ファイナンシャル・インクルージョン等で独自の政策提言や推進活動を推進し，APECに対する提言でこれらを推進する政策の実現をAPEC各国首脳に継続的に要望している。この結果，アジア全体に対する1つの政策立案・提言機関として機能しているものと考えられる。但し，上述のごとくABAC提言をAPECが政策に反映するための履行確保メカニズムは一応あるものの，APEC自体が非拘束的な基準作成主体であるため，結局は

APEC加盟エコノミーの政策判断に委ねることとなり，迅速性や影響力の大きさの面で比較すると前者の機能には劣る。

2　2つの機能それ自体の課題

ABACが「政策評価機能」を発揮して国際機関に対して意見表明する際，APEC加盟各国内で常に同一の意見に集約できるとは限らない。今後の議事は，ABAC各委員のスタンスや事務局の能力，「ASEAN＋3」内部の様々な利害対立（米国のスタンス，ASEAN対日中韓，日本対中国など）によっても左右されるため，今後ともこの機能が十分発揮されるか否かは未知数である。しかし，官民全ての意見集約を行った上で交渉する政府レベルのAPECよりは，民間経済主体だけの意見集約を図れば良いABACの方がまだ相対的に纏まり易いものと思われる。一方，「政策立案機能」を発揮する場合は，現在のような貧困対策等を中心とする政策であればそれほど意見対立が生じ得ないが，政策の中身によっては同様の問題も生じ得よう。こうしてみると，如何に参加エコノミーを取り纏め，2つの機能を有効に発揮するかは，ABACにおいて米国と並んで大きな影響力を有している日本のハンドリング次第という面が大きい。

3　日本の経済戦略とABAC

現在，日本政府はアジア政策を戦略転換し，従来のような強者である日本が弱者であるアジア諸国を一方的に支援するという発想ではなく，日本の豊富な貯蓄や経験や技術を活用してアジア諸国に対する投資や融資を伸ばし，双方向の協力関係を深める方向性を強めている。[20]その意味では，民間活力を活かすABACの枠組みは大きな可能性を持っている。また，新成長戦略（2010年6月18日閣議決定）においては，7つの戦略分野のうちアジア（「アジア市場との一体化に向けて2010年に日本がホスト国となるAPECの枠組みを活用し，2020年を目標にア

ジア太平洋自由貿易圏（FTAAP）を構築するための我が国としての道筋を策定」）と金融（「プロ向け社債市場整備」「アジア金融に大いに関与」）が双方とも入っている。従って，上記戦略に沿って日本の国際的な発言権を今後も維持しようとすれば，ABACは官民協働する上で有効なフォーラムの1つであろう。

(1) こうした問題意識に基づき，経済産業省経済産業研究所（RIETI）において，2010年にAPECにおける「非拘束的規律の履行確保」に関する研究会（座長：田村暁彦経済産業省アジア太平洋通商交渉官，川瀬剛志上智大学法学部教授）が開催された。
(2) 本稿作成に当たり，ABAC金融経済作業部会のLead staffer（部会長補佐責任者）であった澤岡直樹氏（三菱東京UFJ銀行）から2010年7月28日にヒアリングした。但し，あり得べき誤りは筆者個人に帰する。
(3) 以下，ABAC日本支部HP（http://www.keidanren.or.jp/abac/）参照。
(4) なお，部会が活発に行われるか否かは部会長個人のスタンスにも大きく左右され，不活発な部会も存在する。
(5) 香港は，東アジア・オセアニア中央銀行役員会議（EMEAP：公式ホームページはhttp://www.emeap.org/）では積極的に発言し，アジア債券基金（ABF）構想も香港の発案による。宿輪純一『アジア金融システムの経済学』（日本経済新聞社，2006年）173頁参照。しかし，ABACには中国が代表を出していることから，香港は金融界出身委員を出さず，あまり議論にも加わっていない。
(6) 例えば，バーゼル銀行監督委員会の制定するバーゼル合意に関しても，それ自体は強制力はなく，各国が国内法化した時点で強制力を持つが，その影響力の大きさからガバナンスが問題になっている。拙稿「国際銀行監督に関するバーゼル合意の法的課題」早稲田法学81巻1号（2005年）213-219頁などを参照。従って，ABACの影響力が強まった場合に問題化する可能性がないとは言いきれない。
(7) 学会報告において経済産業省・米谷三以国際法務室長から伺った所によれば，貿易政策において民間から積極的な問題提起や政策提言がなされることは日本では依然珍しく，現状は「民間のプレゼンス向上」と呼ぶには不十分である。この認識は，金融政策に関しても同様に当てはまる。
(8) 現状では政策調査に係る費用も時間もリソースも限られている。政府の予算の配分にも問題があるが，学界による貢献度の低さにも問題はある。例えば，バーゼル合意に関して金融庁・氷見野良三総務課長から伺った所では，様々な政策提案論文が競って公表される米国の経済学界と比較すると，日本では学界のバーゼル合意の政策提案（リスク測定モデルの構築等）に関する関心が今ひとつであるため，2-3年をかけて執筆する大論文のテーマとしては他のテーマと比べてリスキーになり，結局研究があまり進んでいない。このように日本は学界の蓄積だけをみても競争劣位にあり，その結果，官庁と

(9) 例えば，今回ヒアリングをしたABAC金融経済作業部会の事務局・澤岡直樹氏は，米国公認会計士の資格を持ち，米国勤務経験も長い非常に能力の高い方であった。民間会社でこれだけの強いスペックを持つ行員を長期間パブリックな仕事に派遣することは大きな負担であろうと推察される。

(10) 前掲ABAC日本支部ホームページより入手可能。但し，様々な国際交渉を重ねた結果の合意事項であるため，抽象的で分かりにくい表現も多い。

(11) ASEAN+3とは，東南アジア諸国連合（ASEAN）と日本・中国・韓国の3国が地域協力していく枠組みを指し，1997年のアジア通貨危機を契機に開始された。首脳会議や外相会議のほか，蔵相会議など多くの分野に及んでおり，2011年の蔵相会議ではインドネシアと日本が共同議長国となる。

(12) 貧困層に対する金融サービスの普及を通じて貧困削減に繋げる試み。

(13) なお，ACU（Asian Currency Unit）と呼ばれるASEAN10カ国と日本・中国・韓国の通貨の加重平均値が2007年3月からアジア開発銀行より公表されているが，欧州においてユーロ構築の基礎となったECUのように，アジア共通通貨構築の基礎となることを期待する向きもある。但し，域内の経済格差が欧州と比較して大きいため，実現可能性は現在のところ乏しい。

(14) 前掲宿輪122頁参照。

(15) 例えば，アジア開発銀行のGOEレポート2010を参照。Available at https://wpqr1.adb.org/LotusQuickr/asean3goe/Main.nsf/h_58E34A1388F9070B48257729000C0A4E/90F408746827C16248257729000C1334/$file/Part2.pdf

(16) 短期流動性不足や既存のIMF等の国際的枠組みを補完するために構築された，東アジアにおける自助・支援メカニズムで，具体的には二国間で通貨スワップの取決めを行うもの。1999年11月のASEAN+3首脳会議で必要性が合意され，2000年5月のASEAN+3蔵相会議（チェンマイ）で「チェンマイ・イニシアティブ」として構築された。

(17) 前掲ABAC日本支部ホームページより入手可能。

(18) 前掲ABAC日本支部ホームページより入手可能。

(19) 2011年2月24日に国際会計基準審議会（IASB）議長と米国財務会計基準審議会（FASB）代理議長に対し，そして2011年6月1日にもバーゼル銀行監督委員会事務総長に対し，各々ABAC議長と金融経済部会長の連名で書簡を送り，IASBとFASBが共同で公表したリース金融の会計基準草案に対する懸念と適用期限の延期を要望し，バーゼルⅢの貿易金融に関する扱いの見直しを求めている。詳細は前掲ABACホームページ参照。

(20) 陣田直也「ASEAN+3財務大臣会議等について」ファイナンス2010年6月号26頁参照。

（早稲田大学法学学術院教授）

論 説　自 由 論 題

新旧グローバル化と国際法のパラダイム転換

豊 田 哲 也

I　はじめに——国際法のインターナショナリズム——
II　インターナショナルな国際経済法秩序の成立
III　インターナショナルな国際法学の成立
IV　おわりに——トランスナショナルな国際経済の展開とパラダイム転換の可能性——

I　はじめに——国際法のインターナショナリズム——

　冷戦終了後の20年ほどに間にグローバル化は大きく進み，国境を越える「トランスナショナル」な経済活動が飛躍的に増大した。しかし，そうした経済活動を制御する法制度について見ると，政府間の関係を基本とする伝統的な「インターナショナル」な国際法の枠組みを維持しながら，国際機構等を通じた調整により，国境を越える「トランスナショナル」な事象に対処しているというのが現在の状況である。このままグローバル化が進んだ時，伝統的な国際法の枠組みによる国際経済の制御の実効性が低下し，その正当性が問われることになるのであろうか。そして，国際経済法さらには国際法全般の概念構造にパラダイム転換が必要とされる時が来るのであろうか。これらは現代国際法の根幹に関わる大問題であり，ここで包括的に論じることは紙幅の制約の許すところではないし，到底筆者の能力の及ぶところでもないが，そのための手掛かりを探す一連の作業の一環として，この小稿では，グローバル化と国際法パラダイムとの関係を数世紀にわたるタイムスパンの中で眺め，国際法の「インターナショナル」な性格が歴史の中でどう位置付けられるのかを考えることにしたい。

もちろん，ここで「インターナショナル」というのは，国際法における特殊な意味でのそれである。言うまでもなく国際法学において「国際 (international)」という形容詞は，「国家と国家の関係についての」という意味で用いられる。実は，これは国際法の専門家以外には容易に理解されない特殊な用語法である。日常的な用語法では，日本語の「国際」にせよ，英語の international にせよ，「外国のもの (foreign)」ないし「国境を越えるもの (transboundary, transnational)」の意味で用いられることが多いからである。国際法学で国際組織 (international organizations) と言えば，国家（あるいは国家の下部機関）を構成員とする組織を指し，民間の国際的な団体は含めないが，日常的な用語法においては，例えばグリーンピースは「国際的な組織 (an international organization)」であると言えるであろう。かのベンサムは，従前の「law of nations」という曖昧な表現を排し，専門家の特殊な術語として「international law」という造語を生み出しはしたが，国家と国家の関係を指して「インターナショナル」と呼ぶ発想を世に広めるには至らなかった。

　「インターナショナル」という術語の特殊性の背景には，「原則として，国家 (nation, State) 間の関係を規律する法」として観念される国際法 (international law) の観念体系の特殊性がある。すなわち，国際法においては，国家が基本的な法主体すなわち権利義務の担い手とされ，他の国際法主体には国家の認める限りにおいて法主体性が認められるに過ぎない。国内法秩序が第一義的には個々の自然人を法主体として想定しているのと異なり，国際法秩序では国家が本源的な法主体であるとされ，個々の自然人を含め，国家以外の国際法主体には派生的で例外的な法主体性しか認められないのである。(1) このように国際法上の権利義務を原則として国家（政府）に帰着させ，国際関係を政府間関係に還元する国際法の概念構成が，その「国際 (international)」の語法に端的に表れているのである。

　国際法におけるこうした概念構成は「ビリヤード・モデル」(2) とも言われる。

ビリヤードの球の如く，国家が国際関係の基礎単位を成すイメージである。ここでは，これを国際法の「インターナショナリズム」と呼んでおくことにしたい。国際法のインターナショナリズムを最も明確に表現した学者らの一人に，20世紀を代表する国際法学者オッペンハイム（Lassa Oppenheim）がいる。オッペンハイムは『国際法』（初版1905年）において，国家のみが国際法の主体であると指摘し(3)，国際法上，個人は「客体（objects）」でしかないと主張した(4)。20世紀を通じて非国家主体に法主体性を認める範囲は徐々に広げられ，国際組織法や国際人権法・国際刑事法など非国家主体を主たる対象とする国際法分野もあるほどになっているが，それでも，国際法が基本的には国家間の関係を規律する法であるという原則は広く維持され続けている。

　さて，冒頭にグローバル化の現実が国際法のインターナショナリズムの妥当性に疑義を投げかけていることを述べた。他方で，グローバル化は，それを文字どおり，「経済などの事象の発生の規模が地球全体の規模，すなわちグローバルなレベルで発生するようになること」という意味で捉えるならば，20世紀末に初めて生じた現象ではなく，むしろ1492年のコロンブスによるアメリカ大陸発見に象徴される15世紀以来のヨーロッパ人の大航海時代とそれに続く，17世紀から19世紀にかけての非ヨーロッパ地域の植民地化の時代にこそ大規模に生じた現象である。国際法史の中でのグローバル化と国際法のインターナショナリズムとの関係を考えて気付かされるのは，グローバル化の大きな波が訪れた時期が，インターナショナルな国際法の観念が生み出された時期と大きく重なっていることである。何ゆえに，古きグローバル化の時代にインターナショナルな国際法の観念が生まれ，新たなグローバル化の時代にそれが批判にさらされることになっているのであろうか(5)。

　この疑問に対する答えを見いだすためには，まずインターナショナルな国際秩序の形成とインターナショナルな国際法理論の形成とを分けて考える必要がある。以下では，古きグローバル化の時代におけるヨーロッパでインターナシ

ョナルな国際法が形成された経緯を検討し（Ⅱ），そのこととの関連で同じくヨーロッパでインターナショナルな国際法理論が形成された経緯を論じることとしたい（Ⅲ）。その上で，グローバル化ないしトランスナショナル化の進む現在の状況を踏まえて，そこでのパラダイム転換についての検討課題を示したい（Ⅳ）。

Ⅱ　インターナショナルな国際経済法秩序の成立

　キリスト教に基づく中世以来のヨーロッパの秩序観念では，キリスト教世界はローマ教皇と神聖ローマ皇帝を二重の中心とする楕円的な一個の共同休「キリスト教徒のレス・プブリカ（Res Publica Christianorum）」であるとされ，全てのキリスト教徒一人々々に通商の（法的ないし倫理的な）義務と権利があると考えられていた。16世紀スペインの神学者であったフランシスコ・ビトリアは「インド人論（De Indis）」（1539年）において新大陸でのスペイン人の通商の権利を主張したことで有名だが，彼の主張はトランスナショナルな通商の権利をヨーロッパ内においても認めることを前提として，その適用範囲をヨーロッパ外に拡大しようとするものであった。もしこの通商の自由の観念が維持されていたならば，その後の交通・通信手段の発展に伴い，近代以降の国際経済は世界全体で一つの連続的な市場を成す一体的なものとなったであろう。

　しかし，インターナショナルな国際法の観念は，そうした中世ヨーロッパ的な秩序観念を否定し，その後の世界経済は国家を単位として運営されることになる。その背景にあった当時の事情としては，近代初期のスペイン，英国およびフランスをはじめとする国民国家の興隆を挙げるのが一般的である。[6] 国民国家の興隆を支えたのは，国庫を潤す通商上の利益である。とりわけ17世紀に入る頃から諸君主は官僚制の整備に努め，とりわけ国家としての統一的な関税制度の構築を図った。それまでの諸君主が国家として通商を制御する実効的な手段を持たず，せいぜい主要な港湾都市など個々の交通の要所で通行税を取るに

過ぎなかったのに比べると大きな違いである。例えば，1606年の英仏間の通商条約に基づき，英仏両国の国王は港湾都市に対してその地における関税等の一覧表を提出させ，その適法性を確認した上で公示するよう命じた。(7) これに続き，17世紀にはヨーロッパの主要国の間で次々に通商条約が締結され，実施された。以来，国際経済法は各国家が通商規制権を持つことを基本原則として，それを二国間条約および多国間条約によって制限する形で展開してきた。(8)

けれども，封建制から主権国家制への移行は一般にイメージされているような単線的な展開を辿ったわけではない。このことを指摘して注目を浴びたスプルート (Hendrik Spruyt) の研究によれば，封建制から新たな体制への移行において大きな役割を果たしたのが商業の発展から生まれた新たな経済的利益である。中世ヨーロッパの封建制が経済的に非効率的となり，主権国家制に取って代わられた最大の理由は，通商から大きな利益を出した都市の興隆であり，富める都市ブルジョワがいずこに最適な提携者を見いだすかで，大きく３つのパターンが生まれた。すなわち，イタリアに典型的に見られたように，都市ブルジョワが貴族と結び付くと都市国家が形成されることになる。都市ブルジョワが貴族勢力の支配を嫌って，他の都市ブルジョワと同盟すると，北ヨーロッパで典型的に見られた都市間の同盟（ハンザ同盟）の結成ということになる。そして，フランスでは都市ブルジョワが君主に庇護を求めて，近代国家の形成を促した。この３つの戦略は長い間並存し続けたが，広い領域での通商の自由を確実に保障できる君主の庇護が最も経済的に成功し，都市の支持を受けた君主を中心とする主権国家システムが他の２つを徐々に圧倒した。その結果，ハンザ同盟は1648年のウエストファリア条約にハンザ同盟として参加することに失敗し（いくつかの加盟都市が帝国都市として参加），1669年を最後に同盟会議を開催することもなくなり，(9) 他方で，イタリアの都市国家制は領域化することで主権国家制の枠内で辛うじて存続することになったのである。(10) このスプルートの説に従うならば，国際法の前提をなす主権国家制の成立を中世末期の商業の

活発化と都市の興隆に帰することができるのであり，上述のように集権的な国家機構が成立した後に通商の規制に乗り出して国際経済に影響を与えたという関係性だけでなく，そもそも主権国家の成立が国際経済の展開によるものであるという関係性をも見いだすことができる。もちろん国家の成立についてスプルートの指摘していることは幾つかの要因の1つに過ぎないと見ることもできるであろうが，国際経済が国際法の構造転換に影響を与えた1つの経路として注目に価するであろう。

ところで，国家の成立と通商規制との関係に着目するならば，インターナショナルな国際法がヨーロッパだけに成立したものなのかという疑問が生じる。すなわち，東アジアの徳川幕府と李氏朝鮮と清朝は人民の自由な往来を禁止する出入国管理体制を確立したのである。なかでも徳川幕府は出島を介した南蛮貿易や琉球・薩摩を介した清朝との交易や対馬を介した日朝貿易から少なからぬ利益を得ていた。これはヨーロッパの諸君主による貿易の統制に比肩し，あるいはそれを超えてより完成された主権国家制と言うことができるとの指摘もある。言い換えれば，徳川幕府の海禁政策は，「第一次グローバル化への対応として，日本の近世国家が選択した，対外関係におけるキリスト教と私貿易の禁止を強制する対外管理システム」であり，「中国・朝鮮の東アジア諸国家に共通する出入国管理体制」だったのである。実はヨーロッパにおいては中国や日本の国境管理制度の完成度の高さが早くから評価されており，例えば，ゲンティリ（1552-1606）やズーチ（1590-1661）といった代表的な法学者が外国人の入国禁止を正当に実施されている例として中国を挙げている。また，近代国際法学の確立者として名高いヴァッテル（1714-1767）は国家の通商規制権を主張する文脈で，その正当な実践の例として，中国に加えて日本の海禁制に言及している。東アジアでの海禁制は，通商利益の独占のみを要因として成立したものではなく，その他の様々な要因が複雑に絡みあってのものであるが，通商利益の独占が様々な損得勘定の中で1つの位置を占めたことは間違いないであろ

う。ユーラシア大陸の西端と東端の両方で、現在我々が主権国家制と呼ぶところのものが国家ないし君主による貿易の支配の利益を1つの要因としながら成立したのである。[15]

III インターナショナルな国際法学の成立

前節に述べたように、インターナショナルな国際法はヨーロッパではなく東アジアにおいて、より完成された形で実践され、東アジアにおける実践がヨーロッパにおけるインターナショナルな国際法の言説に取り込まれているのである。しかし、ヨーロッパ諸国に比して、少なくとも国際通商規制の点において主権国家制をより徹底して実践していた東アジア諸国において国際法が理論化されることはなく、その導入には19世紀のヨーロッパ諸国の東アジア進出を待たなければならない。なぜ東アジアでなく、ヨーロッパにおいて国際法理論が生まれたのであろうか。

この点に関しては、まず、従来の国際法史研究において、近代国際法思想の起源と現象としての近代国際法の起源との関係が少なからず単純化した形で理解され、現象として生じた近代国際法を認識する形で近代国際法の思想が形成されたという想定がほぼ無批判に受け入れられてきたことを指摘しなければならない。たとえば、グレーヴェは近代国際法が「16世紀初めからヨーロッパ諸国によって実践され、国際法の古典的論者と言われる一連の法思想家によって描写され、発展させられ、体系化された」と述べている。[16]しかし、国際法理論は、その確立者ヴァッテルが模範例として挙げた中国や日本では生み出されず、むしろヨーロッパの中でも国家機構の整備が特に遅れたドイツで発展したものである。また、ヨーロッパでは既に12世紀頃から今日の国際法へとつながる一連の言説があり、[17]それを現象としての国際法の純粋な認識の表明として捉えることはできない。そこには何らかの利害関係を踏まえたバイアスの影響を見なければならないと思われるのである。[18]

国際法言説におけるそうしたバイアスの多くは軍事的であり，経済的な面でのものとして国際法学の形成に影響を与えた例は必ずしも多くはない。しかし，経済的要因が国際法学のインターナショナルなパラダイムの成立を促した1つの例として，「国際法の父」として名高いグロティウス（1583-1645）が17世紀初頭に『捕獲法論』を著し，国際法を論じた経緯について述べておきたい。オランダの商船隊（それを率いていたのはグロティウスの父方の祖母の弟にあたるヘームスケルク提督であった）はマラッカ海峡でポルトガル船団と戦闘になり，ポルトガル船カタリナ号を捕獲し，アムステルダム港に曳航してきたが，その法的根拠に懸念があった。そこで気鋭の若手弁護士であり，船団提督の親戚筋でもあるグロティウスに国際法上の国家の権利としての捕獲権を論じる著作の依頼があったのである[19]。グロティウスは，同書において，オランダ船団の行為をオランダ（Batavia）の国際通商権の行使を妨害したポルトガルに対する合法的な措置として正当化し，後に一部分を『自由海論』とした出版し，公海自由論に大きな影響を残した[20]。また，グロティウスに先立ち，カトリック諸国においても，フランシスコ・スアレス（1548-1617）がカトリック陣営の論者であるにもかかわらず国家の権利としての通商規制の権利に言及していることも言及に価するであろう[21]。従来の研究においてほとんど言及されていないことではあるが，国際法が国家間の関係を規律する法として論じられるようになった近代国際法学の黎明期のグロティウスやスアレスの言説に，ヨーロッパ諸国をして遠隔地への船団の派遣を行わしめた当時のグローバル化がいくばくかの影響を与えたと考えることはできるであろう。

　ただし，17世紀後半以降，国際法学の中心はドイツに移り，ドイツの国際法論者はドイツ諸侯の関心事である戦争法に力点を置いたので，国際通商をめぐる議論が深まりを見せることはなかった（グロティウス自身も1625年の『戦争と平和の法』では通商の問題について多くを論じていない）。18世紀の多くの国際法言説にはインターナショナリズムの明確な表明を見ることができるが，それは国家

機構の整備の遅れたドイツ諸侯の主権者としての地位を主張するためであったという面が強く，イギリスやオランダ，フランス，スペインなどを主な推進者として進行中であったグローバル化との関連性は弱かったと思われる。したがって，グローバル化が直ちにインターナショナルな国際法・国際法学を成立せしめたとは単純に言うことはできないのであるが，少なくともその前提となる現実の制度としての国際法について言えば，インターナショナルな形で国際法が成立する際に国際経済が1つの契機となったと言うことはできるであろう。そして，言説ないし理論としての国際法学については，インターナショナルな国際秩序の形成が東アジアにより遅れたヨーロッパでそれが形成されたことにも見られるように，国際経済の変化から受けた影響は間接的かつ限定的であったが，国際法をそうした形で論じようとする利害状況の一部として影響を与えたと言えるであろう。

Ⅳ　おわりに
――トランスナショナルな国際経済の展開とパラダイム転換の可能性――

前節までに述べたところのグローバル化とインターナショナルな国際法・国際法学の形成との関係から，現代におけるより高度な次元でのグローバル化と国際法のインターナショナリズムからの脱却の可能性との関係について，いかなる示唆が得られるであろうか。まずは，国家との関わり方における新しいグローバル化が古いグローバル化とどう異なっているかを考えなければならない。すなわち，15世紀のインド航路発見以来のグローバル化が国家によって推進されたグローバル化であったのに対して，今日のグローバル化における国家の役割は遥かに小さいということである。17世紀にヨーロッパ各国は国策会社として東インド会社を作ったが，それは東アジアとの通商がいかに大きな危険を伴っていたかを示している。それに対して，20世紀後半以降の輸送・通信の技術の飛躍的発展は遠距離間での通商を技術的に大いに容易ならしめ，国家は関税

等の制度により，むしろ自由な通商を阻害する方の立場に立っている。

　最近では市場のグローバル化に応じて，通商規制の国際化，金融規制の国際化，さらには労働規制の国際化も進んでおり，国際経済を規制する国家の主権的権限は徐々に狭められているようにも見える。この点で面白いのは労働者の移動の自由の確立を含め，市場経済に対する規制権を国家レベルから共同体レベルに大幅に移譲してしまったEUの経験であろう。EUはEU法による規制行政を行うのみならず，既にある程度まで独自した財源を持ち，加盟国の自治体に直接の補助金を給付しており，EU域内において加盟国政府の地位は中間的な地方自治体のそれへと低下しつつあるようにすら見える。これを長い歴史の中で見ると，インターナショナルな国際法の観念を最初に生み出したヨーロッパが，最初に国際法のパラダイムを卒業してトランスナショナルな法のパラダイムへと移行しているようにも見える。もちろん，国際経済によって国際法のすべてが決まるわけではない。かつて国際法のインターナショナルな性格が経済的な要因によってのみ形成されたわけではなく，それ以上に政治的・軍事的な要因が大きく作用していたのと同じく，現在の状況においても，国際法の構造的な変化の方向は経済的利益が奈辺に存するかということだけではなく，より政治的・軍事的な要因の如何にも影響を受けるであろう。しかし，そうであるにせよ，グローバル化が国際社会の構造的流動性を高め，国際法のパラダイム転換を促進する方向で作用することの重要性もまた否定できない。

　他方で，EUの事例は，グローバル化が必ずしもグローバルな次元での組織化には結び付かないことをも示している。第2次世界大戦後に国際貿易機関（ITO）を構想し，その代替物としてGATTを作った先人たちは，グローバルな市場の統合を理想としていたはずだが，EUの成功に触発されて，北米自由貿易協定（NAFTA），南米共通市場（Mercosur），アセアン自由貿易協定（AFTA）など他地域でも地域経済統合が進められ，GATT協定においては例外とされているはずの関税同盟の類の数が飛躍的に増加してしまっている。経

済がグローバル化しても，経済秩序のグローバル化がもたらされるとは限らないのである。

さて，上述のとおり，中世末期から初期近代において通商で最も大きな経済的利益を得た諸都市の中に君主の庇護を求めるものが現れたことが主権国家制の形成へとつながったと見ることができるが，その構図を現代の状況に重ね合わせるといかなる未来が想像できるであろうか。現代のグローバル化で最も大きな利益を得ている主体はおそらく企業（特に多国籍企業）である。もしそうであるならば，企業はその利益を最大化するためにいかなる政治体を庇護者に選ぶのであろうか。企業にとって1つの戦略はその多くにとって出身国でもある先進国の政府に庇護を求めるのが自然であるように見えるが，標準化された世界市場での利益を狙う企業の中にはWTOなどの普遍的な国際経済機関に庇護者を見いだすものもあるかも知れない。EUなど地域レベルの国際経済機関に庇護者を見いだす場合もあるかも知れない。もっとも，経済ナショナリズムの強い新興諸国が台頭し，先進国の側でも原子力発電や高速鉄道の売り込みに政府機関を動員することが常識化している昨今の情勢を見ると，企業の活動地域のグローバル化は進んでいても，それが企業を脱国家化する方向には進んでいないのかも知れない。そうした状況の中で，我々国際法学者は誰の利益のためにいかなるパラダイムを主張していくのであろうか。

(1) 山本草二『国際法〔新版〕』（有斐閣，1994年）122-123頁；R. Jennings and A. Watts (eds.), *Oppenheim's International Law*, (Longman, 1992), Vol.1 [Peace], Introduction and Part 1, pp.119-120.
(2) ウォルファーズ（Arnold Wolfers）は，諸国家がビリヤード・ボールのごとく，その内部に相互に干渉しあうことなく，表面でぶつかり合いながら相互作用を営んでいると指摘した（A. Wolfers, *Discord and Collaboration: Essays on International Poliics*, (Johns Hopkins, 1962), pp.19-24)。
(3) Lassa Oppenheim, *International law: a treatise*, (Longmans, Green, and Co., 1905), vol.1 [Peace], §.13, p.18.
(4) *Ibid*, p.344.

(5) この疑問に関連して、ウォーラーステインの指摘が興味深い。ウォーラーステインによれば、今日の世界経済は1945年頃から始まったコンドラチェフの波の最後の局面にさしかかっているのみならず、1450年頃から始まった資本主義的な「世界=経済 (World-Economy)」の末期に面しており、農村の喪失による実質賃金の上昇、環境汚染による一次財の価格上昇、セキュリティのコストの増加という3つの長期的趨勢が国家の正当性の喪失と重なり、システム的な危機を迎えている (Immanuel Wallerstein, "Globalization or the Age of Transition: A Long-Term View of the Trajectory of the World-System", *International Sociology*, Vol.15 (2000), pp.249-265)。

(6) 代表的なのは、Arthur Nussbaum, A Concise History of the Law of Nations, Rev. ed., The MacMillan Co., New York, 1954, p.61 であろう。例えば、ドイツ公法史学の権威シュトライスもヌスバウムに依拠して、「16世紀-17世紀の国家アイデンティティの発見がヨーロッパ国際法を生み出したのであり、政治的・経済的先進国(オランダ、イングランド、スペイン、フランス)がその発展を先導したことは偶然ではない」と指摘している (Michael Stolleis, *Geschichte des öffentlichen Rechts in Deutschland*, vol.1, C. H. Beck, 1988, p.188)。グレーヴェは、より具体的に、15世紀から16世紀にかけての時期に初期近代国家が登場し、1494年のフランス王シャルル8世によるイタリア侵攻がヨーロッパ国家システムの一応の始まりであるとする (Wilhelm G. Grewe, *Epochen der Völkerrechtsgeschichte*, (Nomos, 2. Auf, 1988), pp.198-99)。もっとも、国際法私学の権威の1人プライザーはプライザーは13世紀にヨーロッパ国家システムが発生し、それが現代の国家間法秩序としての国際法秩序へと直接につながっているとしており (Wolfgang Preiser, *Die Völkerrechtsgeschichte — ihre Aufgaben und ihre Methode*, (F. Steiner, 1964), p.65)、必ずしも確立した見解があるわけではない。

(7) ゲオルク・エルラー(佐藤和男訳)『国際経済法の基本問題』(嵯峨野書院、1989年) 67-68頁.

(8) この点について、拙稿「古典的国際経済法理論の形成——通商規制の国際法の起源と展開に関する一考察」『日本国際経済法学会年報』第14号(2005年)を参照。

(9) もっとも17世紀以降もハンザはヨーロッパの国際関係において一定の地位を占め続けていたのであり、それを「中世の存在」としてのみ捉えることは誤りである。この点について、明石欽司「『ハンザ』と近代国際法の交錯——一七世紀以降の欧州『国際』関係の実相」『法学研究』(慶応義塾大学法学研究会)79巻4号および5号(2006年)を参照。

(10) H. Spruyt, *The Sovereign State and its Competitors: An Analysis of Systems Change* (Princeton University Press, 1994).

(11) 大石学『江戸の外交戦略』(角川学芸出版、2009年) 92頁.

(12) Alberico Gentili, *De iure belli libri tres*, [photographic reprint of 1612 edition (1st ed. 1589), The Classics of International Law, No.16] (Carnegie Institution, 1933), Lib. I, Cap.19, pp.144-145; Richard Zouche, *Iuris et iudicii fecialis, sive, iuris inter gentes, et*

quaestionum de eodem explicatio, [photographic reprint of 1st edition in 1650, The Classics of International Law, No.1], (Carnegie Institution, 1911), Pars III, Sect. V, Quaestio 9, p.113.

(13) 田畑茂二郎『国際法〔第2版〕』(岩波書店, 1966年) 53頁；Emmanuelle Jouannet, *Emer de Vattel et l'émergence doctrinale du droit international classique*, (Editions A. Pedone, 1998).

(14) Emer de Vattel, *Le droit des gens, ou, Principes de la loi naturelle: appliqués à la conduite et aux affaires des nations et des souverains*, [reprint of the 1st edition in 1758, The Classics of International Law, No.4], (Carnegie Institution, 1916), Liv. I, Chap. VIII, §.94, pp.87-88, 原注略.

(15) なお, このように捉えるならば, 19世紀の北東アジアにおけるインターナショナルな国際法の強制について, 全く異質な制度の強制ではなかったと見ることができる。すなわち, 徳川幕府, 清朝, 李氏朝鮮および琉球王府は複雑な朝貢・通信関係によって結ばれているという状況があったが, 上述のとおり, 北東アジアでは既に17世紀頃から国境管理制度を整えたインターナショナルな体制が一応成立はしていたのであり, 欧米諸国が朝貢国という (彼らにとって) 中途半端な状態を容認せず, 琉球王府にも李氏朝鮮にも独立国として条約締結に応じるよう求めたことは, 既に成立していたインターナショナルな国際法体制の貫徹ないし若干の修正を求めるものに過ぎなかったとも評価しうるように思われるのである (その後の東アジアに大きな変化をもたらしたのは, 国際法体制が押し付けられたからではなく, その枠組みの中で通商条約を強制されたからである)。この点について, 「近代ヨーロッパで主権国家の延長上に誕生した国民国家という考え方が一九世紀後半の日本で比較的スムーズに受け入れられた理由の一つは, すでに江戸時代に主権国家に似た体制が存在し, 日本人がその考え方にある程度なじんでいたからなのである」との羽田正の指摘に首肯できる (羽田正『東インド会社とアジアの海』(講談社, 2007年) 350頁)。

(16) W. G. Grewe, "Was ist »klassisches«, was ist »modernes« Völkerrecht?", A. Böhm et al. (Hrsg.), *Idee und Realität des Rechts in der Entwicklung internationaler Beziehungen*, (Nomos, 1983), p.116. 田畑茂二郎も「今日国際法の名の下によばれている法の体系は, 中世ヨーロッパの統一的なキリスト教世界が崩壊し, 主権的な近代国家が次第に形成されはじめた, 十六, 七世紀のヨーロッパ社会を基盤として徐々に成立し, その後発展して今日に至ったものであって, その関係から, 普通, 近代国際法 (modern international law) ともよばれている」と指摘した (田畑『前掲書』(注(13)) 1頁)。

(17) 最近では, ツィーグラーが「既に1200年前後に皇帝と並ぶ主権的な西洋の諸権力の存在が理論的に基礎付けられた。例えば, 1271年にデュランティウスは『法鏡』に, インノケンティウス3世の1202年の教皇令と関係付けつつ『世俗の事項について上位者を認めないのであるから, フランス王は彼の王国における第一人者である』と書いている。また同じ時代に南イタリアの法学者マリノ・ダ・カラマニコはシチリア王にも皇帝と同

様の立法権があると主張している」と指摘している（Karl-Heinz Ziegler, *Völkerrechtsgeschichte: ein Studienbuch* (C. H. Beck, 1994), p.109）。さらに，国際法史の専門家ではないが，ヨーロッパ法制史研究の大家であるティアニーも，「キリスト教世界が世俗の共通の上位者を認めない諸国の集まりによって構成されているという観念は17世紀のグロティウス国際法の中心的な観念だが，当然のことながら，それはもちろんグロティウスが最初に見いだした観念ではないし，15世紀の政治的人文主義者や14世紀のバルトルスらが最初でもなく，初期の教会法学者らにまで遡る観念である。」(Brian Tierney, *Religion, law, and the growth of constitutional thought, 1150-1650*, (Cambridge University Press, 1982), pp.21-22) と指摘している。

(18) 18世紀になるとドイツ諸侯も自らの官房機構の整備を進めるようになり，大学教授などが宮廷顧問官（Hofrat）を任じられるようになった。プーフェンドルフ，ライプニッツ，グラファイ，モーザー，イクシュタット，ヴァッテル，マルテンスなど，17世紀から18世紀にかけて国際法論者の多くが宮廷顧問官の経験者であった（Tetsuya Toyoda, *Theory and Politics of the Law of Nations: Political Bias in International Law Discourse of Seven German Court Councilors in the Seventeenth and Eighteenth Centuries*, Martinus Nijhoff, Brill, 2011）。

(19) 柳原正治『グロティウス』（清水書院，2000年）36-37頁。

(20) Martine Julia van Ittersum, *Profit and Principle — Hugo Grotius, Natural Rights Theories and the Rise of Dutch Power in the East Indies 1595-1615*, Brill, 2006.

(21) Franciscus de Suárez, *De legibus, ac deo legislatore* [photographic reprint of 1612 edition, The Classics of International Law, No.20], (Carnegie Institution, 1944), Lib.2, Cap.19, § 7, p.190.

(22) Christian Tietje and Karsten Nowrot, "Laying Conceptual Ghosts of the Past to Rest: The Rise of Philip C. Jessup's 'Transnational Law' in the Regulatory Governance of the International Economic System", Ch. Tietje, A. Brouder and K. Nowrot (eds.), *Philip C. Jessup's Transnational Law Revisited*, (2006), pp.17-31.

【付記】 本稿は，筆者が日本学術振興会科学研究費補助金（若手研究(B)）の助成を受けて進めている研究プロジェクト「ヨーロッパ国際法の普遍化に東アジアが与えた影響」の成果の一部であり，日本国際経済法学会第20回研究大会（2010年10月23日）での報告原稿に大幅に加筆をしたものである。大会の場において質問をして下さった中川淳司東京大学教授，小畑徳彦流通科学大学教授，佐古田彰小樽商科大学教授，また，拙い原稿にコメントを下さった倉科一希国際教養大学准教授にこの場を借りて深く謝意を表したい。この原稿の未熟さとそこに含まれているであろう少なからぬ誤りについての責めは筆者自身に帰せられるべきものであり，今後の研究での努力をもって償いとしたい。

（国際教養大学国際教養学部准教授）

論　説　　自由論題

中国独占禁止法における国有企業の取扱い

戴　　　龍*

　Ⅰ　は じ め に
　Ⅱ　国有企業の概念と範囲
　Ⅲ　中国における国有企業の位置づけと問題
　　1　中国における国有企業の位置づけ
　　2　中国における国有企業の新たな問題
　Ⅳ　国有企業に対する独占禁止法の適用問題
　　1　国有企業にかかわる独占禁止法の規定
　　2　国有企業の独占禁止法違反にかかわる事件
　　3　国有企業を相手とする民事事件
　　4　国有企業にかかわる独占禁止法違反事件の評価
　Ⅴ　お わ り に

Ⅰ　は じ め に

　「中華人民共和国独占禁止法」（以下「中国独占禁止法」という。）は，2008年8月1日より施行され，2011年4月現在までに法執行3年目の半ばを過ぎている[(1)]。独占禁止法の採択は，市場経済化が急速に進んでいる中国において，公平な競争を保護し，経済運営の効率を高め，消費者利益と社会公共利益を維持し，いわゆる「社会主義市場経済」の健全な発展を図ることを目的としている。中国独占禁止法は，世界的に独占禁止法の「三本柱」といわれる独占協定，市場支配的地位の濫用及び企業結合規制を規制対象に含め，市場経済の移行段階に現れる「行政権力の濫用による競争制限行為」をもその規制対象としているなど中国固有の制度も導入し，他国の独占禁止法と比べ，社会主義中国における

独特な特色も帯びている。中国独占禁止法は，施行以来，企業結合規制を中心に執行されてきたが，独占協定及び市場支配的地位の濫用規制については殆ど執行されず，行政権力の濫用による競争制限行為規制に関しても執行できない状況である。中国独占禁止法は，人々の熱い期待に反して，現在，法執行において多くの問題に直面している。

中国における独占禁止法執行の問題点としては，独占禁止法関連制度の未整備，独占禁止法執行経験の不十分などが挙げられる他，現時点で法執行の最大の問題点として指摘されるのが，国有企業に対する独占禁止法の適用である。国有企業は，社会主義中国において，政治的にも経済的にも特別な役割が付与され，現政権の樹立後，長らく「共和国の長男」と位置づけられてきた。1970年代末の改革開放以来，国有企業は急速に成長してきた民営企業と外資企業との競争に晒され，次第に経営不良に陥り，一時的には破産の寸前にまで追いやられた時期もあった。しかし，新世紀に入り，中国の国有企業は，かつての経営危機から脱却し，大きな利潤を上げているだけでなく，世界市場にも進出し，外国企業の買収などを通じて世界市場でのプレゼンスを強化しつつある。

本来，国有企業であれ，私有企業であれ，独占禁止法の適用において差別的に取り扱われるべきではないが，中国の政治・経済における国有企業の特別な位置づけを考慮して，独占禁止法の適用においては，実際上，多くの特別な取扱いがなされている。この論文は，まず，国有企業の概念と範囲（Ⅱ）及び中国における国有企業の位置づけと問題（Ⅲ）を検討する。次いで，独占禁止法における国有企業に関わる規定を分析し，現時点まで独占禁止法の違反事例を取上げ，国有企業に対する独占禁止法適用の難しさを示す（Ⅳ）。最後に，中国独占禁止法における国有企業の独占行為規則の限界を指摘する（Ⅴ）。

Ⅱ　国有企業の概念と範囲

中国において，「国有企業」という概念と範囲を定める規定は存在しない。

少なくとも1993年以前は,「国営企業」や「全民所有制企業」という用語が一般的であった。国有企業に関し様々な概念が提起されたのは,それぞれ異なる発展時期における国有企業の位置づけを表し,その時期の中国政府による国有企業の性格と役割の認識を反映している。

　計画経済時代では,国有企業は,「国営企業」と称され,国が企業を経営することを表していた。中国政府は,1950年代に「公司合営工業企業暫行条例」,「国営企業内部労働規則綱要」など公的規則を制定し,これが建国後の経済管理規定になった。1978年から,中国政府は,改革開放を断行したが,当時制定された多くの政策でも,「国営企業」という用語が引き続き使用されている。1982年に,中国憲法が全面的に改正され（以下「1982年憲法」という。）,同憲法第16条では,「国営企業は,国家の統一的指導に服従し,国家計画を全面的遂行した上で,法律の規定範囲内において経営管理の自主権限を有する」と定められている。概して,計画経済時代の中国において,国営企業は国が経営し,計画経済を遂行する政府の付属機関であった。

　1986年に,中国は,改革開放後の民法典を代表する「民法通則」を制定し,この中で「全民所有制企業」という概念が初めて用いられた。「民法通則」第48条は,「全民所有制企業は,国家により授権される財産を経営,管理し,民事責任を負う。」と定めている。一般に,「全民所有制企業」は,社会主義国家の経済基礎を構成する「全民所有制経済」に対応し,概念の内容として「国営企業」と一致している。しかし,「国営企業」から「全民所有制企業」への転換は,中国政府の国営企業に対する理論的な認識の変化を反映している。すなわち,国営企業とは,当該企業自身が社会主義国家という一つの大きな工場の一部分であることを意味し,国家が国営企業に対し所有権のみならず,企業経営に関するあらゆる権限も有し,国営企業自身が自主的生産経営権限を一切有していないことを意味する。これに対して,全民所有制企業とは,国家が全体人民を代表して,企業の所有権を保有し,経営権については状況によって柔軟

に処理し，後で行われる企業所有権と経営権の分離の余地が残されている。[(3)]

　1992年，中国の改革開放は，「社会主義市場経済と建設する」という画期的なスローガンを打ち出し，新たな市場経済化のプロセスへ躍進した。改革開放のステップに応じて，1993年に改正された中国憲法（以下は「1993年憲法改正」という。）は「国有企業」という概念を法律上，正式に用い始めた。いわゆる「国有企業」は，概念上，「国営企業」及び「全民所有制企業」と同様であるが，国家は企業の所有権のみを保有し，企業の経営権限を当該企業自身が保有し，後で行われる国有企業改革の理論的根拠を敷いた。「国有企業」の概念転換に対応して，1993年憲法改正は，「国有経済」の概念を使用し始めた。これによって，中国では，かつて使用される「国営経済」や「全民所有制経済」から「国有経済」へ変化し，「国営企業」や「全民所有制企業」から「国有企業」へと，概念上の変遷が決着されている。

　現在，中国では「国有企業」や「国有経済」などの用語が使用されているものの，国有企業の概念と範囲については，法律上，正式な定めがなかった。実際に，国有企業をめぐる改革は，中国の改革開放策の最重要の一環であるが，国有企業の範囲は，終始流動的でかつ不明確である。1990年代に，国の「抓大放小」（国の経済発展の重要な産業における国有企業の支配的地位を維持し，その他の産業において国有企業を地方政府に譲渡する）政策の下で，国有企業は，中央政府管轄下の国有企業（以下「中央国有企業」という。）と地方政府管轄下の国有企業（以下「地方国有企業」という。）に分けられる。中央国有企業は，中国石油，中国石油化学，中国電信，中国網通，中国鉄道，中国東方航空，中国南方航空，中国国際航空などの大手国有企業に代表されるように，国の経済発展において重要視される基幹産業に集中し，全国範囲で多くの支社，分店などを設置し，社会生活に欠かせない重要製品と公共サービスを提供している。一方，地方国有企業は，中央国有企業以外の産業分野に分散され，地方範囲で生産・経営を行っているが，そのうちの多くの中小型国有企業が実際に民営化されている。

また、国有企業の組織形式と資産構成もこれまで大きく変化されている。計画経済時代では、国有企業は、国が経営する企業であり、その組織形式と資産構成は単一である。改革開放以来、成長しつつある民営企業と外資企業との競争に晒されるなかで、国有企業は様々な組織制度上の改革を行ってきた。現在、国有企業は、国有有限責任会社、株式有限会社、国有独資会社などの多様の組織形式を採用している。国有企業の資産構成でも、産業分野によって外資を導入したり、また国以外の民間の資本も吸収したりして、その資産構成の多様化が進んでいる。したがって、現在、中国における国有企業の組織形式と資産構成は極めて複雑であり、一言でまとめることはできない。理論界では、国有企業は、その資産構成に占める国家の所有する資本の多少に関わらず、国家が当該企業に対して支配する地位を有していれば、この企業は国有企業であるという考え方が一般的である[4]。この論文でいう国有企業は、主に国家が支配する企業を指している。

Ⅲ　中国における国有企業の位置づけと問題

1　中国における国有企業の位置づけ

中国は、現在、世界に数少ない社会主義国家の1つであり、かつ、世界最大の発展途上国である。社会主義国家の経済制度は、資本主義国家の私有制経済と異なる、社会主義公有制である。社会主義公有制とは、「全人民所有制」と「集団所有制」から構成され、それぞれ全人民所有制企業と集団所有制企業に代表される。「全人民所有制」とは、全体の労働人民が生産財を共同で所有することを意味し、集団所有制とは一部の労働人民が生産財を共同で所有することを意味する。社会主義国家において、共産党は労働者階級の前衛部隊として、全体の人民を率い、国有企業と集団企業からなる公有制企業を用いて、共に豊かになる社会主義を実現し、将来的に共産主義社会を建設することが最終目的となる。このため、社会主義国家では、国有企業は、最初から経済生産を行う

組織だけではなく，イデオロギー上，一定の政治的使命が付与されている。

　1980年代，中国政府は，計画経済からもたらされた発展の停滞と経済の非効率を改善するために，改革開放に着手した。改革開放政策には，対内改革と対外開放の2つの側面がある。対外開放とは，先進諸国の保有する資本と技術を様々の優遇対策で誘致し，国内でも民営経済を認め，外資経済と民営経済からなる私有経済を育成することである。対内改革の中核は国有企業制度の改革であり，すなわち，国有企業を政府の付属機関から市場競争の主体に転換し，国有企業の自主的経営権を拡大することである。改革開放の結果として，中国では外資経済及び民営経済が著しく成長し，中国経済におけるプレゼンスが飛躍的に拡大した。一方，国有企業改革では，長らく自主経営権限の拡大と経営請負制をめぐる内部組織改革が行われてきたが，国有企業の抱えるソフトな予算制約，企業経営のインセンティブ及び政府との癒着関係などの基本問題は解決されないため，成長しつつある私有経済から競争に対応できず，次第に経営窮境に陥っていた。

　1993年に，中国は正式に「社会主義市場経済」を建設する方針を打ち出し，国有企業改革について，「所有権と経営権の分離，権力と責任の明確化，政府と企業の分離，科学的企業管理」といった，いわゆる「現代的企業制度」を導入する政策を提出した。この現代的企業制度の下では，国有企業は先進諸国のような会社制度を導入し，政府との関係では国有資産管理制度を新たに創出し，国有企業の間において経営分野を再配置し，基幹産業における国有企業のコントロール力と影響力を強化し，国有企業の生産効率性の向上と自主的経営を図ってきた。2003年3月，国務院に国有資産監督管理委員会（通常「国資委」と略される。）が設立され，国家を代表して出資者責任を履行し，大手の中央国有企業の監督と管理を行うこととした。国有企業の経営範囲は，国民経済発展と国家安全に関わる基幹産業，インフラ施設及び重要な自然資源などの自然独占分野に限定された。こうして国有企業は，経営状況が少しずつ改善し，私的企業

からの競争に適応し，企業利潤を徐々に獲得してきた。(9)

1993年に，中国では，改革開放以来最大の憲法改正が行われ，憲法上，社会主義公有制の基礎的地位を堅持しながら，多種所有制が並存する混合的所有制経済体制を発展することが掲げられた。国有経済については，1993年憲法改正は，国有経済の主導的役割を堅持し，国家が国有経済の強化と発展を保障することを引き続き強調した。1999年に，中国では憲法改正が再び行われ，それによって，「法律の規定範囲内での個体経済，私営経済などの非公有制経済が，社会主義市場経済の重要な構成部分である。」と，中国経済における補充的地位に過ぎなかった私有経済の地位を大幅に引き上げた。2004年には，中国は，さらに憲法改正を行い，「国家は，個体経済，私営経済などの非公有制経済の適法の権利と利益を保護する。国家が非公有制経済の発展を奨励し，支持し，又は誘導すると共に，非公有制経済に対して法に基づき監督と管理を行う。」と掲げ，非公有制経済の発展をサポートする立場を新たに打ち出した。

国有企業改革に応じて，2008年10月28日に「中華人民共和国国有資産法」が採択された。同法の立法目的（第1条）は，「国家の基本的経済制度を維持し，国有経済を強化・発展し，国有資産の保護を増強し，国有経済が国民経済における主導的役割を生かし，社会主義市場経済の発展を促進するためである。」と掲げ，中国経済における国有企業の主導的役割を引き続き強調した。また，同法第3条は，「国有資産は，国家すなわち全体人民が所有し，国務院が国家を代表して国有資産の所有権を行使する」と規定し，国有企業の役割及び全体人民所有の性質を改めて強調した。

以上のように，中国において，国の経済制度は社会主義市場経済であり，公有制経済は社会主義市場経済の基礎であると，憲法及び法律上確定されている。国有経済の主導的地位は，中国における社会主義国家政権の基本的特徴であり，これが建国後の数回の憲法改正でも動揺しなかった。社会主義市場経済の基本制度の下では，国有企業は単に経済的意味だけではなく，政治的にも大きな意

義がある。国民経済における国有経済の主導的地位の確立は，共産党政権が存立する経済的基盤であり，国有企業の存在は現政権の適法性に関わる政治的問題でもある。改革開放以来，中国は，経済発展の需要に応じて，私有経済の存在を認め，その役割と位置づけを漸進的に強調してきたが，公有制経済の主導的地位に比べて，一段低いことが明らかである。

2　中国における国有企業の新たな問題

中国の社会主義市場経済は，従来，経済制度の市場経済と政治制度の社会主義が共存し，資本主義市場経済制度とは明らかに異なっている。このような，一見，矛盾する結合体の特徴として，中国の経済移行期において，長らく公有制企業と非公有制企業，もしくは国有企業と私有企業が共存し，計画経済と市場経済の双方が交じり合う，一種の「双軌制」(double system)の色彩が顕著[10]である。本来，市場経済であれ，計画経済であれ，それぞれにはいわゆる「市場の失敗」及び「政府の失敗」が存在する。よって，理論的に，社会主義市場経済が双方の失敗を克服し，双方の補充する役割を生かすことができれば，最も理想的な制度であるかもしれない。しかし，根本的な問題は，そこにある。国有企業は，本来，政府が市場に介入する「見える手」であり，政府と国有企業の間では資本の面でも人事の面でも癒着しており，国有企業が存在する以上，政府と企業との徹底的分離はありえない。この意味では，国有企業と私有企業は，平等に競争することができない。本来，国有企業は，「国有」又は「全民所有」であり，私的な利益を求めることができず，全国人民の利益の最大化を図るべきである。だが，国有企業は，法律上，一般の私有企業と同様な「企業」であり，企業として利潤を求め，自身の利益最大化を図ることは，私有企業と何も変わらないはずである。このような矛盾する位置づけから，国有企業の行為により多くの問題が引き起こされている。

国有企業は，政府機関と私的企業の間の社会組織形式であり，政府の社会的

職能と企業の経営職能が国有企業の内部に統一される。この位置づけから，国有企業が政府及び私的企業との関係を調整して，自身の財産構造と所有権関係を最適化し，国民経済発展の異なる段階，経済構造と経済分野の需要に適応し，中国の経済発展における主導的役割を果たすことが期待される。しかし，現在，国有企業は，エネルギー，電信，電力，交通，民用航空，軍事産業などの基幹産業に集中した結果，これらの分野では，国有企業が独占的な市場参入権限を用いて，外資企業ないし民営企業の市場参入を排除し，高い経営利潤を取得している。近年，国有企業は，上述した産業分野では独占価格や取引拒絶などの経営行為が民衆からよく指摘されている。また，国有企業が基幹産業に限らず，経営利潤の高い採掘業，鉄鋼製造，不動産開発にも進出し，民営企業を合併することによって経営規模と経営範囲を拡大し，いわゆる「国進民退」（国有企業が進出し，民営企業が退出する）の現象をもたらしている。

2008年米国発のグローバル経済危機は，日米欧などの先進諸国の経済に大きなダメージを与えた。米国を始め，先進諸国の経済発展が低成長に陥っているとは反対に，中国と他の新興国は引き続き経済成長を達成しており，世界から注目されている。中国政府は，経済危機の影響から脱出するために，およそ4兆元の資金を投入し，インフラ建設の拡大などの経済促進策を打ち出した。経済促進策は，主に基盤産業に向けられ，多くの資金が国有企業に投入された。その効果でもあり，中国経済が最も早く回復している。ポスト金融危機時代において，中国では国有企業の役割が謳われ，いわゆる社会主義市場経済制度の長所として，国有企業重視論が炎上している。

こうして国有企業の役割が重視される中で，国有企業により利益を求めることが理論的にも実際にも大きな混乱が引き起こされている。国有企業は私的な利益を求めるべきか否か，国有企業の経営利益を如何に社会公共利益に転換するか，国有企業が私有企業と競争する際に如何に私有企業の利益を保護するか，また，これまで国有企業改革が産業政策法に基づいて行われているが，競争政

策法によって規制されるべきか。これらの問題は，中国国内では大きな論争が行われており，現時点では結論が見出されていない。

Ⅳ　国有企業に対する独占禁止法の適用問題

1　国有企業にかかわる独占禁止法の規定

中国独占禁止法において，行政権力の濫用による競争制限行為の規制，産業政策の優先性及び「二段階三機構」の執行体制という3つの関連規定は最大の特色であると同時に，現在，最も深い問題を孕んでいるところである。[14] 独占禁止法における国有企業の適用は，これら特色のある規定のいずれにもつながっており，後で述べる独占禁止法における国有企業適用の抜け穴を提供している。ここでは，独占禁止法における国有企業に関わる規定だけを指摘しておきたい。

中国独占禁止法第4条は，「国は，社会主義市場経済に適応する競争規則を制定し，実施すると共に，マクロ・コントロールを改善し，統一的・開放的・競争的かつ秩序のある市場体制を健全化する。」と規定している。本条は，中国独占禁止法の基本原則を定めており，そのポイントとして，中国独占禁止法政策の実施が，社会主義市場経済の発展状況に適応しなければならず，国家のマクロ・コントロール政策に深く影響されることである。この基本原則から，中国独占禁止法は，国の産業政策に優先性を譲り，当面，産業政策の実施を妨げてはならないという指導方針が確立されている。[15] 前述のように，国有企業は，その特別な位置づけから，国の産業政策を実施する中核な役割を担っており，本条の規定は国有企業の独占行為に対して法的適用除外の理由付けになる余地がある。

中国独占禁止法において，国有企業の適用に関わる直接の規定は第7条である。第7条1項は，「国有経済がコントロール地位を占める，国民経済の根幹及び国家安全に係る業種並びに法に基づき独占経営及び独占販売を行う業種については，国は，当該事業者の適法な事業活動を保護し，かつ事業者の事業行

為並びにその商品及びサービスの価格に対して，法に基づき監督管理及びコントロールを実施し，消費者の利益を保護し，技術進歩を促進する。」と定めている。本条の適用主体は，2つの業種に限定している。1つは，国有経済がコントロール地位を占める，国民経済の根幹及び国家安全にかかわる業種（基幹産業）であり，もう1つは，法に基づき独占経営及び独占販売を行う業種（専売事業）である。[16] 2つの業種のいずれにおいても現在国有企業が事業主体となっており，本条は，結局のところ，基幹産業及び専売事業における国有企業の支配的事業活動を保護する特別な規定であると理解される。

　次に，独占禁止法第7条2項は，基幹産業及び専売事業について，「法に基づき事業活動を行い，誠実に信用を守り，厳格に自己を規律し，社会民衆からの監督を受けなければならず，そのコントロール地位又は独占経営及び独占販売の地位を利用して消費者の利益を害してはならない。」と，事業者の義務を定めている。これによれば，国有企業は，そのコントロール地位又は独占経営及び独占販売の地位を利用して消費者の利益を害する行為を行う場合に，独占禁止法を適用する余地が残されている。しかし，立法関係者により解釈されるように，本来，法律・行政法規に基づき，国務院が産業政策又は国家マクロ的経済政策を執行するために行われる市場参入規制などは，独占禁止法において規定される独占行為ではなく，行政権力の濫用による競争制限行為でもなく，独占禁止法の規制対象にはならない。[17] 国有企業は，国の産業政策又はマクロ・コントロールにより直接に管轄されるため，本項の規定と第1項との関係は曖昧であり，独占禁止法における国有企業の適用に大きな不明確性をもたらす規定といわざるを得ない。

　以上のように，中国独占禁止法は，国有企業に関して特別に扱っている。概して，独占禁止法は，国有企業が独占行為を行う場合に適用する可能性も示す一方，国有企業に対して独占禁止法の適用から遺脱する可能性も残されている。本来，国有企業は政府と癒着しており，法律上曖昧に規定した結果，独占禁止

法による国有企業の適用はきわめて不明確であるといえよう。これが，独占禁止法の施行後，数々の国有企業の独占行為に対して独占禁止法の適用できない現実につながっている。

2　国有企業の独占禁止法違反にかかわる事件

国有企業にかかわる独占問題は，独占協定，市場支配的地位の濫用及び企業結合規制にわたる。独占禁止法施行後3年間の実践から言えば，独占禁止法は大手国有企業に対し適用することが困難になった事例がいくつか出ている。

(1)　中航信連合価格引上げ事件[18]

中国民航信息網絡株式会社（以下「中航信」という。），インターネット上で国内航空券の予約及び販売システムを保有する唯一の国有企業である。中航信は，国内民用航空券予約市場シェアの97％を占めており，南方航空，東方航空，中国航空，海南航空，上海航空などの中国大手航空会社がその株式構成の65％を保有している。2009年3-5月に，中航信は各航空券販売代理店に対して，一時的に予約・販売システムを停止し，その後新しい予約システムを導入し，新たな航空券割引率を実行することを通達した。これによって，全国民用航空の航空券の最低割引率が決められ，航空券の価格が全面的に引き上げられた。

本件は，中航信の大手株主が中航信を通じ，共同して航空券の価格を引上げる行為として，社会的に注目された。中国中央テレビも本件を報道し，独占禁止法の専門家及び北京市消費者保護協会などがこの価格引上げ事件に対し独占禁止法違反になるという発言もマスメディアで報道された。このような社会的注目が集まる中で，独占禁止法執行機構の一つである発展改革委員会は[19]，当該価格引上げ事件を調査し始めた。しかし，当該事件調査の最中に，中航信の管理層が本件は最終的に未解決のままで棚上げされる結果になるという発言もなされた。事実，発展改革委員会は，その後，一切の調査結果を公布せず，同事件が今でも不明確のままである。この事件は，国有企業が独占禁止法を無視す

る態度と独占禁止執行機構による価格カルテル調査の難しさを如実に反映している。

(2) 私営ガソリンスタンド石油供給事件[20]

中国石油と中国石化は，中国における石油輸入と国内販売を排他的に経営する国有企業である。グローバルな石油価格高騰の下で，中国石油と中国石化が，自己の保有するガソリンスタンドに低い価格で石油を供給し，私営ガソリンスタンドに石油を供給しない又は高い価格で供給してきている。2008年の統計データによれば，国有石油会社から石油を入手できないため，私営石油卸売企業の3分の2と私営ガソリンスタンドの3分の1が倒産し，多くの私営企業が赤字経営に陥っている[21]。

2008年3月，発展改革委員会と商務部とが連名で「私営ガソリンスタンド経営に関する問題の通達」を公布し，中国石油と中国石化に対して私営ガソリンスタンドと長期的に石油を供給する契約を結び，私営ガソリンスタンド企業と協議して石油供給価格を決め，私営ガソリンスタンドの赤字販売を避けるように命令した。これと同時に，発展改革委員会は，石油卸売資格のある地方石油企業に対し直接に民営ガソリンスタンドに供給するように要求した。同年8月に，発展改革委員会と工商行政管理総局も公式の通知を公表し，両国有石油会社に対し私営企業に対し差別せずに供給するよう要求した。

このような独占禁止法執行機構の要求は，中国石油と中国石化に対して拘束力がなく，両国有石油企業により当然に棚上げられた。2008年8月，独占禁止法の施行後，私営ガソリンスタンドの経営者が，中国石油と中国石化を相手として独占禁止法違反の提訴に向け会議を開き，自分の利益を守ろうとの姿勢を示した。しかし，本来，私営ガソリンスタンドは，両国有石油企業の石油供給に依存しているため，この事件は新聞報道にとどまっており，その後一切の進展が見られなかった。

(3) 中国連通と中国網通の結合事件

2008年10月15日，中国国有の大手電信会社，中国連通と中国網通が正式に合併を実施した。本合併は，独占禁止法に基づき企業結合規制の主管機関に当たる商務部に届け出る必要があるか否かについて国内のマスメディアで報道され，社会に大きな波紋を惹起した。本結合事件において，2007年度に，中国連通の売上高は1004億元，中国網通は869億元であり，中国における企業結合届出基準を大幅に超過した。[22]しかし，国有企業改革の担当する国有資産監督管理委員会の研究者は，国有企業同士の結合が国務院の国有企業改革案に基づき決定されており，商務部による独占禁止審査のために届け出る必要はないとの意見を示した。[23]

　この結合事件の後で，商務部の職員が，当該結合が独占禁止法に基づき届出られるべきであるという意見を述べた一方，同結合事件が商務部に届け出ていないことを確認された。[24]この結合事件をめぐって国有企業同士の結合が独占禁止法に適用されないことは独占禁止法の効力性を害し，社会的にマイナス効果をもたらすとの批判が多くのマスメディアでなされた。2010年8月28日，国務院が「企業の合併又は再建の促進に関する意見」を公布した。同意見は，重要な業種における国有企業同士の合併又は再建することを支持し，国有企業同士の合併又は再建に対し監督管理権限のある国家機関の役割分担を規定した。これによって，商務部が独占禁止法に基づき合併審査を担当することになっているが，現在のところ，国有企業同士の合併を，商務部に届け出る事例はいまだに1つでも報道されていない。国有企業同士の合併が，独占禁止法に基づき届け出られ，また，審査されているか否かは不明確である。

3　国有企業を相手とする民事事件

　中国独占禁止法第50条は，「事業者は独占行為を実施することにより，他人に損害を与えた場合には，法に従い民事責任を負う。」と定めている。独占禁止法執行機構による国有企業の適用が難航している中で，国有企業を相手とす

る多くの民事訴訟が人民法院に提起されている。しかし，独占禁止法違反に関する民事訴訟制度は未整備であり，現時点まで国有企業に関わる独占禁止法違反の民事訴訟では原告が勝訴した事件は1件もない。

　重慶西部破産清算有限会社事件では，原告は国有大手商業銀行である中国建設銀行の重慶市南坪支店を相手取り，独占禁止法に違反すると主張して，2008年9月に重慶市第五中級人民法院に対し提訴した。同事件では，原告が被告銀行の口座から預金を引き出そうとした際に，被告銀行が原告が通帳管理料金を支払っていないという理由でそれを拒絶した。原告は，被告銀行は市場支配的地位を有し，当該地位を濫用して顧客の預金引出を拒絶する行為は差別的待遇に当たり，法院に対して差止め及び損害賠償を請求した。しかし，この事件は，開廷前に原告と被告の間で和解に至り，原告が訴えを撤回した。

　北京弁護士周澤訴中国移動通信案では，原告が中国移動通信の子会社である北京市中国移動通信を相手取り，北京移動子会社がその市場支配的地位を濫用したとして（条件付取引，差別待遇），北京市第二中級人民法院に対し提訴した。この事件において，中国移動は原告と賃貸契約を結んでいないのに，原告に対し月50元の料金を課し，これが市場支配的地位を濫用して，顧客に条件付きで強制的取引をさせることとして訴えられた。これに対し，中国移動は，中国における移動電話市場では激しい競争が存在し，自らが原告の指摘する濫用行為も行っておらず，かつ，移動電話市場の価格が政府による指令価格であると，反論した。この事件の最後に，2009年10月，原告と被告が法院の調整によって和解に至り，原告が訴えを取り下げた。

　李方平訴中国網通有限会社事件では，北京市で弁護士業を従事する李氏は，国有大手固定電話事業者である中国網通有限会社の北京支社と契約を結び，固定電話サービスを購入する際に，李氏が北京市の戸籍がないため，一般の北京市民が購入できる後払いサービスではなく，先払いサービスの提供しか受けられないとの理由で，中国網通を訴えた。原告は，中国網通有限会社が独占的固

定電話の事業者であり，北京市の戸籍がない理由で原告に差別的な待遇を与えたことが中国独占禁止法に違反し，被告に対してその契約の定款の無効の確認と1元の損害賠償を請求した。この事件では，北京市第二中級人民法院が受理し，原告が被告の支配的地位を証明できず，かつ被告の先払い業務には合理的な理由があるとして，原告が敗訴の判決を下した。この結論に対し，原告が不服として，北京市高級人民法院に上訴したが，同高級人民法院は，2010年6月9日，第一審と同じ理由で，原告の敗訴の判決を下した。

4 国有企業にかかわる独占禁止法違反事件の評価

中国独占禁止法の施行後，国有企業をめぐる独占禁止法違反の事件は少なくない。しかし，上で述べたように，これらの事件はすべて消費者により訴えられ，又はマスメディアにより摘発された後で，独占禁止法執行機関が世論の圧力を感じ調査を始め，介入したのである。摘発された国有企業の独占行為に対して，独占禁止法執行機関が法的適用よりも，むしろ政策的な手段を活かし国有企業に対し訴えられた独占行為の改善を要求したに過ぎず，その効果も不明確である。

中航信連合価格引上げ事件と中国連通・中国網通の結合事件で見られるように，これらの国有企業は，告発された独占行為に対して，独占禁止法違反になるとは考えず，自分のなした行為は独占行為であることも殆ど意識しなかった。社会マスメディアの非難及び独占禁止法執行機関の調査に対し，これらの国有企業は，公然と自分の責任を言い逃れ，独占禁止法の適用を無視している。この強硬な態度の背景に，独占禁止法の拘束力の欠如及び独占禁止法執行機構の法執行の弱さが示されている。こういった国有企業の横暴な態度の後ろには，もちろん，中国の政治経済における国有企業の特殊な位置づけ，独占禁止法における国有企業に関わる規定の不明確さ，及び独占禁止法執行機構の執行能力の欠如などの問題が如実に示されている。

他方，国有企業に対し独占禁止法執行機関が法執行できない現状に呼応するように，多くの独占禁止法違反事件は人民法院に殺到し，司法による救済が求められている。しかし，現時点では，独占禁止法違反に関わる民事訴訟の関連制度は整備されておらず[29]，私人である原告が国有企業を相手とするときに，立証能力の不足及び訴訟コストの負担により，途中で和解や訴訟撤回などに迫られている。本来，司法救済は民衆の利益を保護する最後の手段であるが，中国における国有企業の政治経済的背景を考慮すると，司法機関がどこまで国有企業の独占禁止法の違反責任を追及できるか疑問が残る。

V　おわりに

中国において，国有企業が政治経済の意味では特殊な地位を有していることは，前述のとおりである。改革開放以来，国有企業は，私的企業からの競争に晒されて，一時的に破産を迫られるまでの窮境に陥ったが，新世紀に入って様々な企業制度改革を経て経営改善を図ってきた。現在，国有企業は，様々な独占行為を行い，独占禁止法違反の問題を引き起こしている。しかし，中国における国有企業の特別な位置づけに鑑み，国有企業の独占行為に対し独占禁止法を適用できるか否かは，現時点では明らかではない。国有企業の独占行為に対して，独占禁止法が適用できない理由として，独占禁止法の関連規定の曖昧さ，独占禁止法執行機構の執行能力の欠如，産業政策の競争政策に対する優先性などに帰着することができる。中国における国有企業の独占行為規制は，単に法律の問題ではなく，中国の政治経済体制に絡む複雑な課題である。

中国独占禁止法における国有企業の適用問題は，中国の政治経済体制の固有の矛盾を反映するため，この問題を解決するには，中国における政治経済体制及び国有企業の位置づけに関する根本的な改革が不可欠であると思われる。国有企業の独占行為に対する独占禁止法の適用は，先進諸国における理論的又は実際的な経験からも解決方法を見出せず，中国独占禁止法執行上の難点であり，

かつ最も特色のあるところである。現時点では，中国独占禁止法における国有企業の独占行為規制には限界があり，この問題はしばらくの間に解決できないと考えられる。中国独占禁止法における国有企業の取扱いは，今後も中国政府が直面するチャレンジであり，今後，引き続き理論的探索が必要であると指摘しておきたい。

* この論文は，中国教育部2010年人文社会科学研究青年項目（10YJC820018）と中国政法大学2010年校級人文社会科学研究項目の成果の一部である。本論文の執筆に際して，名古屋大学大学院国際開発研究科川島富士雄教授から貴重なコメントと日本語のチェックをいただいており，ここで改めて感謝申し上げる。しかし，本論文の責任については執筆者に属することを予めお断りしたい。
(1) 中国独占禁止法の日本語訳については，「中華人民共和国独占禁止法」（公正取引委員会官房国際課仮訳）『公正取引』685号（2007年）52-56頁を参照されたい。
(2) 行政権力の濫用による競争制限行為規制以外の独特な規定として，例えば，2段階3機関による執行体制などがあげられる。行政権力の濫用による競争制限行為規制に関しては，日本語文献では，朴春琴「中国における『行政的独占』の現状に関する考察」『現代社会文化研究』22号（2001年）69-86頁，戴龍「中国における独占禁止法・政策に関する考察——行政独占規制を中心として」『国際開発研究フォーラム』30号（2005年）51-71頁。中国独占禁止法の執行体制に関しては，川島富士雄「中国独占禁止法——執行体制・実施規定・具体的事例（上）」『国際商事法務』37巻3号（2009年）359-368頁及び同「中国独占禁止法——施行後3年間の法執行の概観と今後の展望」『公正取引』728号（2011年）2 3頁を参照されたい。
(3) 呉天宝・武宜達・陶暁林・張媛媛『国有企業改革比較法研究』（人民法院出版社，2002年）21頁。
(4) 顧功耘編『国有経済法論』（北京大学出版社，2006年）263頁。この考えに対して，国有企業とは国がすべての資産を所有する企業に限られる，という学者の意見もある。劉人洪「試論市場経済下中国国有企業及国有企業法」『法律科学』1997年第3期。また，一部の学者が，国有企業とは国家がすべての資産をコントロールする必要はないが，50％以上の資本を保有する必要がある，と主張している。張薦華『政府経済学概論』（湖北人民出版社，1997年）94-99頁。
(5) 中国国家統計局2005年12月公布の「第一次全国経済普査主要数拠公報」（第1回全国経済調査主要データ広報）によれば，2004年12月31日までの中国国内の企業構成は，国有企業・国有連営企業，国有独資公司は19.2万社，集団企業，集団連営企業，株式合作企業は45.6万社，その他の有限責任公司，株式有限公司は40.6万社，私営企業は198.2

万社，その他の内資企業は6.2万社，香港・マカオ・台湾投資企業及び外資企業は15.2万社からなる。このうちに，国有企業は全国の企業数に占めるシェアが5.9%になっている。

(6) 例えば，1992年に国有企業の22.7%は，経営赤字が出ており，この数が1992年に29.8%，1994年に32.7%，1995年に33.5%，1996年に37.7%に上昇している。1997年に，経営不良の国有企業の73%が大型，中型国有企業に集中し，これらの企業は，赤字が全国の経営不良企業の81%占めている。中小国有企業も沢山経営不良に陥っており，5万社の中小国有企業が合計66億元の赤字額が出ている。周叔蓮「二十年来中国国有企業改革的回顧与展望」『中国社会科学』1998年第6期，44-58頁。

(7) 「現代企業制度」という概念は，中国の著名な経済学者―呉敬璉氏が最初に提起した。呉敬璉「論現代企業制度」『財経研究』1994年代2期，3-13頁。

(8) 劉鳳義「中国国有企業60年，理論探索与政策演進」『経済学家』2010年第1期，27-37頁。

(9) 統計方法によっていくつか一致しないデータも出ているが，それでも中国における国有企業の全体像を見ることができる。例えば，2002年から2006年までの間に，中国国有企業の数が158,712社から119,254社に減少し，年に9,865社が減っている。一方，同じ時期に，国有企業の資産総額は18.02万億元から29.01万億元に増加し，年に12.6%増になっている。国有企業の販売収入も8.53万億元から16.2万億元，年に17.4%増，利潤額は3,786億元から12,242億元，年に34.1%増になっている。李栄融「関於国有企業改革発展的報告」『学習時報』2008年4月21日1-5頁。

(10) 「双軌制」（double system）は，中国の市場経済移行プロセスにおける基本的な特徴であり，中国の経済発展に関する多くの文献で使用されている。「双軌制」の意味では，中国における市場経済化は，計画経済を根底から掘り崩すのではなく，むしろ長い期間，計画経済と市場経済が同時に存在することを認め，その代表として国有企業と私的企業が共に発展することである。

(11) 兪建国（元国家発展計画委員会経済研究所副研究員）「現代企業制度与国有企業的現代化」『中国社会科学』1998年第6期，59-74頁。

(12) 発展改革委員会価格監督検査司「2010年医薬価格，教育収費，串通欺詐等違法案件数居前三位――2010年価格監督検査情況統計分析」中国国家発展和改革委員会2011年2月23日記事。Available at http://www.ndrc.gov.cn/jggl/zhdt/t20110223_396361.htm

(13) 朱雪塵「季暁南深入剖析"国進民退"討論的背後」『経済学人』2010年2期，74-77頁。

(14) 中国独占禁止法の特徴に関して多くの文献で分析されており，本論文は紙面上の制限もあり，ここでは再び論じることはしないとする。参照として，時建中「我国「反壟断法」的特色制度・亮点制度及重大不足」『法学家』2008年第1期14-19頁，韓立余「反壟断法対産業政策的拾遺補缺作用」『法学家』2008年第1期19-24頁。

(15) 曹康泰主編『中華人民共和国反壟断法――理念，制度，機制，措施』（中国法制出版社，2007年）125頁。

⒃　基幹産業の範囲については，2006年12月18日に国務院が公布した「国有資本の調整と国有企業再編の推進に関する指導意見」(関於推進国有資本和国有企業重組的指導意見)の中に，「国家安全」及び「国民経済根幹」にかかわる基幹業種の範囲が示されている。それによって，基幹領域は，国家安全にかかわる業種，重大なインフラ施設と重要な鉱物資源，重要な公共製品とサービスを提供する業種，基幹産業及び重要なハイテク産業である，とされている。国務院国有資産監督管理委員会の責任者は，これを，具体的に軍事工業，電力，石油・石油化学，電信，石炭，民用航空及び海運などの7つの分野と示している。専売事業については，現在中国において，「煙草専売法」と「食塩専売方法」があり，これによれば，煙草と食塩が国有企業により独占経営及び独占販売されている。王暁曄編『中華人民共和国反壟断法詳解』(知識産権出版社，2008年) 50頁。

⒄　全国人大常委会法制工作委員会経済法室編『中華人民共和国反壟断法──条文説明，立法理由及相関規定』(北京大学出版社，2007年)，8頁。

⒅　王畢強「渉操縦機票漲価，発改委調査中航信」『経済観察報〔第25版〕』2009年5月18日。Available at http://epaper.eeo.com.cn/shtml/jjgcb/20090518/v25.shtml。

⒆　中国独占禁止法の執行は，国務院で独占禁止委員会を設立したほか，法の執行は国家発展改革委員会，商務部及び工商行政管理総局との三機関が分担する，いわゆる「二階三機関」の執行体制が確立されている。このうち，発展改革委員会は，価格独占行為の法執行を担当し，工商行政管理総局は価格以外の独占協定，市場支配的地位の濫用行為を担当する。商務部は，企業結合規制の執行を担当する。

⒇　王佑「中石油，中石化被要求向民企長期合理供油」『第一財経日報』2008年3月5日。Available at http://finance.people.com.cn/GB/6961417.html

(21)　「中国民営油企大批倒閉，欲訴中石油中石化壟断」『新京報』2008年10月13日。

(22)　中国における企業結合届出基準については，戴龍・林秀弥「中国独占禁止法における企業結合規制」『法制論集』第229号 (2009年) 1-41頁を参照されたい。

(23)　干畢強「重組高峰VS反壟断　央企不受新法節制」『経済観察報〔第3版〕』2008年8月4日。Available at http://epaper.eeo.com.cn/shtml/jjgcb/20080804/v03.shtml。

(24)　王畢強「聯通網通合併渉嫌違法」，『経済観察報』2009年5月4日。Available at http://epaper.eeo.com.cn/shtml/jjgcb/20090504/index.shtml 及び http://epaper.eeo.com.cn/shtml/jjgcb/20090504/v06.shtml。

(25)　「建行坐上銀行業反壟断第一案被告席」『上海証券報』2008年9月12日。工闘闘「両年全国受理反壟断民案10件　和解撤訴及敗訴居多」『法制日報』2010年8月30日。Available at http://sx.chinalnn.com/Article/ShowInfo.asp?InfoID=44975

(26)　北京市二中院初字 (2009年) 第15527号民事裁定書。

(27)　孔祥俊，邰中林「中国反壟断民事訴訟制度之構建」中国世界貿易組織研究会競争政策与法律専業委員会編『中国競争法律与政策研究報告2010年』(法律出版社，2010) 31-32頁。

(28)　「大国企的傲慢和反壟断法的弱勢」『経済観察法』2009年5月1日。Available at http:

//www.eeo.com.cn/observer/pop_commentary/2009/05/01/136656.shtml.
(29) 2011年4月25日，中国最高人民法院は，「独占禁止民事紛争事件審理の法律適用に関する若干問題の規定」（意見徴集案）をインターネット上で公開し，社会各界に対して意見徴集を行った。これは，最高人民法院における独占禁止民事訴訟に関する司法解釈の原案であり，正式に公布されれば，中国における独占禁止法民事執行の重要な制度になる。関連意見徴集案は，中国最高人民法院ホームページ（http://www.court.gov.cn/gzhd/zqyj/201104/t20110425_19850.htm）を参照されたい。

(中国政法大学国際法学院副教授)

論　説　自由論題

WTO紛争処理におけるクロス・リタリエーション制度
―― 義務違反国への履行促進の視点から見たその機能と限界 ――

張　博　一

I　はじめに
II　クロス・リタリエーション制度
　1　クロス・リタリエーション制度の導入背景
　2　DSU第22条3項条文規定
　3　クロス・リタリエーションの意義
III　クロス・リタリエーション承認事例
　1　ECバナナ輸入制度事件
　2　米国越境賭博サービス規制事件
　3　米国の高地綿花に対する補助金事件
　4　解　釈　手　法
IV　クロス・リタリエーション制度の問題点
V　おわりに

I　はじめに

　WTO紛争解決制度は,「WTO王冠の宝石」とも称され, 裁判的側面と調停的側面の双方の特徴を併せ持つ国際紛争処理手続として, 国際経済秩序の安定, 発展に大きな役割を果たしている。なかでも, その最も顕著な特徴として挙げられるのが, WTO協定上の義務に違反した加盟国に対する貿易制裁を授権できる点である[1]。WTOのもとでは, 被害国の単独の意思決定に基づく対抗措置は禁じられ[2], 紛争解決機関が違反と認定した措置に対してその授権下でのみ発動が認められる。他方で, 手続の迅速性・実効性を確保するために, 対抗

措置の承認にはネガティブ・コンセンサス方式が採用され，ほぼ自動的に発動できるようになっている。さらに，対抗措置発動後に，関係加盟国がその程度または形態について異議を唱えた場合には，当該措置の合法性について第三者機関が客観的に判断する手続が予め備えられている。これらの特色から，WTOは，法違反に対する真の執行制度を持たないとされてきた分権的な国際社会において，経済という特別法分野で強制的かつ統制された履行確保手段を獲得したとみることができよう。

　しかし，このような強力な制度規定を条文に持つ一方で，対抗措置は実際の運用において十分な執行力を伴っていない。今日までの承認事例の半数以上は実施に移されておらず，対抗措置発動後も違反行為が遅々として是正されない案件が多数存在する。対抗措置が機能しない理由としては，対抗措置の発動主体とその程度に関する制限が指摘できる。現行制度のもとでは，対抗措置の発動国は紛争を付託した被害国に限定され，申立国以外の被害国，ましてや被害を被っていない第三国による集団的対抗措置は認められていない。また，紛争解決了解（以下，DSUとする）第22条4項は，対抗措置の程度と被害国に生じた利益の無効化・侵害とが厳格に等価値であることを要求しており，履行促進を目的とした損害額を超える懲罰的制裁は認められていない。このように，WTO紛争解決制度は，単なる加盟国間の利益のバランスを維持する仕組みから客観的な法遵守の仕組みへと変容し[3]，それに付随して対抗措置の機能もまた被害国に生じた実体的損害の払拭から，違反行為を合法な状態に回復させることを通してのWTO貿易秩序の維持へと重心が移行した[4]にも関わらず，対抗措置の発動主体は紛争付託被害国のみに委ねられ，その程度にも厳格な制限が課されているという矛盾を抱えているのである。

　このような現状に鑑み，本稿では，WTO対抗措置の一形態である「クロス・リタリエーション」を採り上げ，WTO紛争解決制度におけるその機能と問題点を考察することとしたい。ウルグアイ・ラウンドで新たに導入されたク

ロス・リタリエーション制度は，通常の対抗措置の機能不全を補完する代替措置として，と同時に近年，先進国と発展途上国との間に存在する経済力，市場規模の格差に起因する発展途上国の履行確保能力の欠如を埋める重要な手段として注目を集めている。しかし他方で，その期待されている実効性とは対照的に，今日までの承認事例は3件に止まり，そのいずれも発動に至っていない。そこで，Ⅱではまず，クロス・リタリエーション制度の導入背景と規定枠組み，及び通常の対抗措置制度との対比におけるその特色と意義について概観する。続くⅢでは，これまでの承認事案における仲裁判断を整理し，条文に規定されている要件や基準が具体的にどのように解釈・適用されているのかを分析する。そして，これらを踏まえた上で，最後にⅣで，クロス・リタリエーション制度規定と実際の運用の間に生じている乖離の原因を検討し，WTO義務違反国への履行促進の視点からその機能と限界について評価を行うこととしたい。

Ⅱ　クロス・リタリエーション制度

1　クロス・リタリエーション制度の導入背景

　超国家機関による強制的な執行制度が存在しない分権的な国際社会において，対抗措置は，被害国が侵害された権利一般を回復するための自力救済手段であるのみならず，国家が国際法を遵守するための主たる動機のひとつであり，国際法の執行にとって非常に大きな意味をもつ。

　WTO紛争解決制度における対抗措置は，GATT時代のそれと比べ，発動順序の明確化，発動承認の自動化，発動後の合法性判断手続の完備といった点で改善がなされ，履行確保のための実効性の向上が図られた。なかでも，WTO紛争解決制度に新たに導入されたものとしてクロス・リタリエーション制度がある。GATTは専ら物品貿易を対象としていたのに対し，ウルグアイ・ラウンドでは新しい議題として，サービス貿易，知的財産権等の分野が取り扱われ，WTOの規律対象が拡大した。そこで，物品貿易での違反に対して，

サービス貿易又は知的財産権分野で譲許その他の義務を停止するといった異分野・異協定間での対抗措置が認められるかが問題となった。

　クロス・リタリエーションの導入を積極的に主張したのは米国をはじめとする先進国であった。米国はウルグアイ・ラウンド交渉当時，GATS 及び TRIPS 協定で新たに獲得した市場アクセスを確保するための強力な経済制裁措置を期待していた。しかし，サービス貿易自由化に対する発展途上国の警戒心は強く，特定約束を行っている分野は非常に限定されており，知的財産権分野に関しても，先進国に比べて技術力が劣る発展途上国は，独自の商標や特許をほとんど持っていなかった。このような実情の下で，発展途上国が GATS または TRIPS 協定違反を行った場合に，同分野または同協定に限定した対抗措置では選択肢が少なく，その実効性も期待し得なかった。そこで，GATS または TRIPS 協定の義務違反を行った国に対し，物品分野の譲許その他の義務の履行を差別的に停止することが違反措置の撤回に繋がると考えられたのである。この制度の導入により，特許，著作権または商標を適に保護できなかった国は，その農業や繊維分野で外国市場アクセスを失う恐れがあり，こうした物品・サービス貿易に対する制裁の可能性が，知的財産権の保護を保障すると見込まれていたのである。これに対して，ブラジル，インド，メキシコ等の発展途上国は，その知的財産分野での義務履行不能を物品貿易で弁済させられることを懸念し，その脅威から自国を保護しようとしてクロス・リタリエーション制度の導入に否定的であった。[6]

　その両者の妥協の結果として，クロス・リタリエーション制度は下記のいくつかの条件を伴う，制限された形で DSU に盛り込まれた。発展途上国がその導入に同意した背景には，当時1974年通商法301条に代表される米国の一方的措置を封じ込める必要があったこと，過去40年間以上の GATT のもとで，対抗措置の発動事例が1件もなかったこと，さらにその導入に同意することで先進国にいわゆる"借り"を作り，ラウンド交渉の他の分野で譲許を引き出す有

利な交渉材料となると考えたことが指摘できる[7]。

2　DSU 第22条 3 項条文規定

DSU 第22条 3 項は，対抗措置を求める国が遵守すべき原則及び手続を定め，対抗措置の形態を(1)同協定・同分野対抗措置（parallel retaliation），(2)同協定・異分野対抗措置（cross-sector retaliation），(3)異協定対抗措置（cross-agreement retaliation）の 3 つに分け，段階的に適用すべきことを規定している。

一般原則として，申立国は，パネル，上級委員会により違反と認定された分野と同一の分野の譲許その他の義務の停止を試みるべきであるとされる[8]（同協定・同分野対抗措置）。しかし，同分野で譲許その他の義務を停止することが「できず又は効果的でない（not practicable or effective）」と認める場合には，申立国は違反と同一の協定のその他の分野の譲許その他の義務を停止することができる[9]（同協定・異分野対抗措置）。さらに，同協定・異分野対抗措置の発動もできず又は効果的でなく，かつ，「十分重大な事態が存在する（the circumstances are serious enough）」場合には，その他の協定における譲許その他の義務の停止を実施することが認められる（異協定対抗措置）。本稿では，通常の同協定・同分野対抗措置に対し，同協定・異分野対抗措置と異協定対抗措置をまとめてクロス・リタリエーションと呼ぶこととする。

申立国は，これらの原則を適用しようとする際に，違反その他の無効化又は侵害があると認定された分野又は協定に関する貿易及び申立国に対するその貿易の重要性と，無効化又は侵害に係る一層広範な経済的要因及び譲許その他の義務の停止による一層広範な経済的影響を考慮しなければならない。また，立証責任については，申立国がその申請の際に理由を示さなければならないとされる[10][11]。しかし，DSU の文言が「できず」又は「効果的でない」といった表現を用いていることから，申立国は同分野での対抗措置が発動できず又は効果的でないことを客観的に示せば足り，同分野または同協定における義務の停止が

できる又は効果的であることを証明する責任は、実質的にはそれに異議を唱える違反国側に課せられている。

3 クロス・リタリエーションの意義

クロス・リタリエーション制度に期待されている機能として、義務違反国に対する履行促進機能の一般的強化と、近年とりわけ注目されるようになった先進国の義務違反に対する発展途上国による履行促進の2つが挙げられる。

まず、履行促進機能の一般的強化に関して問題となるのがDSU第22条4項の「同等性」要件による制限である。同条は「紛争解決機関が承認する譲許その他の義務の停止の程度は、無効化又は侵害の程度と同等のものとする」と規定している。そしてこれまでの譲許停止仲裁裁定において、無効化又は侵害は違反行為そのものによって生じた広い範囲の効果ではなく、妥当な期間後に申立国に生じた立証可能かつ直接的な遺失貿易額のみを指すと極めて狭く解釈され、対抗措置の程度はそれとの厳格な量的同等に基づいて算定されてきた。このような同等性要件に基づく対抗措置は、単に被害国が失った貿易上の利益と同等の賠償を課しているに過ぎず、違反国はその不遵守ゆえにより厳しい処遇を受ける構造となっていないため、違反行為を適法状態へと回復させるための十分な威力を伴わないのである。もちろん、対抗措置の程度と遵守誘引は常に比例するものではなく、違反国は様々な利害関係を考慮して判断を下すものだが、対抗措置の程度に課されたこのような制約は対抗措置の履行促進機能を阻害する大きな一因である。

そこで、規律対象を3つの分野に拡大したWTO体制のもとでのクロス・リタリエーションには、同等な程度で懲罰的なインパクトを生ぜしめることによる履行促進機能の増強が期待される。すなわち、対抗措置の上限額の範囲内であっても、対抗措置のターゲットとする対象の選択の自由を最大限に拡大することで、違反国国内の幼稚産業または強力な経済的・政治的影響力を持つ団

体を狙い撃ちすることが可能となる。対抗措置国は，このようなフレキシビリティーを用いることにより，違反国国内での違反措置撤回に向けた世論・圧力を創り出すことができ，よって認められる範囲内での最大の報復を手に入れることができるのである。このような政策的観点からの対象品目選定によって違反国の履行インセンティブを促す手法は，通常の対抗措置でもしばしば用いられるが，異分野・異協定でそれを許容することによって，より広範かつ影響力の強い品目を選択する裁量の自由を対抗措置国に与えることができるのである。この点を捉えて，Maracrida は，「対抗措置における遵守を導く術は DSU 第22条4項に規定する停止の程度の調整ではなく，DSU 第22条3項に適合する譲許義務停止の選択にある」（傍点引用者）と評している。

クロス・リタリエーションの第二の機能である，先進国の義務違反に対する発展途上国による履行促進に関しては，先進国と発展途上国との間に存在する経済力，市場規模の格差に起因する発展途上国の履行確保能力の欠如が問題の根源にある。WTO 対抗措置は，通常「違反国に対する100％関税の賦課又はその他の義務の停止」の形でなされるため，従来から「自らの足を撃つ（shoots itself in the foot）」制度であると揶揄され，これらの貿易制限的措置は相手国のみならず，発動国の経済厚生をも低下させると指摘されてきた。このことは発展途上国の先進国への対抗措置の場合に一層顕著である。脆弱な経済力しか有しない発展途上国による対抗措置は，輸入品の価格高騰をもたらし，違反国よりも当該発展途上国の国内消費者及び経済構造一般に破壊的な影響をもたらす一方で，その停止額は巨大な経済市場をもつ先進国の全貿易額に照らした場合に微小であり，違反措置撤回への圧力とはなることはほとんど期待できないのである。Hudec は，「一般通念に照らせば，発展途上国が工業国に対して紛争解決手続を発動することは時間及びお金の無駄である」とさえ述べている。

そこで，発展途上国が先進国を遵守に導く際の効果的な手段となるのが，先

進国の物品またはサービス分野の義務違反に対する知的財産分野での義務停止である。物品,サービス分野とは異なり,知的財産分野での義務停止は発展途上国の利益回復に資するとともに,違反の撤回に効果的に働くと考えられている。なぜなら,著作権,商標,特許等に代表される知的財産権の研究と開発には莫大な時間,金銭,労働力を投資する必要があり,よってその世界的な保護に強い関心があるのはこれに比較優位を持つ先進国とその企業である。これに対して,発展途上国のほとんどは知的財産の輸入国であり,その高度な保護要求は国内調整コストや実施措置監視等の面で大きな負担となる。このような構図において,知的財産権を対象とした対抗措置は,先進国国内で大きな政治的影響力を有する製薬会社や情報技術産業といった利益団体による,政府に対する違反措置撤回の圧力や世論を誘発することができると期待される。また,TRIPS義務の停止によって対抗措置国国内の研究所及び企業は,今まで保護されていた技術を紛争解決機関の承認に基づいて合法に入手,使用することができ,さらにこれらの技術の模倣,習得,発展を通して国内の発明を促進するという積極的な経済厚生助長効果を有しているのである[19]。

以上のように,クロス・リタリエーション制度は,同分野・協定による対抗措置の実効性を増大する機能を有しており,とりわけ先進国に対する履行確保能力の限界を抱える発展途上国にとって政略的かつ効果的な手段であると位置づけることができよう。では,具体的な事例のなかで,クロス・リタリエーションの条文規定は,どのように解釈,適用され,その結果として,その期待されている機能を果たし得ているのだろうか。以下,これまでのクロス・リタリエーション承認事例3件について,DSU第22条3項の判断手法に関連する部分を中心に見ていきたい。

Ⅲ　クロス・リタリエーション承認事例

1　EC バナナ輸入制度事件[20]

　本件は，EC のバナナ輸入に関する共通制度がパネル，上級委員会で GATT 及び GATS 違反と認定された後も是正されずに存続していたため，エクアドルが GATS 及び TRIPS のもとでの譲許その他の義務の停止を求めたものである。このうち，GATS の「卸売取引サービス分野」は EC の同分野での違反が認定されたことから通常の同協定・同分野対抗措置であったが，TRIPS 協定のもとでの義務停止が認められるかが問題となった。

　本件はクロス・リタリエーションをめぐって争われた初めて事例であったため，仲裁は最初に DSU 第22条 3 項(b)-(d)に規定されている文言の解釈を行った。まず，「できる」の基準について仲裁は，ある選択肢が特定のケースにおいて用いられるのに適し，かつ実際に発動可能であるか否かに関連するとし，発動できない例として，申立国の約束表にない譲許の停止を挙げた[21]。次に，「効果的」については，停止の影響が強いものであり，違反国を遵守に導くことを達成するものであるかがその基準であるとし，効果的でない例として，対抗措置国と違反国の間に貿易量及び経済力に大きな不均衡が存在する場合，申立国が違反国からの輸入に大きく依存する場合を挙げ，これらの場合，対抗措置は違反国よりもそれを実施する国により大きな悪影響を及ぼす可能性があるとした[22]。そして「できず」と「効果的でない」のいずれか一方が満たされれば良いとした[23]。「十分重大な事態が存在する」かについては，DSU 第22条 3 項(d)に規定されている(i)違反その他の無効化又は侵害があると認定された分野又は協定に関する貿易及び申立国に対するその貿易の重要性，(ii)無効化又は侵害に係る一層広範な経済的要因及び譲許その他の義務の停止による一層広範な経済的影響，に照らして判断されると述べた。

　以上の一般的解釈を踏まえて，仲裁は本件の具体的背景に沿って段階的に認

定を行った。まず GATT のもとでの停止を「第一次産品及び投資財」と「消費財」に分け，前者について，他の供給源がない状況下での停止はエクアドルの国内産品価格を増加させることとなるため効果的ではないとしたが，消費財に関しては，エクアドルの国内生産と加工業に直接の悪影響を引き起こすこととはならないとした。次に GATS のもとでの「卸売取引サービス分野」以外の分野での停止については，これらの分野での停止は GATS が提供する法的保護，予見可能性，確実性を失わせることとなり，結果として国外直接投資の移転を招くため，エクアドル経済に重大な影響を及ぼすこととなることから，発動できず又は効果的ではないとした。さらに，発展途上国であるエクアドルと世界最大貿易主体である EC の間に存在する著しい経済格差から「十分重大な事態が存在する」とした。最後に DSU 第22条3項(d)に規定する要件への考慮について，仲裁は，エクアドルが，バナナ分野はその国内の最大の雇用源・外貨獲得源であり，バナナ分野以上にエクアドル経済にダメージを及ぼす分野はないこと，エクアドルが深刻な経済危機に陥っており，EC の違反がその経済問題の起因となっていること，GATT，GATS での譲許その他の義務の停止は EC にほとんど影響を及ぼさないこと等を主張したことから，その要件が満たされているとした。

以上を踏まえて仲裁は，年間2億160万ドルの譲許その他の義務の停止について，エクアドルは第1に GATT のもとでの「消費財分野」及び GATS のもとでの「卸売取引サービス分野」で対抗措置をとること，及びこれらの停止が上記額を満たさない場合に，TRIPS 協定の義務を停止するクロス・リタリエーションを認めた。

2　米国越境賭博サービス規制事件

本件は，米国の越境賭博供給を禁止する連邦法，州法，判例その他の措置がその自由化約束に違反するとして，アンティグア・バーブーダ（以下，アンテ

ィグアとする）が提訴し，パネル，上級委員会ともに米国の GATS 違反を認定した事案である。そこでアンティグアは TRIPS 協定に基づく譲許その他の義務の停止を求めた。

　アンティグアは，クロス・リタリエーション申請の根拠として，自国の自然資源が非常に欠如しているため，相当量の物品およびサービスを輸入する必要があり，その輸入先のおよそ48.9％が米国であること，よって，対抗措置としての物品，サービスに対する輸入制限はアンティグアに重大な損害をもたらすこととなるとし，他方で，アンティグアと米国との経済の間に存在する著しい経済規模の違いに鑑みれば，米国との全ての貿易を停止したとしても米国の経済には実質的に何ら影響を及ぼさないと主張した。[29]さらに，米国の違反措置の継続は，アンティグアの国内主要産業である賭博産業に深刻な損失を及ぼすことから，「十分重大な事態が存在」するとした。これに対して米国は，アンティグアは専ら自らが発展途上国であり，物品およびサービスの輸入を必要としていることについて述べているに過ぎず，GATS のもとでの譲許の停止がなぜ発動できず又は効果的でないのかについて何ら説明していないと反論した。[30]

　仲裁はまず，違反が認定された「娯楽，文化及びスポーツのサービス」分野での停止が発動できる又は効果的であるかについて検討し，その結果，アンティグアが当該分野で行った約束の統計を見出すことができず，またその停止はアンティグア国民の既に限られた興行の選択肢をさらに害する一方で，米国にとっては実質的に全く影響を及ぼさないとする主張を支持した。[31]次に，GATS の他の分野での停止について仲裁は，アンティグアの米国からの年間サービス輸入額が譲許その他の義務の停止額を上回り，よって原則として停止分をすべてサービス分野でなし得るとし，[32]また，そして申立国の経済の脆弱性または当事国間の経済規模の違いだけでは DSU 第22条 3 項の要件から逸脱することはできないとの見解を示した。しかし，本件の場合，アンティグアはその市場規模の小ささや輸入への依存度，国内経済への悪影響等，その決定を裏付ける十

分な要素を提示しており，また，DSU 第22条3項(d)の要素をも考慮したとして，GATS の他の分野での停止も発動できず又は効果的ではないとした。[33]

最後に，「十分重大な事態の存在」について，アンティグアは，米国との人口，市場，GDP，輸出・輸入額での著しい不均衡を示す数字を提示し，またその経済が観光業及び関連サービスに大きく依存していることや，サービス分野の発展を通してその経済を変える必要性を挙げた。[34]この主張を踏まえ，仲裁は，両当事国間に存在する著しい経済の不均衡及びアンティグア経済のサービス分野への強い依存は，同分野・協定のもとで米国に対する停止が適切でないことを正当化するものであるとして，アンティグアの TRIPS 協定のもとでの年間2億1千万ドルの譲許その他の義務の停止を承認した。

3　米国の高地綿花に対する補助金事件[35]

本件では，米国が国内高地産綿花生産者に対して交付した補助金等が補助金協定に違反するとの裁定がなされ，ブラジルが GATS 及び TRIPS 協定の下での譲許その他の義務の停止を求めた。ブラジルはエクアドル，アンティグアと同様発展途上国ではあるが，世界有数の経済規模を有し，その輸出入額の大きさ，品目の多様さの点において，先述の2事例とは大きく事情が異なる。

ブラジルは，対抗措置額として26億8100万ドルを請求し，これらをすべて物品分野のみでは実施し得ないため，発動できず又は効果的ではないと主張した。これに対して仲裁は，対抗措置額を年間2億9470万ドルと認定したうえで，この額はブラジルがクロス・リタリエーションを主張する根拠に据えた金額を大きく下回るものであり，対抗措置額に関する認識の誤りのもとでは，ブラジルが DSU 第22条3項の原則及び手続を的確に適用したとは言えないとした。[36]しかし，仲裁はここでその判断を止めることなく，ブラジルは尚年間2億9470万ドルの限度内で対抗措置をとる権利を有するとして，その場合に DSU 第22条3項の要件が満たされているかについて引続き検討を行った。

物品分野での譲許停止が発動できず又は効果的ではない理由としてブラジルは，米国からの輸入物品に対する関税引上げはブラジル経済一般に余分な損害を及ぼすこととなるとしたが，これに対して米国は，余分な損害が加わるという単なる事実のみをもっては発動「できず又は効果的ではない」とは主張し得ず，米国－ブラジル間の貿易額及びブラジルの経済規模に照らせば，物品分野のみでの譲許停止が十分に可能であると反論した。これらの主張を踏まえて仲裁は，停止に伴う経済損害は考慮すべきであるが，停止が発動できず又は効果的でないという結論を正当化するためには，一定の程度の損害の発生が必要であるとした。そして仲裁は，ブラジルの米国からの輸入品を資本財，中間財，消費財等に細かく分けてその影響を検討し，その結果，その全輸入額は対抗措置額を大きく超過していることから，ブラジルは対抗措置の選択において十分な裁量の余地をもっており，また，これらの停止がブラジル経済に与える悪影響は当該措置が発動できず又は効果的ではないことを示すに足るものではないとして，クロス・リタリエーションは認められないとしたのである。

しかし仲裁はさらに，対抗措置額は年によって変化しうるため，今後ブラジルに認められる対抗措置額が米国からの物品輸入額を超える場合には，物品のみによる対抗措置は発動できず又は効果的ではなく，また対抗措置がブラジル経済に及ぼす影響に対する考慮はDSU第22条3項(d)の要件を満たし，十分重大な状態が存在するとして，その超過分についてはGATS，TRIPS協定のもとでの義務を停止できると結論付けた。

4 解釈手法

以上の事例の検討から，3件の仲裁裁定のいずれもが，DSU第22条3項(b)-(d)の要件をその個別具体的な事実背景に照らして詳細な検討を行い，かつ先例で示された文言解釈や考慮要素を基本的に踏襲していることが分かる。そしてこれらの裁定を通して，クロス・リタリエーションの申請及び承認をめぐる状

況がある程度明確になったと評価することができよう。しかし，ここで留意すべきことは，それぞれの仲裁で示されたDSU第22条3項(b)-(d)の要件に関する解釈が相互に関連しており，そこには同様の事情に対する度重なる配慮がみられることである。つまり，クロス・リタリエーションを求めるエクアドル，アンティグア，ブラジルは繰り返し自国経済の脆弱性，相手国との著しい市場規模の格差と相手国への高い依存度を強調し，仲裁もまた，申立国によって示されたこれらのデータを基に，それぞれの要件の認定に際して，同じ事情を引用し，根拠としているのである。

このように，DSU第22条3項は段階的に適用するよう規定しているにも関わらず，仲裁は発動「できる」，「効果的である」，「重大な事態の存在」，「貿易の重要性」，「広範な経済的影響」の解釈にあたり，共通して対抗措置国経済への悪影響，対抗措置が違反国を遵守に導く効果をその中心に置き，繰り返し考慮しているのである。このことは，クロス・リタリエーション承認の根底には共通する事実，すなわち，対抗措置国と違反国との間に存在する大きな市場・経済規模の不均衡があり，それがクロス・リタリエーション承認の可否を大きく左右することを意味する。そしてそのコロラリーとして，先進国や大きな市場規模を有する新興国による対抗措置の場合に，上記の条件を満たすことは困難であるため，クロス・リタリエーションが認められる可能性が極めて小さいという結果が導かれるのである。

これに対して，発展途上国が先進国を相手とする紛争の場合，その請求は容易に認められうる。確かに，仲裁が示したように，発展途上国はそれ自身が発展途上国であるという事実のみをクロス・リタリエーションの請求根拠に据えることはできず，その発動には国内経済への過度の経済コストが条件となる。しかし，これまでの仲裁裁定を見た場合に，発展途上国は単に両国の人口，GDP，貿易額の違いを示せば足り，通常の対抗措置が発動できず又は効果的であるとする立証責任は違反国の側にあり，その立証に失敗すれば，クロス・

リタリエーションは容易に認定されうるのである。また，申立国は対抗措置でターゲットとする対象リストを仲裁に提示する義務を負わず，仲裁も DSU 第22条7項により停止される譲許またはその他の義務の「性質」を検討することを禁止されている。このことは，対抗措置国は一度 DSU 第22条3項の"緩やか"な要件さえ満たせば，認定額の範囲内でその品目の選択を事実上無制限に認められることを意味するのである。

発展途上国が通常の対抗措置では先進国に対して効果的な措置をとりえないという事実を重視し，DSU 第22条3項の要件を事実背景に照らして柔軟に解釈するこのような手法は，DSU 第22条4項における「同等性基準」の判断手法とは対照的である。対抗措置の程度算定の際に，仲裁は，対抗措置の目的が違反国を遵守に導くことであるとする一方で，対抗措置の程度は違反国にその義務を遵守させるという目的を達成するために十分なものであるか否かではなく，申立国に生じた逸失損害貿易額との厳格な数字的・量的同等を求めている。これに対して，対抗措置の形態判断では，既に見てきたように，たとえ停止する貿易金額が十分な場合であっても，単にその形式的数字に基づいて発動「できる」とはせず，対抗措置国の違反国に対する依存度，国内経済への悪影響といった紛争の広範な事実背景を考慮し，また，「遵守の誘引」という対抗措置の目的が DSU22条3項解釈の至るところに介在し，決定的役割を果たしているのである。

Ⅳ　クロス・リタリエーション制度の問題点

世界的な知的財産権保護を切望する米国をはじめとする先進国が，発展途上国の知的財産権保護を促進する手段として導入されたクロス・リタリエーション制度であったが，今日，発展途上国による知的財産権違反が具体的案件としてほとんど付託されず，対抗措置による強制履行はなされていない。このような状況下で，当該制度は，Ⅱ.3で示したように，通常の対抗措置の「履行促進

機能の一般的強化」と発展途上国の履行確保能力の欠如を埋める「先進国の義務違反に対する履行促進機能」が期待されるにようになった。これまでのクロス・リタリエーション事例はいずれも発展途上国の請求に基づくものであり，また，仲裁による条文解釈が先進国や大きな市場規模を有する新興国による発動の余地を狭めるなか，発展途上国による利用がクロス・リタリエーションの制度的意義を左右すると指摘できよう。しかし，これまでの3件の承認事例はいずれも実行に移されていない。このことは，発展途上国がクロス・リタリエーションを援用する際に大きな問題を抱えているという現実を示している。

　まず，発展途上国が先進国の違反に対して，物品またはサービス分野での譲許その他の義務の停止という形のクロス・リタリエーションを発動するとは考えにくい。なぜなら，これらの分野での停止は，発動国国内の消費者物価の高騰をもたらし，かえってその福祉厚生を低下させる一方で，多様な物品，サービスをもつ先進国に痛みを与え得ないという意味において，通常の対抗措置の限界を打開する選択肢とはならないのである。これに対して，対抗措置としての知的財産権保護の停止は，先進国の違反行為の是正を効果的に促すのみならず，発展途上国に積極的な福祉効果をもたらすことは既述のとおりであるが，その実施の際に生じる問題として大きく以下の3点が挙げられる。

　第1に，クロス・リタリエーションの「効果」の限界である。TRIPS協定第51条は，WTO加盟国に知的財産権侵害物品・サービスの輸入の阻止及びそれに関する申立制度の採用の義務を課している。よって，対抗措置国に対するTRIPS協定義務の停止の授権は，当然他の加盟国のその義務からの逸脱を意味せず，その結果，対抗措置国は模倣品を製造する権利は認められているものの，他の加盟国は商品の権利保有者の同意なしにその模倣品を輸入することは禁じられるのである。ECバナナ輸入制度事件においても仲裁は，エクアドルに対する知的財産権の停止の承認は，他のWTO加盟国の関税地域への輸入に関するTRIPS協定第三部の義務を減じるものではなく，権利保有者の同意

を得ずにエクアドルで製造されたレコードについては，TRIPS協定51条のもとでの義務は依然として全てのWTO加盟国に対して有効であると述べている[43]。そのうえ，WTOでは集団的対抗措置も，国際的消尽論も認められていない。よって，対抗措置国はその国内市場に供給する分の知的財産権のみを停止することになり，国内市場及び消費者規模が小さい発展途上国による停止が違反国に与える経済的影響は大きく制約されてしまう結果となるのである。

　第2に，知的財産権の特質がもたらす問題である。まず，対抗措置の程度は被害国に生じた利益の無効化・侵害の程度との数量的「同等」を確保しなければならないが，停止する知的財産権の価値を金銭的に計算することは物品に比べて極めて複雑であり，また，採用する手法の違いによってもその結果は大きく異なる。その結果，実施された対抗措置が新たにDSU第22条4項違反に問われる可能性が高い。また，著作権や意匠など1つの権利に複数の異なる国籍を有する所有者が関わる場合が多く，停止する知的財産権の国籍を特定，区別するのは容易ではない。さらに，対抗措置は関係当事国が完全な履行を行うまでの暫定的な措置であり，違反国が違反を是正した場合には対抗措置国は直ちにその措置を中止しなければならない。そのため，国内生産者は停止によって得られうる利益がどのくらいの期間継続するかを予想することが難しく，知的財産産品の製造のために必要な莫大な初期投資や技術習得に躊躇せざるを得ない[44]。

　第3に，知的財産権を保護する国内法及び他の国際条約との衝突の問題である。TRIPS協定前文に明記されているように，知的財産権は私権であり，これらの私権に対する制限，停止はそれを保護する国内法と抵触することが予想され，影響を受けた権利保有者は，当該措置が実質上の収用に当たるとして国内裁判所に提訴することが考えられる[45]。また，知的財産権は世界知的所有権機関（WIPO）によって管理されているベルヌ条約，パリ条約，ローマ条約といった他の国際条約によっても保護されている。よって，紛争当事国が共に

WIPO管理条約の締約国であり，かつ停止される権利がこれらの条約によっても保護されている場合に，TRIPS協定のもとでの保護停止はこれらの条約義務違反を構成することが考えられる。[46]

　ここに挙げた個々の問題のための解決方法が存在しないわけではない。実際，クロス・リタリエーションとしてのTRIPS協定のもとでの義務停止を効果的に実施する方法については，既に多くの論者によって検討が重ねられてきた。[47]しかし，これらの問題の存在は，発展途上国がクロス・リタリエーションを発動した後に，他の加盟国がその発動形態をめぐってDSU条文規定や国際義務に違反するとして，新たに紛争解決機関に提訴するリスクを伴っていることを示すものである。さらに，これらの法的，技術的な問題よりも，発展途上国が直面する真の障害は「政治的」なものであるとも言われるように，紛争解決機関の承認に基づいて合法的にとられたTRIPS義務の停止であっても，政治的分野での仕返しや国際世論による批判，海外投資家の直接投資の萎縮等，クロス・リタリエーションの実施には数多くの課題が待ち受けているのである。

V　おわりに

　本稿は，WTO紛争解決制度におけるクロス・リタリエーションがもつ機能と限界とは何か，という問題関心の下，当該制度に期待されている2つの機能，具体的紛争事例における仲裁判断，実施に伴う現実的課題についてそれぞれ検討を行った。これらの検討から導き出される結論をまとめると次の通りとなる。

　クロス・リタリエーションは，先進国の要望に応じる形で導入された制度であるが，運用の中で，通常の対抗措置が抱える義務履行確保機能の限界を補い，とりわけ金銭賠償，集団的対抗措置が認められない現行制度において，先進国の違反に対する発展途上国の"唯一"の効果的な履行促進手段となることが期待されるようになった。実際，これまでの仲裁裁定は，クロス・リタリエーションの承認にあたり，対抗措置が実際に発動できるか否か，違反国を遵守に導

く実効性，紛争当事国間の経済力の格差を重視し，柔軟かつ緩やかな解釈基準を用いて各要件を判断してきたように思われる。その結果，対抗措置発動国が先進国や大きな市場を持つ新興国である場合に，DSU 第22条3項に規定されている要件を満たすのは容易ではなく，現に米国の高地綿花に対する補助金事件で，仲裁は，ブラジルのクロス・リタリエーションの発動可能性を示唆したのに止まり，その膨大な貿易量に基づく選択の裁量の余地に鑑みれば，通常の対抗措置をとることは十分に可能であると述べている。その意味で，クロス・リタリエーション制度が機能するか否かは発展途上国がそれを効果的に利用しうるかに懸かっていると言えよう。

しかし，前章で見てきたように，発展途上国が獲得したクロス・リタリエーションの権利を実行に移すにはまだ多くの克服すべき問題がある。知的財産権を用いた対抗措置の脅威だけで違反国をその義務遵守に向かわせるのに十分であるとの見方もあるが[48]，EC バナナ輸入制度事件で TRIPS のもとでのクロス・リタリエーションが承認されたにも関わらず，未だに最終的な解決を見ないことからすれば，その脅威のもつ威力には懐疑的にならざるを得ない。もっとも，米国越境賭博サービス規制事件と米国の高地綿花に対する補助金事件は現在も交渉中であり，知的財産権の停止の脅威を利用した政治的駆け引きがまだ続いている。その結果次第では，より多くの発展途上国に紛争解決制度に参加させる契機となるかもしれない。また，2006年の DSU 改正交渉でなされた，先進国を相手とする紛争の場合に，発展途上国は無制限にクロス・リタリエーションを発動できるとする提案が如何なる方向で具体化されるのかも興味深いところである[49]。その意味で，先進国と発展途上国のいずれによっても充分に利用され得ず，目下"膠着"状態にあるように映るクロス・リタリエーション制度が WTO 義務の履行確保にとっての実効的な手段へと進化を遂げるのかを今後とも注視していく必要があろう。

(1) Steve Charnovitz, "Rethinking WTO Trade Sanctions," *American Journal of International Law* Vol.95, No4 (2001), p.792.
(2) GATT, DSU のいずれも，「対抗措置（countermeasures）」という語句を用いておらず，違反行為が是正されない場合の措置として，申立国による「譲許その他の義務の停止（the suspension of concessions or other obligations）」を規定している。当該措置は通常「リタリエーション（retaliation）」と呼ばれ，対抗措置に関する WTO 特有の術語であると見ることができる。もっとも，「リタリエーション」を一般国際法における「対抗措置」と同視すべきかについては争いがあり，両制度のいずれの特徴を捉え，またその法的性格と機能・目的を如何に理解するかによって結論が異なる。本稿では，対抗措置が相手国の先立つ国際法違反行為に対して，懲罰としてではなく賠償または法の遵守を目的として，被害国によってなされる一方的行為であることから，これらの点に関して共通の性質を有する WTO「リタリエーション」を一般国際法上の対抗措置と広義において同様の概念として扱い，議論を進めることにする。
(3) 小寺彰『WTO 体制の法構造』，2000年，153頁。
(4) Joost Pauwelyn, "The calculation and design of trade retaliation in context: what is the goal of suspending WTO obligations?" *in* Chad P. Bown, Joost Pauwelyn (eds.) *The Law, Economics and Politics of Retaliation in WTO Dispute Settlement* (Cambridge University Press, 2009), p36.
(5) 山本良「紛争の平和的解決と対抗措置の行使に関する一考察──紛争の平和的解決手続の「前置」をめぐる問題を中心として」中川淳司・寺谷広司編『国際法学の地平──歴史，理論，実証』，2008年，689頁。
(6) Andrew L. Stoler, "The WTO dispute settlement process: did the negotiators get what they wanted?," *World trade review* Vol.3, No1 (2004), pp.102-103.
(7) John Croome, *Reshaping the World Trading System: A History of the Uruguay Round*, (Kluwer Law International, 1998), p.279.
(8) 「分野」に関して DSU は，すべての物品を1の分野，サービスに関しては，現行の「サービス分野分類表」に明示されている主要な11の分野（実務，通信，建設・エンジニアリング，流通，教育，環境，金融，健康・社会事業，観光・旅行，娯楽・文化・スポーツ，運送）のそれぞれを1の分野，知的所有権に関しては，貿易関連知的所有権協定の第2部の第1節から第7節までの規定が対象とする7種類の知的所有権（著作権，商標，地理的表示，意匠，特許，集積回路の回路配置，開示されていない情報の保護）のそれぞれ並びに第3部及び第4部に定める義務のそれぞれを1の分野とすると規定している。
(9) 「協定」に関して DSU は，物品貿易に関する世界貿易機関協定付属書1Aの協定全体，サービス貿易一般協定，貿易関連知的所有権協定をそれぞれ1の協定とすると規定している。
(10) DSU22条3項(d)。

(11) DSU22条3項(e)。
(12) ECバナナ輸入制度事件譲許停止仲裁では，違反措置により申立国が失った第三国への輸出機会の減少といった「間接的利益」は含まれないとされ，ECホルモン牛肉規制事件譲許停止仲裁，1916年AD法事件譲許停止仲裁においては「失われた貿易機会」や「萎縮効果」といった「無形な効果」を除外し，信頼できる事実に基づく立証可能な情報に基づいているもののみを無効化又は侵害の範囲含みうるとした。さらに，米国バード修正法事件譲許停止仲裁においては，違反行為によって第三国に生じた損害分を含むことはできないとした。
(13) ウィリアム・J・デイヴィー（荒木一郎訳）「WTO紛争解決制度における履行問題——問題の所在と解決方法」川瀬剛志，荒木一郎編『WTO紛争解決手続における履行制度』2005年，19頁。
(14) 久野新は違反国にインパクトを与える方法として，第1に，違反国内において同規模の輸出産業が複数存在する場合には，申立国市場に対する輸出依存度が高い方をターゲットとする，第2に，申立国市場の使用に特化して生産された品目に対する対抗措置，第3に，違反国における原産比率が高い品目を狙い撃ちする，第4に，政治的な発言力の大きい輸出産業，又は政治的に重要な州に立地された輸出産業をターゲットとする，を列挙している。久野新「WTO紛争解決制度における対抗措置の法と経済分析」川瀬・荒木編『前掲書』（注(13)）94頁。
(15) Robert Z. Lawrence, *Crimes & punishments?: Retaliation under the WTO* (Peterson Institute, 2003), p.54.
(16) Malacrida Reto, "Towards sounder and fairer WTO retaliation: Suggestions for possible additional procedural rules governing member's preparation and adoption of retaliatory measures," *Journal of world trade*, Vol.42, No.1 (2008), p.5.
(17) Bronckers, M. and N. van den Broek, "Financial Compensation in the WTO: Improving the Remedies of WTO Dispute Settlement," *Journal of International Economic Law*, Vol.8, No1 (2005), pp.101-126.
(18) Robert E. Hudec, "The Adequacy of WTO Dispute Settlement Remedies: A Developing Country Perspective," *in* Bernard M. Hoekman, Philip English, Aaditya Mattoo (eds.), *Development, Trade, and the WTO: A Handbook*, (World Bank Publications, 2002), p.81.
(19) Henning Grosse Ruse-Khan, "A Pirate of the Caribbean? The Attractions of Suspending TRIPS Obligations," *Journal of International Economic Law*, Vol.11, No2 (2008), pp.313-364.
(20) EC—Regime for the Importation, Sale and Distribution of Bananas, Recourse to Arbitration by the European Communities under Article 22.6 of the DSU, Decision by the arbitrators, WT/DS27/ARB/ECU, adopted 24 March 2000
(21) *Ibid.*, paras.70-71.

(22) *Ibid.*, paras.72-73.
(23) *Ibid.*, para.74.
(24) *Ibid.*, paras.88-101.
(25) *Ibid.*, paras.110-120.
(26) *Ibid.*, paras.125-126.
(27) *Ibid.*, paras.129-130; 132-135.
(28) US — Measures Affecting the Cross-Border Supply of Gambling and Betting Services, Recourse to Arbitration by the United States under Article 22.6 of the DSU, Decision by the arbitrators, WT/DS285/ARB, adopted 21 December 2007.
(29) *Ibid.*, para.4.2.
(30) *Ibid.*, para.4.7.
(31) *Ibid.*, para.4.48.
(32) *Ibid.*, para.4.82.
(33) *Ibid.*, para.4.105.
(34) *Ibid.*, paras.4.109-4.111.
(35) US — Subsidies on Upland Cotton, Recourse to Arbitration by the United States under Article 22.6 of the DSU and Article 4.11 of the *SCM Agreement*, Decision by the arbitrators, WT/DS267/ARB/1, adopted 31 August 2009.
(36) *Ibid.*, paras.5.103-5.104.
(37) *Ibid.*, paras.5.111-5.114.
(38) *Ibid.*, para.5.133.
(39) *Ibid.*, paras.5.199-200.
(40) *Ibid.*, para.5.230.
(41) 米国越境賭博サービス規制事件において、アンティグアがどのようにその停止を実行するかについて具体的な方法を示さなかったことに対し、米国は、このような状況の下での実施は認められている対抗措置の程度を超過する恐れがあるとしたが、仲裁は米国の主張を否定し、仲裁は停止される義務の「性質」を検討する権限を持たず、申立国によって選択された対抗措置の仕様の検討及びその変更を求めることはできないと述べた。
(42) その理由として TRIPS 協定をめぐる利用実績が考えられる。2011年8月現在までの付託事案425件中、TRIPS 協定をめぐる紛争は29件であり、全体のわずか7％に止まる。さらに興味深いことに、29事案の被申立国の半数以上は米国、EC、カナダといった先進国であり、当初危惧されていた発展途上国による知的財産権違反事例の多発は現在のところ、具体的付託案件として争われていない。詳しくは Joost Pauwelyn, "The Dog That Barked But Didn't Bite: 15 Years of Intellectual Property Disputes at the WTO," *Journal of International Dispute Settlement*, Vol.1, No.2 (2010), pp.389-429 参照。
(43) EC — Bananas, above, *supra* note 20, paras.155-156.
(44) Gabriel L. Slater, "The Suspension of Intellectual Property Obligations Under

TRIPS: A Proposal for Retaliation Against Technology-Exporting Countries in the World Trade Organization," *THE Georgetown Law Journal*, Vol.97, (2009) ,pp.1378-1379.

(45) Pieter Jan Kuyper, "International Legal Aspects of Economic Sanctions," *in* Petar Sarcevic and Hans van Houtte. (eds), *Legal Issues in International Trade* (Graham & Trotman, 1990) pp.145-175.

(46) EC バナナ輸入制度事件で，仲裁はエクアドルの TRIPS 義務の停止が WTO 以外の国際義務に違反するか否かという問題に触れたが，その判断は仲裁の権限外であるとして明確な答えを避けた。EC — Bananas, above, *supra* note 20, para.152.

(47) 例えば Lucas Eduardo F. A. Spadano, "Cross-agreement retaliation in the WTO dispute settlement system: an important enforcement mechanism for developing countries?," *World Trade Review*, Vol.7, No.3 (2008); Shamnad Basheer, "Turning Trips on Its Head: An "IP Cross Retaliation" Model for Developing Countries, "*The Law and Development Review*, Vol.3, No.2 (2010); Frederick M. Abbott, "Cross-Retaliation in TRIPS: issues of law and practice," *in* Chad P. Bown,Joost Pauwelyn (eds.) *supra* note 4.

(48) Slater, *supra* note 44, p.1369.

(49) キューバ，インド，マレーシアによって以下の提案がなされた。Article 22.3 *bis* of the DSU: Notwithstanding the provisions contained in paragraph 3, in a dispute between a developing country Member and a developed country Member, the developing country Member shall have the right to seek authorization to suspend concessions or other obligations in any sectors under any covered agreements. (Dispute Settlement Understanding Proposals: Legal Text, Communication from India on behalf of Cuba, Dominican Republic, Egypt, Honduras, Jamaica and Malaysia, TN/DS/W/47, 11 February 2003)

（京都大学大学院法学研究科博士後期課程）

研究ノート

通商法にみる租税措置の意義[*]

古 賀 敬 作

I 序
II 混 合 領 域
 1 SCM協定の輸出補助金条項
 2 内国民待遇条項
III 適 用 除 外
 1 原則と例外
 2 不分明な領域
IV 結　語

I 序

　通商法の分野におけるWTO協定，それを補完する二国間投資保護協定（BIT）及び自由貿易協定（FTA），或いは経済連携協定（EPA）（以下，通商関連協定という）と対外租税政策を表象する租税条約とは，グローバルな経済活動の担い手である多国籍企業の行動様式（例えば，対外直接投資:FDI）を媒介として有機的に結びつきうる。[(1)]租税条約もまた，通商関連協定と同様，明示的に定立された国際法規範であり，こうした有機的な結びつきは，しばしば通商関連協定と租税条約の各法規範が同時に適用可能な状況を惹起しうる。[(2)]通商・貿易の障碍撤廃が，場合によっては一国の税制に係る課税権を制約する場合もある。翻って，一国の税制が通商・貿易を歪曲する場合もありうる。このような場合，通商・貿易の自由化と交易国の課税権の調整・制限とは関係がない，とはいえなく，また投資促進とかかる課税権の調整・制限に資する租税条約の意

義が改めて問われよう。もっとも，租税法の分野において，J. Arnold らは，「国際通商政策と国際租税政策とは従来，各々別の歴史，目的および効果を有する別個の議題を扱ってきた。……通商・貿易においては，所得税差別の問題に係る政策指針に関し租税が協議されることがほとんどないため，双方は別個に存続すべきである」，と主張する。この主張の根拠は，租税条約を含む国内租税法令の下，租税に関し，者（person）の地位が居住者（resident）か非居住者（non-resident）かにより異なる扱い（居住者納税者に比して，非居住者納税者を不利に扱う。）がなされる，という課税準則がクロスボーダーの貿易・投資の主たる障碍を表象すること又は貿易理論にみられるような理論的・実証的分析に基づき所得税差別が国全体若しくは世界全体の厚生を甚だ害するということを確証した例がほとんどないこと，に存する。故に，J. Arnold らは，通商協定は租税事項を適用除外とし続けるべきだ，と結論する。とはいえ，「通商の観点から問題とされることがらの実質が，税制の伝統的な改革目標（投資にかかる課税ルールについての内外格差の除去）と必ずしも常に相反するわけではない」。わが国の通商関連協定をみてみると，その大部分は，とりわけ租税条約に関し，適用除外とするものの，当該協定と抵触（inconsistency）する限りにおいて，当該租税条約を優先させる旨を定めている。このような規定ぶりは，双方が相互に影響を与え合う関係にある，ということの証左である。その意味で，かかる関係を可能な限り紐解き，こうした通商関連協定にみられる租税条約の適用除外ないし優先適用の理論を探究していくことは，税制の発展にも資するであろう。

　そこで，本稿では，先ず通商関連協定上の輸出補助金条項と内国民待遇条項とにおける租税条約の法的位置づけを見ることで双方の混合領域を精査し，次いでかかる混合領域の存在の裏付として位置づけられうる租税条約の適用例外ないし優先適用に係る規定に関し，NAFTA を素材として検討した後，双方の関係が不分明な領域を整理し，最後に若干の総括を行うこととする。

II 混合領域

1 SCM協定の輸出補助金条項

 1947年GATT第16条に定める補助金を精緻化し，具体化する目的上，策定された補助金・相殺措置協定（SCM協定）は，政府が輸出業者に直接税の減免又は繰り延べを容認することは「輸出補助金」に当たるとしつつも（同協定附属書I輸出補助金の例示表(e)），関連者間の産品取引において支払われる価格につきアームズレングス原則（ALP）を採用し，且つ，その行政上の措置が当該取引について直接税の相当な減額をもたらす場合には，加盟国は「通常，既存の二国間の租税条約……を利用して意見の相異を解消するよう努める」旨を定める（同(e)注3の末文）。更に同協定は，「(e)の規定は，加盟国が自国又は他の加盟国の企業の外国源泉所得（foreign-source income）に対する二重課税を排除するための措置をとることを制限するものではない」旨を定める（同注3の第5文）。OECDモデル租税条約（以下，OECDモデル条約という）をはじめとする大部分の租税条約は，ここで取り扱われるALP及びそれに係る紛争解決の手続を定める（例えばOECDモデル条約第9条の特殊関連企業条項及び第25条の相互協議条項）。また，注3の第5文においては国内租税法令上の措置と租税条約上のそれとを区別することなく二重課税排除の措置に関し言及するが，そこで定める外国源泉所得に対する二重課税の排除は租税条約がその主たる趣旨目的とするところのものでもある。故に，SCM協定と当該租税条約の各規定の適用において，それらが競合的に適用されうる混合領域は存するとみてとれる。もっとも，注3が例示表(e)の適用射程を限定するか否か，或いはSCM協定上の補助金の定義を制約するか否か，といった点に関しては，その法的位置づけ及び法的効果には争いがあるため，租税条約ないしそれに包摂される課税上の準則がどのように，又はどの程度SCM協定上の補助金規定の範疇に入りうるか否かをいまいちど精査する必要がある。

SCM協定第3.1条(a)は，禁止される補助金に附属書Ⅰに掲げるものを含む旨を定める。一方で，その注2において，「輸出補助金には当たらないものとして附属書Ⅰに規定する措置は，この条の規定又はこの協定の他のいかなる規定によっても禁止されない。」と定める。FSC税制事件上級委員会報告は[8]，「（注3）は『補助金』の一般的定義の例外を設けることを意図しているのではない」(para.93)と述べ，またEIT税制事件上級委員会報告は[9]，注3の第5文がSCM協定第1.1条における「補助金」の定義範囲を変更するとは考えられず，同様に，当該注3の第5文は例示表(e)の範囲とSCM協定第3.1条(a)における「補助金」の意味を変更するものではなく，従って「（注3の第5文）の範疇に入る措置は，当該措置がSCM協定第1.1条の下での補助金でありうる限りにおいて，輸出補助金となり得る」(paras.130-131)と説示した。こうした注3に係る解釈理論に則れば，租税条約ないしその規定がSCM協定にどのように関わってくるかについては，同協定第1.1条の補助金の定義及び注3が定める文言の意味がいかに解されるかに依ることとなろう。

かかる第1.1条の補助金の解釈に関し，FSC税制事件パネル報告は[10]，同条(a)(1)(ii)にいう[11]「政府がその収入となるべきもの（otherwise due）を放棄」しているか否かの決定を，問題となる課税上の措置がなかったならば（but for）適用しうる租税制度との比較の視座において行う，という「but for」テストを採用した（paras.7.43-7.45）。続く同事件上級委員会報告は，かかるテストを概ね支持するものの，実際に政府により徴収された税収と，問題となる課税上の措置がなかったならば政府の収入となるべき税収との間で行われうる比較の「規範的ベンチマーク」（normative benchmark）に敷衍し，その比較の基礎となるべき課税準則（tax rules）として，米国が主張するところの「一般的な国内基準」（prevailing domestic standard）を認定し，これを「各加盟国自身の選択により，単独で定立する課税上の準則」とした（para.90）。租税条約が二国間交渉の帰結であり，それがしばしば国際機関のモデル草案に基づくという事実を与

件とすれば，当該租税条約はここで示された比較の規範的ベンチマークから除かれうることとなろう。とはいえ，第1.1条の適用上，比較における必須の文言として「一般的な国内基準」に言及したEIT税制事件パネル報告は，注3の分析に際し，その第5文にいう「外国源泉所得に対する二重課税の排除」のあり方を問うべく，租税条約上の恒久的施設（Permanent Establishment: P.E.）の考え，及び当該P.E.に基づく課税方法を反映し又は二重課税排除の方法を定めるOECDモデル条約（第23A条の免除方式ないしは第23B条の税額控除方式）若しくは米国の二国間租税条約を引照する（paras.8.99-8.105）。

もっとも，上述のEIT税制事件上級委員会報告（paras.130-131）で示された注3と第1.1条との連継的な法的位置づけの下，解釈の整合性という点からすれば，ここにおいては，比較の規範的ベンチマークとして，適用しうる国内租税法上の準則に特定するのが適当か，或いは租税条約上の準則もまた，そこに含むのが妥当かについては，不明瞭である。この点，EIT税制事件上級委員会報告では，上述の「一般的な国内基準」に替え，「正当に比較しうる所得」（legitimately comparable income）に係る課税上の取り扱い，という比較の基礎となるべき課税準則が採用されたためか，そのような不明瞭な側面が幾分明らかになっている，と観察しうる。即ち，第1.1条の補助金の解釈において比較の基礎となるべき課税準則に則った国内租税法の課税要件ないしその効果が，租税条約上の準則により意味づけられる注3の第5文にいう「外国源泉所得」の文言の意味を包含する，ということである。EIT税制事件上級委員会報告は先ず，「源泉」（source）の用語の定義に関し，それは通常の語法において「事物が生み出される場所」（the place where a thing originates）に言及しうるとし，「源泉」と「原産」（origin）とを類義語とした上で，「『源泉』の用語はまた，……所得が稼得される場所について言及している」，と述べた（para. 137）。しかるのち，同上級委員会は，かかる「外国源泉所得」を「納税者が居住者（resident）ではない外国（"foreign" State）において当該納税者が稼得する

所得」であると理解した上で（para.142），そのような外国の居住者でない非居住者（not-residents）に対する課税準則に広く共通して認められる要素を内含する租税条約上の配分規定（所得類型ごとに設けられた各規定）の準則に基づき，当該「外国源泉所得」とは，非居住者の外国に牽連する活動を通じて生ずる所得であり，且つ当該国で当該所得が適切に課税に服する程度に牽連する活動から生ずる所得である，と判断した（para.145）。

こうして，「外国源泉所得」の用語に係る解釈のし方をみてみると，租税条約が当該「外国源泉所得」の用語を定義づける際の指標として用いられているということはいうまでもないが，これと併せて，上述の比較の基礎となるべき課税準則として適用しうる国内租税法上の準則がかかる租税条約上の準則に照らし併せその意味内容を与えられている，という点をここで指摘しておきたい。もっとも，SCM協定における輸出補助金条項からみて，こうした配分規定に表象される二重課税排除という租税条約の趣旨目的が，そこにおいて果たしうる役割とは何か，という疑義が生ずる。これについては，租税条約がその主たる目的とする二重課税の排除は輸出補助金規制による資源配分の歪曲是正を課税の面から行っている，とこのように考えておきたい。なぜならば，二重課税が排除されなければ，それは生産要素の賦存の差異を惹起する国際貿易の主体である多国籍企業のグローバルな活動に障碍となり，その結果，資源が一国に停滞しうる，と考えられるからである。

2　内国民待遇条項

通商関連協定は，租税条約にみられる内外無差別の準則を包摂する。K. van Raadによれば，租税条約上の主たる4つの無差別規定（国籍無差別，P.E.無差別，経費控除無差別（支払先無差別），資本無差別）のうち最初の国籍無差別は，「国際通商・貿易において国籍による差別がよくみられた時代，古くは16世紀における通商条約からの写しである」。OECDモデル条約第24条1項（国籍無

差別）に関する解釈指針（2010年度版コメンタリー）もまた，同項の史的展開に触れ，友好通商条約等の平等取り扱い条項が「後に租税条約に含まれるに至ったという事実は，決してその元来の正当性及び適用範囲に影響を及ぼすものではなかった」（第6パラグラフ第3文）とする。T. Athunayan は，「通商条約の歴史を眺めることにより，租税と貿易の問題は，長年に亘り，一の条約の下で従来，共存してきたということが分かる。このことは即ち，それらが結合されていれば実質的な抵触（conflict）は存しなかったであろう，ということを意味しうる」[16]と説く。わが国が最初に締結した包括的な所得税条約である1954年日米租税条約より遙か前に締結された1911年日米通商航海条約第1条は，「該臣民又ハ人民ハ何等ノ名義ヲ以テスルモ内國臣民若ハ人民ノ納付シ若ハ納付スルトコトルヘキ所ト異ナルカ或ハ之ヨリ多額ナル課金又ハ租税ヲ徴収セラルルコトナカルヘシ」，と租税についての内国民待遇を定めていが，1953年日米友好通商航海条約は租税及び租税条約に係る利益の付与を認める権利を内国民待遇の例外とする旨を定めている（第11条5項）。通商関連協定と租税条約は実務，施政及び学術界において伝統的に別個独立した分野として扱われてきたことに関連づけられるように，双方は歴史的にそれぞれ独自に発展してきた[17]。その意味で，この分裂が惹起しうる双方の関係については，種々の説が存する。

　I. Schlatzer による引照仮説によれば，外国の輸入業者の国内 P.E. が当該輸入から稼得する利得について，当該国の内国企業の支店よりも高い租税を課される場合には，租税条約上の P.E. 無差別規定の適用が問題となるのだが，かかる直接税が産品の価格に転嫁するとしたならば，その輸入産品と競合関係にある国内産品は当該課税の影響を受けないため，当該国内産品を保護することとなり，かかる課税上の取り扱いは GATT 第3条の内国民待遇に反する[18]。しかし一般には，同第3条は「産品」に対する内国税その他の内国課徴金について定めているため，直接税はそれから除かれるとされる[19]。G. Cappadona は，GATT 第3条が直接税を対象としているということは必要なく，「すべて種類

の租税」に租税条約上の無差別条項（国籍無差別，P.E.無差別，経費控除無差別（支払先無差別），資本無差別）が適用される旨を定める。例えばOECDモデル条約第24条6項に則れば，同条とGATT第3条とが部分的に重なり合い，且つ異なる結論を導きうる[20]，とする。G. Cappadonaによれば，同条1項（「内国税その他の内国課徴金（は）……，国内生産に保護を与えるように輸入産品又は国内産品に適用してはならない」）は同様の状況にある課税国の国民との比較における納税者の保護に焦点を当て，更に同条2項（「いずれかの締約国の領域の産品で他の締約国の領域に輸入されるものは，同種の国内産品に直接又は間接に課せられるいかなる種類の内国税その他の内国課徴金をこえる内国税（も），……課せられることはない」）は産品貿易の障碍排除をその目的とし，故に国内産品と比較される輸入産品に係る租税措置に焦点を当てる[21]。ある加盟国が，同種の蒸留酒に適用しうる税率より高い税率で輸入蒸留酒に物品税を課し，更に当該物品税に関し自国民に適用されるよりも重い賦課手続を比較しうる外国の国民に課すとしたならば，GATT第3条1項と同条2項の両規定は当該措置を禁ずるが，上述のOECDモデル条約第24条6項に基づく国籍無差別規定（同条1項）の適用はこれを禁じ得ない[22]。同条1項に関するコメンタリーによれば，取扱いの差別の有無の判断に当たっては，「通常の租税法令及び規則の観点から，法律上も事実上も，実質的に同様の状況におかれた納税者」間において比較が行われ（第7パラグラフ第1文），「（かかる）同様の状況にある自国民と外国の国民に対して租税が課される場合には，課税標準及び査定の方式の双方が同じ形式でなければならず，また税率も同一でなければなら（ない）」（第15パラグラフ）[23]。この下，同様の状況において，外国の輸入業者は課税国の自国民に留保される扱いと同じ扱いを享受しうる。同じ原産地から同種の蒸留酒を輸入する外国の輸入業者とある国内の輸入業者との比較において，当該外国の輸入業者と当該国内の輸入業者の双方には同一の税率が適用され，それらは同じ税負担に服する結果となるため，輸入蒸留酒に適用される税率はOECDモデル条約第24条に反しな

いが，賦課手続の負担は同条に反しうる。この反する限り（GATT 第 3 条 1 項と OECD モデル条約第 24 条 1 項）において，GATT と租税条約との混合領域は存しうる。

　他方，GATS 及び BIT，或いは EPA（サービス貿易章及び投資章）については，GATT に比して，FDI 及びその担い手がそれらの準則の適用に直截的に関連してくるため，一見したところ，投資交流の促進をその政策指針とする租税条約との混合領域がより明瞭であると思われる。GATS の内国民待遇（17条）は，外国のサービス提供者（自然人又は法人を含む），或いはそのような者によるサービス仕向地国内における業務上の拠点（第 28 条(d)〔支店若しくは事務所又は法人等〕）を通じた当該サービスの提供（第 2 条第 3 モード）をその適用の対象とするため，同じくそれらを適用の対象とする租税条約上の無差別規定と重なり合いうる。これを示す適例として，上述の業務上の拠点を通じたサービス提供に係る租税措置に対する両者の取扱いをとり上げてみる。GATS の内国民待遇は，例えば A 国の自然人若しくは法人が B 国内に所有し又は支配する当該業務上の拠点（支店）に対して，これと同種（like）のサービスを提供する B 国国内の業務上の拠点（支店か法人）との比較において適用される。一方，租税条約上の P.E. 無差別規定は，A 国の企業又は個人が B 国国内に有する P.E. に対して，当該 P.E. と同一（same）の活動を行う当該 B 国の企業との比較において適用される。

　いまかりに，GATS にいう「同種」の文言が含意する比較対象選定の一規準としての競争関係の有無の判断に，当該 P.E. 無差別規定が B 国の企業との比較において禁止する，事業活動に基づく当該 B 国内の P.E. に対する不利な事業所得課税（OECD モデル条約第 24 条 3 項（P.E. 無差別）に関するコメンタリーの第 35 パラグラフ第 2 文参照）が影響を及ぼしうるとしよう。その結果，上述の B 国内の支店の比較対象に同国の企業が選定されるとしたならば，双方は重なり合うこともありうる。しかし，P.E. 無差別規定は B 国国内に P.E. を有する A

国の企業又は個人に対して影響を及ぼすという（OECDモデル条約第24条3項（P.E.無差別）に関するコメンタリーの第33パラグラフ）非居住者に対する直接の差別を扱うため，GATS加盟国における内国民待遇の義務は自国の領域外に存する外国のサービス提供者にまで拡大されない，故に外国のサービス提供者とは当該待遇の直截的な受益者たる自国の領域内に存する者である，とするGATSの指針に鑑みれば，当該P.E.無差別規定とGATSの内国民待遇との適用範疇は重なり合わない。この点，B国国内の業務上の拠点が法人の場合には，当該法人と類似（similar）する当該B国の企業との比較において租税条約上の資本無差別規定が適用されうることとなるが，当該規定は一般に，「その資本を所有又は支配している者の課税には関係しない」（OECDモデル条約第24条5項（資本無差別）に関するコメンタリーの第76パラグラフ）とされることから，A国の支配企業に対して影響を及ぼさず，故に同規定の適用範疇は上述のGATSの指針に示されるその内国民待遇の適用範疇と重なり合う。留意すべきは，かかる租税条約上の資本無差別規定の目的が外国資本と国内資本とを同様に取り扱うことではなく，「同じ国に居住する（residing）納税者の間での平等取り扱いを確保することにあ（る）」とされる点である（上記第76パラグラフ）。こうした，租税条約上の資本無差別規定の目的は，「一方の締約国の国民は，他方の締約国において，特に居住者であるか否かに関し同様の状況にある当該他方の締約国の国民に課されており若しくは課されることがある租税……よりも重い租税……を課されることはない」旨を定める同条約上の国籍無差別規定（例えばOECDモデル条約第24条1項）の発動要件を充足しうる。実際に，租税条約上の資本無差別規定の適用原則は同条約上の国籍無差別規定と同じでなければならない，と判示した判例も存する（例えば英国Boake Allen Ltd.事件貴族院判決）。なお，ここでいう「居住者」の用語は，租税条約の適用上，当該条約の人的範囲を決定する規準であると同時に，一般的な国内租税法令上，その包括的な納税義務を課する規準でもある（OECDモデル条約第4条1項（居住者の定義）に関

するコメンタリー第76パラグラフ)。その意味で，同じ国における居住者と非居住者とは同じ状況にはなく，比較し得えない。

ところで，こうした資本無差別規定には，国籍無差別規定における国籍規準のような，同様の状況ある者に関し何を以って差別とするのか，といった差別の規準が存しない。そのため，くり返しになるが，それは上述のような国籍無差別規定の適用の発動を惹起しうる。K. Vogel によれば，当該資本無差別規定が禁止するところは，非居住者株主が所有する資本に付随する (attaches to) 差別的な課税である。[27] また K. van Raad は，同資本無差別規定を，居住者納税者に係る「外国とのつながり」(foreign link) に基づく間接的な差別(居住者である子会社それ自身ではなく，当該子会社の親会社である非居住者株主に対する不利な取扱い)を禁ずる規定，としてみる。[28] 故に，当該資本無差別規定は上述のA国支配企業に対して影響を及ぼしうる(上述の英国貴族院判決はこの趣旨である)。このように性質づけられうる租税条約上の無差別規定ないし国籍無差別規定は，投資母国の国民又は企業を投資受入国のそれと同一に扱う[29]，BIT上の内国民待遇とより密接に重なり合いうると推知される。

以下で見るこれらの通商関連協定が定める租税条約の適用除外は，こうした混合領域が存在することの証左であるともいえる。

Ⅲ　適　用　除　外

1　原則と例外

わが国が締結している通商関連協定の大部分は，その明文の定めによって，当該協定のいかなる規定も租税条約に基づく締約国の権利及び義務に影響を及ぼすものではない旨を定め，更に同協定と当該租税条約とが抵触する場合には，その抵触する限りにおいて，同租税条約が優先する旨を規定する。では，なぜ通商関連協定は租税条約をその適用から外すのか。その理由が両者の抵触を回避又は調整するためだとするならば，なぜ通商関連協定は租税条約を優先させ

るのか。なお，EPA のサービス貿易章は GATS の準則に準ずるが，当該 GATS もまた，租税条約をその内国民待遇の適用から外している（第14条(e)）。こうした疑義については，条約の解釈適用の点からみれば，例えばウィーン条約法条約第30条（同一の事項に関する相前後する条約の適用）が定める前法若しくは後法の優先原則（同条3項及び4項は後法優先原則），或いは「特別法は一般法を破る」(lex specialis derogate generalis) の法諺，といった法規範同士が抵触する際の解釈原理や解釈手法がここに定立されているともみてとれる。しかし，すでに明文の定めが存する以上，ここで論ずべきは，租税条約を例外ないし優先とする根源的理由である。以下では，この考察の素材として，WTO 協定に先立ち，物品貿易のほか，サービス貿易及び投資をその適用範囲に盛り込んだ北米自由貿易協定（NAFTA）における租税条約の位置づけをとり上げる。当該 NAFTA の形成においては，米加墨の各国間における通商関連協定と租税条約との締結が時系列的にみて密接に前後し，とりわけ1992年の NAFTA 締結を契機に米国を軸とする米加及び米墨の各国間における租税条約の構図が完成していることから，このことと当該 NAFTA の適用範疇に FDI が入ってくることとを併せて考えれば，同 NAFTA の考察はかかる根源的な理由を問う1つの手掛かりとなりうるであろう。

　NAFTA は，租税条約関連規定をその第21章（例外）に置く。同協定第2103条は租税措置（taxation measures）をこの協定の適用除外とした上で（同条1項），租税条約との関係について，「この協定のいかなる規定も，いずれかの租税条約に基づく各締約国の権利及び義務に影響を及ぼすものではない。この協定といずれかの租税条約とが抵触（inconsistency）する場合には，その抵触する限りにおいて，当該租税条約が優先する」旨を定める（同条2項）。ここで特筆すべきは，当該 NAFTA が，「（第2103条）2項が適用される場合を除くほか，」という条件の下で，租税措置の取扱いの差異に対する特定の保護条項を設けている，ということである。同第2103条の4項(a)は，租税条約が適用される場合

を除くほか，サービス貿易及び金融サービスにおける内国民待遇は，直接税が「特定のサービスの購入者又はその消費者に関連する限りにおいて，」当該租税に係るすべての租税措置に適用される旨を定める。なお，投資における内国民待遇の適用についてもまた，同様の扱いである（同4項(b)）。同項(a)の趣旨は，例えば一の加盟国内の医療サービスの購入者又は消費者が利用しうる医療費控除に関し，他の加盟国からかかるサービスが提供される場合に，当該一の加盟国が当該控除を容認しないことを防止することにある。すでにみたように，租税条約は一般に，P.E. 無差別規定を除けば，かかる外国のサービス提供者に対する直接の差別を扱ってはいない。したがって，4項(a)は租税条約上の無差別条項が対象としない領域を扱っている，といえる。なお，当該4項(a)がそのようなサービスの対価の支払い先に係る租税措置の取扱いの差異を禁止しているとみるならば，当該措置は，租税条約上の経費控除無差別規定（非居住者に対する間接的無差別取扱い）に則り，規律されうるであろう。

こうした，租税条約の適用を条件とするいま1つの規定例は，投資を認めるに当たって禁止される履行要求が租税措置についても適用される旨を定める，第2103条5項である。同項によれば，いかなる当事国も，投資国の領域内の国内産品の購入や一定の水準の現地調達率を充たす産品の製造，といった要件を充たすことを（第1106条3項），他の締約国の投資家による当該当事国の領域内への投資が租税に関し優遇されることの条件とすることはできないが，「（投資受入国の）領域内での工場の設置，サービスの提供，……特定の施設の建設・拡張，……を行うという要件」（同第1106条4項）を充たす場合には，かかる租税に関する優遇措置は認められる。租税条約は，租税に関し，自国居住者の国内投資に比して，外国の投資家の対内投資をより有利に取り扱うこと（例えば外国の投資家の囲い込み（ring fencing）や外国の投資家のみが利用しうる一定期間の租税減免措置）を禁止してはいない。故に，4項(a)同様，5項もまた，租税条約の適用範疇に入り得ない租税措置を扱っているとみてとれる。こうした租税

条約上の無差別準則の適用範疇に関し，非居住者である納税者（外国の投資家）に対する源泉地国（サービスや投資の受入国）が認めるべき保護範囲を広げるべきだ[33]，と主張するK. van Raadは，「近時の租税条約上の無差別準則は，二重課税を回避するという，その主たる租税条約の目的を扱ってはおらず，それは，他方の国の居住者に係る課税に関し，源泉地国として一定の役割を果たす土俵をうみ出すという，当該条約の締結国の政策的選択を反映する。この見地から，無差別準則はより広範な租税条約の目的，つまりヒト，企業及び資本の自由移動の促進という目的に資する」[34]，と指摘する。上述の4項(a)ないし5項にみる例外規定は，そうした目的を内包する租税条約上の無差別準則の適用射程を睨み，且つ，それを補完しつつ，サービスや投資の受入国（源泉地国）における非居住者に対する租税政策を反映するもの，と観察しうる。

　もっとも，このように解しても，NAFTAが原則として，そのいずれの規定の適用からも租税条約を外していることの根源的理由としては，やや中途半端な感じを免れない。近時の租税条約の基本的姿勢の1つは，居住地国課税の下，投資促進の観点から投資性所得について，源泉地国における源泉税を減免にすることに見出されうる。A. Hauflerは，国民生産効率性の観点から，「小国開放経済にとって，当該小国が賃金税を源泉ベースの資本課税と同時に取り扱い，且つ全世界的資本の移動が完全である場合には」，源泉ベースの資本課税＝零をベンチマークとすることが最適とする[35]。かかるベンチマークを国民生産の効率性から捉える見方は，国際課税における居住地国課税主義に基づくものである[36]。しかし一方で，自国とその交易国との間に租税に係る情報の非対称性が存する場合には，かかる源泉ベースの資本課税＝零が惹起する資本の国際的な移動性の高まりは，自国の課税ベースを浸食しうる。米加墨の各国間における通商関連協定の締結と前後し又はならんで締結された租税事項に関する情報交換協定は，こうした非対称性を除去し，NAFTA三国間の課税ベースの維持に係る税源配賦に資すると同時に，そうした情報交換協定の下でデザイン

されたNAFTA三国間の各租税条約は資本の自由移動による資源配分の効率性に資する，と観察しうる。当該NAFTAを含む通商関連協定における国際的な経済活動の自由化，といったその趣旨目的に照らせば，上述のK. van Raadの所論も含め，こうした機能を有する租税条約は当該通商関連協定と乖離すべくもない。そうであるからこそ，通商関連協定とそのような租税条約との混合領域は存し，そのため当該通商関連協定は，こうした混合領域における同協定の守備範囲を明確に画し，その法的安定性を確保する，という必要性により，租税条約を例外ないし優先とする，とこのように考える。さしあたっては，こうした点を高唱することを以って，上述の根源的理由するのが適当であると考える。

2 不分明な領域

わが国が締結する通商関連協定のなかには，租税条約又は租税措置のいずれか一方，或いは双方に何ら言及していない協定例が見受けられる。そのような例は，とりわけBITに見受けられる。例えば1997年対香港BIT（2010年租税条約締結）は，租税条約および租税措置について何ら言及しておらず，また2002年対韓国BIT（1970年原条約締結，1998年新租税条約締結）は租税措置のみに言及するも，租税措置の意味を定義づけていない。いまかりに，ある国内租税法令に基づく措置（租税措置）に関し，ある通商関連協定上の内国民待遇の適否が問われようとしている，としよう。このような場合，当該通商関連協定から見て，かかる租税措置はいかに解釈され，評価されうるか。この考察については，前述のG. CappadonaがGATT/WTOと租税条約とのありうる抵触の解決策について，上述のウィーン条約法条約第30条を手掛かりとして分析を行っているため，これを斟酌する。

さて，かりに，当該通商関連協定の締結国との間に租税条約が存しないとするならば，ウィーン条約法条約が定める条約解釈に関する一般規則（第31条）

に従い，もっぱら通商関連協定の趣旨及び目的（例えば投資の自由化や投資の保護）に照らして，同協定上の内国民待遇に係る解釈アプローチ（例えば競争条件同等性や措置の効果目的，といった比較対象選定の規準，或いは措置が投資受入国の合理的な政策に基づいて採られているか否か）に則って，問題となる租税措置は規律されることとなろう。これに対し，ある通商関連協定の締結国との間に租税条約が存する場合であって，当該通商関連協定が当該租税条約および租税措置について何ら言及していないときはどうであろう（上述の対香港BITの例）。ウィーン条約法条約第30条4項「条約の当事国のすべてが後の条約の当事国となっている場合以外の場合には，(a)双方の条約の当事国である国の間においては，3の規則と同一の規則を適用する。」（同条3項は，「条約の当事国のすべてが後の条約の当事者となっている場合において，……条約は，後の条約と両立する限度においてのみ，適用する」と定める。）に則れば，問題となる租税措置は後の条約である対香港租税条約に基づいて規律されうるであろうから，租税条約と国内租税法令との関係に問題は収斂する。なお，米国のように，「後法優先の準則」（later-in-time rule）を法典化し，条約と国内法が同位である場合には，租税条約締結後の国内租税立法の規定が当該租税条約上の規定にオーバーライドするという例もある〔補論であるが，GATS第14条(d)に挙示される内国民待遇の適用除外となる直接税の租税措置に関し，米国がそのFDIに適用しうる国内租税立法によって同国の所得税条約をオーバーライドするのを妨げるために，当該GATS第14条(d)を盛り込んだ，とするR. S. Avi-Yonahの所見は，米国における条約と国内法の関係を象徴する〕。もっとも，こうした，タックス・トリーティー・オーバーライドの問題については，「国際課税における法的安定性の観点から由々しい問題であり，グローバリゼーションの阻害要因になりかねない」として，異論が多い。それでは，ある通商関連協定の締約国との間に租税条約が存する場合であって，当該通商関連協定が租税措置のみをその適用除外としているときはどうであろう（上述の対韓国BITの例）。上述の条約法条約第

30条4項(a)に則れば，後の条約である対韓国BITに従って問題となる租税措置は規律されうるであろう。くり返しになるが，当該日韓BITは租税措置の意味を定義づけていない。そのため，かかる適用除外の射程範囲が不明瞭であるということは，いうまでもない。

ところで，前述のとおり，わが国の通商関連協定の大部分は，当該協定と租税条約が抵触する限りにおいて，当該租税条約が優先する旨を明文によって定めていることから，こうした協定例については，当事国の意思が条約中に明示される場合にはその規定の趣旨に従う旨を規定する，ウィーン条約法条約第30条2項に則って租税措置は同租税条約によって規律されうるであろう。では，ここでいう「租税条約が抵触する限りにおいて，」とはいかなる場合であろうか。考えられうる局面として，1つは，これまでみてきた，ある国内租税法令に基づく租税措置をめぐり，通商関連協定上の内国民待遇と租税条約上の無差別規定の双方の法規範同士が抵触する局面である。いま1つは，場合によっては当該租税条約上の無差別規定以外の一部の配分規定との抵触の局面も考えられ得よう。これは，例えば現行のOECDモデル条約上の無差別規定は，その形成過程において，当該モデル条約上の配分規定との整合性を確保しつつ，策定されたからである。換言すれば，そうした配分規定は，かかる無差別準則を包摂しうる，ということである。こうした配分規定の1つにここで触れておくと，前述のP.E.無差別規定の策定を基礎づけた事業所得条項（OECDモデル条約7条）[43]が挙げられる。当時の策定部会報告書〔欧州経済開発機構租税委員会仏蘭第4作業部会1957年1月報告書「国籍その他これに類する理由に基づく課税上の差別に関する報告書」〕によれば，これは，当時の多くの租税条約が商業上及び産業上の企業の利得に対する課税に関し，租税賦課の目的上P.E.を独立した企業として取り扱う規定を含んでいることに鑑みれば，当該企業が当該P.E.の所在地国外に課税上の住所（fiscal domicile）を有するという理由のみで当該P.E.の利得がその所在地国内の企業の利得とは異なって算定されるべ

きか否か，といった疑義が生じたからだとされる。もっとも，このような事業所得条項は，古くは1920年代の国際連盟時代のモデル租税条約草案の起案過程において，通商法上の内国民待遇と同様に，国際連盟規約第23条e項の「通商の公平」に係る規定ないし議論にその起源をおく，とされることから，上述のOECDモデル条約上の無差別規定と事業所得条項との整合性の確保は既定の路線であったかと考えられうる。そうだとすれば，通商関連協定上の内国民待遇と現行の租税条約上の配分規定，とりわけ事業所得条項との抵触はありうる，と考えてよいと思われる。

IV 結　語

以上，本稿は，通商法にみる租税措置の意義について，主として，租税条約の通商関連協定における法的位置づけに着目しつつ，解釈適用の視座において，検討を行った。冒頭でも触れたように，わが国の通商関連協定の大部分は，明文の定めを以って，租税条約を適用除外とし，更には両者が抵触（inconsistency）する場合には，その限りにおいて租税条約を優先させる。難題は，かかる適用除外ないし優先適用の根源的な理由の論証である。

租税条約，とりわけその配分規定は，米国ETI税制事件上級委員会報告の判断において，SCM協定附属書Ⅰ(e)注3の第5文にいう「外国源泉所得に対する二重課税を排除するための措置」を査定する際に比較の基礎となるべき課税準則に則った国内租税法令の課税要件ないしその効果に意味内容を与える指標として位置づけられる。これは，当該配分規定の適用要件に非居住者の所得稼得活動とその源泉地国（投資等受入国）との牽連性が見出されるからである。そのような牽連性は，「外国とのつながり」（foreign link）に基づき，非居住者（例えば非居住者株主）により支配された居住者（例えば海外現地子会社）に対する間接的差別を禁じる，租税条約上の資本無差別規定等においてもまた，見出されうる。こうした租税条約上の準則の適用は，NAFTAの下での当該租税

条約の位置づけにも象徴されるように，通商法の趣旨目的（資源配分歪曲の是正ないし通商・貿易の自由化）の達成を阻害すべくもない。このことは，通商法に，租税条約の適用除外ないし優先適用を以って，その法的安定性を確保することの必要性を惹起せしむる。

　通商関連協定と租税条約は密接に隣り合うが故に，しばしば双方の適用が重なり合う（抵触する）場合もある。こうした場合の租税条約優先適用については，租税条約と国内租税法令との関係に問題は収斂する。一般に，問題となる国内租税法令は租税条約に照らし併せ，査定されることになるが，このような租税条約と国内租税法令との関係を扱う裁判例ないし判例に示される理論の内にもまた，通商関連協定が当該租税条約適用を優先させることの根源的な理由は存しうるのではなかろうか。この点については，内外問わず，関連する裁判例ないし判例をみていくことが大切である。例えば，わが国のいわゆるタックス・ヘイブン対策税制が日星租税条約第7条1項（事業所得条項）に反するか否かが争われた事案において，最高裁判所（最判平成21・10・29民集63巻8号1881頁）が次のように判示しているのは，興味深く思われる。

　　「各締約国の課税権を調整し，国際的二重課税を回避しようとする日星租税条約の趣旨目的にかんがみると，その趣旨目的に明らかに反するような合理性を欠く課税制度は，日星租税条約の条項に直接違反しないとしても，実質的に同条約に違反するものとして，その効力を問題とする余地がないではない。」
　　「我が国のタックス・ヘイブン対策税制は，……特定外国子会社等の事業活動に経済合理性が認められる場合を適用除外とし，かつ，それが適用される場合であっても所定の方法による外国法人税額の控除を認めるなど，全体として合理性のある制度ということができる。」

　この判決を一瞥するかぎり，経済的合理性がある企業の事業活動に符合する課税制度は合理性のある制度であり，それはまた，租税条約の趣旨目的に適う合理性のある制度でもある，と読める。上述のETI税制事件上級委員会報告が示した租税条約上の配分規定の課税準則に見受けられる納税者の所得稼得活

動と所得源泉地国との牽連性に関し，その判断要素として，ここで判示された事業活動の経済的合理性が挙げられうるのであれば，そのような経済的合理性に則った租税条約上の準則を，その趣旨目的からして通商関連協定が受け入れないとは考え難く，ここに上述の租税条約優先適用の根源的な理由の1つが見出されうるのではなかろうか。微温的な考察であるとの印象を与えかねないが，この点については，機会を改めて，種々の角度から検討してゆきたいと考える。

* 本稿は，筆者の「通商法にみる租税措置の意義」と題した本学会第20回研究大会での報告に加筆したものである。なお，研究会当日の質疑応答にて，濱田太郎会員（近畿大学）より貴重なご質問を頂いた。ここに記して，感謝の意を表したい。
(1) 須戸和男「アメリカの通商政策と対外租税政策の相互関係――多国籍企業の展開を媒介として」『北海道大学大学院経済学研究科経済学研究』56巻1号（2006年）94-95頁。
(2) 国際条約間の抵触の問題については，皆川誠「条約法における特別法優先原則の位置」『早稲田大学法学』81巻4号（2006年）382頁参照。
(3) Arthur J. Cockfild and Brian J. Arnold, "What Can Trade Teach Tax? Examining Reform Options for Art.24 (Non-Discrimination) of the OECD Model," *World Tax Journal*, Vol.2, No.2 (2010), p.139.
(4) *Ibid.*, pp.139-144 and 153.
(5) *Ibid.*, p.153.
(6) 増井良啓「租税政策と通商政策」小早川光郎・宇賀克也編著『行政法の発展と変革 下巻 塩野宏先生古稀記念』（有斐閣，2001年）539頁。
(7) SCM協定の適用上，アームズレングス原則（Arm's length Principle）とは，「課税上，輸出企業とその支配下にある外国の買手との間，又は輸出企業と当該輸出企業と同一の支配下にある外国の買手との間の取引における産品の価格については全く独立の立場で（at arm's length）行動する独立の企業の間において支払われるであろう価格を用いるべきであるとの原則」である（同協定輸出補助金の例示表(e)注3の第2文）。
(8) Appellate Body Report, *United States-Tax Treatment for "Foreign Sales Corporations"*, WT/DS108/AB/R, adopted 24 February 2000.
(9) Appellate Body Report, *United States-Tax Treatment for "Foreign Sales Corporations"—Recourse to Article 21.5 of the DSU by the European Communities*, WT/DS108/AB/RW, adopted 14 January 2002.
(10) 東條吉純「WTO協定違反勧告の履行における法規範の正当性――FSC税制を巡る米欧紛争を題材として」川瀬剛志・荒木一郎編著『WTO紛争解決手続における履行制度』（三省堂，2005年）257-259頁は，米国FSC/ETI事件におけるSCM協定第1.1条の

「補助金」解釈について詳論する。
(11) Panel Report, *United States — Tax Treatment for "Foreign Sales Corporations"*, WT/DS108/R, adopted 8 October 1999.
(12) OECDモデル条約第5条（恒久的施設）1項は，恒久的施設とは，「事業を行う一定の場所であって企業がその事業の全部又は一部を行っている場所をいう」と定め，それには，特に，支店，事務所，工場，作業場，等，を含むとする（同条2項）。今日の国際租税法の一般原則となっているとされる「恒久的施設なければ課税なし」（金子宏著『租税法〔第16版〕』（弘文堂，2011年）455-456頁）という原則の下，当該モデル条約第7条（2008年）の事業所得条項は，「一方の締約国の企業が他方の締約国内にある恒久的施設を通じて当該他方の締約国内において事業を行う場合には，その企業の利得のうち当該恒久的施設に帰せられる部分に対してのみ，当該他方の締約国において租税を課することができる」旨を規定する（同条2項）。
(13) OECDモデル条約第23A条にいう免除方式とは，一方の締約国（居住地国）は，当該国の居住者である者が他方の締約国（源泉地国）で租税を課される所得に対しては，租税を課さない，という方式である（第23A条及び第23B条に関する2010年OECDコメンタリーの第13パラグラフ参照）。一方，同条Bにいう税額控除方式とは，一方の締約国（居住地国）は，当該国の居住者である者が他方の締約国（源泉地国）で租税を課された所得を含め，当該者（納税者）のすべての所得（全世界所得）を基礎として租税を算定し，その上で，他方の締約国で支払った租税を自国の租税から控除する，という方式である（同コメンタリーの第15パラグラフ参照）。なお，両方式の差異は，基本的に，免除方式は所得に着目し，一方，税額控除方式は税額に着目している，という点にある（同コメンタリーの第17パラグラフ参照）。
(14) J. R. マークセン他著（松村敦子訳）『国際貿易 理論と実証上』（多賀出版，2002年）5頁。
(15) Kees van Raad, "Nondiscrimination from the Perspective of the OECD Model and the EC Treaty — Structural and Conceptual Issues," *in* Revuven S. Avi-Yonah, James R. Hines Jr. and Michael Lang (eds.), *Comparative Fiscal Federalism* (Kluwer Law International, 2007), p.56.
(16) Turki Althunayan, *Dealing with the Fragmented International Legal Environment WTO, International Tax and Internal Tax Regulations* (Springer, 2010), p.111.
(17) Alvin C.Warren, JR., "Income Tax Discrimination Against International," *Tax Law Review*, Vol.54 (2001), p.158.
(18) Iris Schlatzet, *The WTO and other non-tax treaties* (VDM Verlag Dr. Müller, 2005), pp.120-121.
(19) See e.g., Fischer-Zernin, "GATT versus Tax Treaties? The Basic Conflicts between International Taxation Methods and Rules and Concept of GATT," *Journal of World Trade Law*, Vol.21, No.3 (1987), p.42.

(20) Gerlando Cappadona, "WTO, GATT, Tax Treaties and International Taxation: The Effects of their Interactions and the Possibilities of Conflict," *Diritto e pratica tributaria internazionale*, Vol.IV, No.4 (2004), pp.468-469.
(21) *Ibid.*, p.471.
(22) *Ibid.*
(23) *Ibid.*, p.472.
(24) Nicolas F. Diebold, *Non-Discrimination in International Trade in Services 'Likeness' in WTO/GATS* (Cambridge University Press, 2010), p.69.
(25) *Ibid.*, p.215.
(26) [2007] UKHL 25; [2007] STC 1265. 本件は，英国のインピュテーション税制の下，英国居住者法人（子会社）によるその親会社への支払い配当に係る前払い法人税（ACT）の納付について，当該親会社が英国居住者法人である場合には，Group Income Election の選択制（1988年法人所得税法第247条）によりその納付を不要とする措置が，英日租税条約及び英米租税条約上の資本無差別に反する否かが争われた事案である。
(27) Klaus Vogel, *Klaus Vogel on Double Taxation Convention* (Kluwer Law International, 1997), p.1331.
(28) Kees van Raad, "Nondiscrimination in Taxation of cross-border income under the OECD Model and EC Treaty rules-a concise comparison and assessment," *in* Henk van Arendonk, Frank Engelen and Sjaak Jansen (eds.), *A Tax Globalist* (International Bureau of Fiscal Documentation, 2005), pp.142-143.
(29) 小寺彰・松本加代「内国民待遇——内国民待遇は主権を脅かすか？」小寺彰編著『国際投資協定——仲裁による法的保護』（三省堂，2010年）84頁参照。
(30) 条約法条約第30条については，井出真也「条約法条約三〇条の意義と限界について——いわゆる『同一の事項に関する相前後する条約の適用』という問題について」『立命館法學』279巻5号（2001年）41頁以下参照。
(31) ARTHUR J. Cockfield, *NAFTA Tax Law and Policy* (University of Toronto Press, 2005), p.48.
(32) Ruth Mason, "Tax Discrimination and Capital Neutrality," Arailable at http://ssrn.com/abstract = 1309662 (as of April 30, 2011).
(33) Kees van Raad, *supra* note 28, p.137.
(34) *Ibid.*
(35) Andress Haufler, *Taxation in Global Economy* (Cambridge University Press, 2001), p.58.
(36) See e.g., Jacob A. Frenkle, Assaf Razin and Efraim Sadka, *International taxation in an Integrated World* (Cambridge MIT Press, 1991), p.23.
(37) 柳赫秀「国際経済法」小寺彰・岩沢雄司・森田章夫編著『講義国際法〔第2版〕』（有斐閣，2010年）413頁参照。

(38) Gerlando Cappadona, *supra* note 20, p.460.
(39) 小寺彰・松本加代「前掲論文」(注(29)) 99頁参照。
(40) See e.g., Anthony C. Infanti, "United States," *in* Guglielmo Maisto (eds.), *Tax Treaties and Domestic Law* (International Bureau of Fiscal Documentation, 2006), p. 369.
(41) Reuven S. Avi-Yonah, "Treating Tax Issues Through Trade Regimes," *Brooklyn Journal of International Law*, Vol.26 (2001), p.1687.
(42) 金子宏「租税条約と国内租税法との関係」金子宏著『租税法理論の形成と解明 下巻』(有斐閣, 2010年) 134頁。
(43) OECDモデル条約を含む二国間租税条約上の事業所得条項は, 注(12)で述べた「恒久的施設なければ課税なし」の原則を定める。平たく言えば, 例えば外国法人に対しては, その恒久的施設がなければ当該恒久的施設に帰せられる利得である事業所得ついて租税を課せられない, という趣旨の原則である。規定の内容については, 注(12)を参照されたい。
(44) OEEC Working Party No.4 of Fiscal Committee (Netherlands-France), *Report on Tax Discrimination on Grounds of Nationality or Similar Grounds*, FC/WP4 (57) 1, 1957, p.6.
(45) 渕圭吾「国際課税と通商・投資関係条約の接点」『RIETI Discussion Paper Series』10-J-040, Available at http://www.rieti.go.jp/jp/publications/nts/10j040.html (as of April 30, 2011).

(横浜国立大学成長戦略研究センター研究員)

〈文献紹介〉

Daniel Bethlehem, Donald McRae, Rodney Neufeld
and Isabelle Van Damme (eds.),
The Oxford Handbook of International Trade Law,
(Oxford/New York: Oxford University Press, 2009, 801p.)

小 林 献 一

　本書は，2009年に Daniel Bethlehem（英国外務省法律顧問），Donald McRae（オタワ大学教授），Rodney Neufeld（カナダ外務国際貿易省法務官），Isabelle Van Damme（クラーレ大学法学部講師）の編集で Oxford 大学出版会から発行された。不思議な書籍である。本書はタイトルとして「ハンドブック」という語が冠されており，語義通り，読者は既存の議論をまとめた「案内書」であることを期待する。しかしながら，その期待ははやくも１頁目から破られる。編者は本書の目的について，世界貿易機関（World Trade Organization: WTO）設立後，国際通商法が実定法及び判例法の両面で急速に発展している現状を踏まえ，既存の議論の枠組みを越えた広い文脈のなかで国際通商法のレジームを捉え，その全貌を示すこととする（１頁）。「案内書」であるにも関わらず，冒頭から「既存の議論の枠組み」を越えた内容であることが謳われているのである。左記編集方針に則って，本書は以下の５つのパートにより構成されている。第１部が「世界貿易制度の経済及び制度的背景」，第２部は「実体法」，第３部が「紛争手続」，第４部は「貿易と……新しい課題と関連する問題」，そして第５部が「より広い枠組み」と議論は展開されていく。読者が「国際通商法ハンドブック」というタイトルから受ける期待に添っているのは第２部と第３部くらいで，その他の箇所は一見「案内書」ではなく，むしろ「研究書」と見間違えるようなタイトルが並んでいる。

　他方，WTO 紛争解決手続に国際法としては異例ともいえる強い法的拘束力が認められたこともあり，WTO を中心とした国際通商法システムは否応なしに他の国際法・経済・政治レジームと重なり合い関連しあいながら発展している。その結果，国際通商法の「境界」は，WTO 法本体の実体法や（紛争）手続法と比較しても，より大きな注目を集めかつ論争の対象となっている。このように少し広い観点から本書のタイトルに使われている「国際通商法」という語を捉えると，本書を単なる WTO 法のハンドブックではなく，WTO 法を核とした周辺学問領域を広く含む国際通商法の案内書として編んだ編者たちの意図が浮かび上がってくる。その意味では，本書のハイライトは国際通商法の中心部分を扱った第２部と第３部ではなく，「境界」に関する議論の案内である第４部と第５部であるといえよう。なお，ハンドブックとしては極めて斬新な構成は，本

書のアドバイザリー・コミッティーのメンバーにも由来するのであろう。同委員会は，Steve Charnovitz, Valerie Hughes, 岩沢雄司, Joost Pauwelyn という，まさに「境界」における議論をリードしてきたメンバーにより構成されており，これらメンバーによる様々な過去の魅力的な論考が本書の苗床となっていることを想起させてくれる。

　国際通商法の中心部分である WTO 法について扱う第2部と第3部は，前者が実体法，後者が紛争手続に関する議論を扱っている。通常，WTO 法のハンドブックが実体法に関する議論に多くの紙幅を割いているのに対して（例えば Peter Van den Bossche, *The Law and Policy of the World Trade Organization* (Cambridge, 2004) 等を参照。），本書においては実体法と紛争手続に関するパートがそれぞれほぼ同じ分量となっている。その結果，WTO のなかで重要な位置を占める農業や貿易救済措置については，本書ではほとんど触れられていない等，実体法に関する議論については些か内容的に物足りない感は禁じ得ない。また扱われているトピックについても，ハンドブックとしての機能を果たしうるのか首肯しかねる内容の論考も収められている。例えば，関税及び貿易に関する一般協定（The General Agreement on Tariffs and Trade: GATT）を扱った Federic Ortino の論考は，前段では GATT 全体の根幹である数量規制（GATT XI 条），内国民待遇（GATT III 条），そして一般例外（GATT XX 条）にフォーカスしコンパクトで的を得た説明がなされている一方（131頁以下），後段では WTO と国際通貨基金（International Monetary Fund: IMF）の関係や GATT とセーフガード協定の関係等，ガイドラインというよりは学術論文で扱われるような専門的な議論が展開される等（146頁以下），本書の目的（及び想定される読者の関心）とどこまで合致しているのか疑問な点もある。

　一方，紛争手続に関して扱った第3部は，現 WTO 法務部長の Valerie Huges による紛争解決手続の制度論からはじまり，初代 WTO 法務部長の Wiliam Davey が紛争解決手続の限界について論じて閉じられるという，まさに，紛争手続に関する一線級の評者により構成されている。新旧 WTO 法務部長のほかにも，我が国が米国のアンチ・ダンピング行政見直しにおけるゼロイング措置の WTO 協定整合性について争った（DS376）際に助言を受けたシドレー・オースティン法律事務所の Nicolas Lockhart 弁護士をはじめ，実際に WTO の紛争解決手続の第一線で活躍する識者が執筆を担当しているうえ，内容についても，管轄権，適用法，手続，証拠，審査基準，履行問題と，実務家の用にも十分に耐えうる充実した内容となっている。

　続いて，本書の中心課題である国際通商法の「境界」分野を扱った第4部と第5部について見てゆきたい。第4部はタイトルからして"Trade and ……"とされており，まさに「境界」に関する論考が7つ納められている。各章ではそれぞれ，開発，環境，労働，人権，健康，投資，そして競争政策と貿易の関係が論じられ，第2部同様，執筆陣も充実した顔ぶれとなっている。一例を挙げれば，「貿易と開発」については途上国向

けの紛争解決手続支援で有名な WTO 法アドバイザリー・センターの Hunter Nottage,「貿易と環境」については気候変動枠組条約のエキスパートである Daniel Bodansky,「貿易と労働」は長年 WTO 事務局法律部に勤務し紛争関連の論文も数多く執筆している Gabrielle Marceau, そして「貿易と競争」は初代上級委員のひとりである松下満雄によりそれぞれ執筆されている。

これらきら星のごとき執筆陣は，読者の期待に勝るとも劣らない魅力的な論考を展開してくれている。例えば Nottage は，途上国が WTO 紛争解決手続を利用しない（できない）理由について，WTO 法アドバイザリー・センター法務官ならではの慧眼を読者に提示してくれる。Nottage はまず上記理由として通常挙げられる4つの原因を確認する。①法律に関する専門知識及び外部弁護士を雇う資金の不足，②貿易障壁を特定し撤廃を働きかける国内メカニズムの欠如，③小規模な国内市場と世界貿易への影響の少なさ，④政治的及び経済的制裁への恐れである（490頁以下）。これに対して，アドバイザリー・センターでの経験を踏まえ，Nottage はこれらの通説の他に実はより根本的な理由があることを明らかにしていく。発展途上国貿易のほとんどは特恵関税規則のもとで通関されている。しかしながら，そもそも特恵関税規則は WTO 紛争解決手続了解第1条により紛争解決手続の対象外とされていることから，途上国による紛争解決手続の利用率は低率に留まっていると指摘されている（498頁以下）。Nottage は，対 EU や対豪州ではほぼ50％，対米国や対日本ではほぼ30％を占める途上国の特別関税貿易が紛争解決手続の対象外とされることにより，途上国は WTO 設立の果実である WTO 法の「安定性と予見可能性」のメリットを享受できていないとの問題提起を行う（502頁）。ドーハ開発アジェンダ（DDA）が停滞するなか，「貿易と開発」の問題は益々重要性となっており，途上国支援の実務経験に裏打ちされた Nottage の指摘は瞠目すべきものであることは間違いない。なお，Robert. E. Hudec をはじめとした新自由主義経済学に基づく特恵関税問題に関する伝統的な批判（例えば，Hudec は，（Nottage 自身も本章で引用しているとおり）特恵関税制度は途上国の経済発展に寄与しないとしたうえで，その理由として，①本来は関税撤廃等の貿易自由化に伴い不可避となる国内改革が実施されないこと，また②一方的な特恵関税制度のもとでは先進国から本当にメリットのある実質的なマーケットアクセスを獲得できないこと等をあげている。Robert E. Hudec, *Developing Countries in the GATT Legal System*, (Gower, 1987) 参照。）が，Josef E. Stiglitz 等により再批判を受けている等（一例として Josef E. Stiglitz（鈴木主税）*Globalization and its Discontents* (W W Norton & Co Inc., 2002)『世界を不幸にしたグローバリズムの正体』（徳間書店，2002年）を参照。），最近の開発経済学における議論と成果にも言及されれば，政策提言としての説得力がより増したであろう点は些か残念である。

Bodansky は，膨大な領域に跨がる「貿易と環境」に関する問題を，ハンドブックとしてコンパクトに30頁程度の Nutshell にまとめることに成功している。Bodansky は，

自由貿易が環境に及ぼす物理的及び経済的影響，そして貿易と環境に関する問題の歴史的経緯を整理したうえで，環境関連措置を評価する要因として5つの基準を提示している。「貿易と環境」については，これまで様々な問題についてありとあらゆる角度から数多くの論者が議論してきており，これらをどのような切り口でまとめるかがハンドブックのポイントとなる。Bodansky が挙げた5つの切り口，すなわち①環境関連措置が貿易に狙いを定めたものであるか，②環境関連措置の機能はなにか，③環境関連措置は多国間のものか一方的なものか，④環境関連措置が域外適用されるものか，そして⑤環境関連措置が製品規格（Product Standard）か生産工程・生産方法規格（Processes and Production Methods Standard）かは，WTO のパネル・上級委員会の過去の判例を踏まえた適切な基準であり，読者に「貿易と環境」の問題に関する明確な全体像を提示してくれている（518頁以下）。

　「貿易と労働」について論じているのは Marceau である。WTO の世界で「貿易と労働」というと，ナイキの児童就労問題やシアトル閣僚会議決裂の要因といった政治的で些かセンセーショナルなイメージがすぐに想起される。しかしながら，Marceau は本稿の目的について，「貿易規制を通じて（貿易相手国の）労働者保護を強化すべき」といった政策論を論じることではなく，「WTO 規範と労働規範の法的関係」を分析する法律論を展開することとする（542頁）。冒頭の言のとおり，本章においては最恵国待遇や内国民待遇といった既存の GATT／WTO 規制の枠組みのなかで労働の問題がどのように扱われうるのか，すなわち，製品規格は同じであるものの，一定の労働基準を満たさない環境で生産された製品は，GATT Ⅰ条や同 Ⅲ 条のもとで，同種の産品とみなされるのか，また仮に同種の産品とみなされる場合には GATT XX 条による例外扱いが認められうるのか，さらには一定の労働基準を満たした環境で生産されることを強制規格とすることは TBT 協定上認められるのかといった，精緻な法律論が展開されている（545頁以下）。Marceau は，少なくとも環境関連措置の文脈においては製品規格以外の基準による規制が WTO 整合的であると認められた事例が存在することを根拠に，貿易相手国の労働基準を根拠とした輸入規制も GATT や TBT といった既存の WTO 協定と整合的たり得るとの見方を示している（568頁）。1980年代以降の新自由主義に基づいた規制緩和の時代が終わり，21世紀は気候変動枠組に代表されるような規制の時代となることが指摘されるなか（例えば，中野和夫・萱野稔人『超マクロ展望』（集英社新書，2010年）等を参照。），先進国の雇用問題と密接に関わる労働基準規制の問題は，環境とともに国内・国際規制の対象となる可能性が高い。このことを踏まえると，一私人の立場からの論考であるとはいえ，WTO 事務局の法律エキスパートが，貿易相手国の労働基準を理由とした貿易制限措置が既存の WTO レジームのなかで認められ得るとの見方を示していることは示唆的である。

　第5部は，更に広い「境界」の問題について論じた3論文，「WTO と市民社会」

(Marcos A Orellana),「国際通商法,国連法,集団安全保障」(Laurence Boisson de Chazournes 及び Theo Boutruche),そして「多国籍企業の規制と国際通商法」(Craig Forcese) が収められている。特に,法規制が未整備な途上国においては CSR 等による企業の自助努力では環境や労働者の保護といった公共福祉が侵害されやすいことを踏まえ,そのギャップを埋めるために国際通商法が活用されるべきである (725頁) という Forcese の視点は興味深い示唆を与えてくれている。企業価値 (より直截には株価) の最大化を最優先する資本主義システムのなかでは,CSR 等の企業の自助努力によっては環境や労働者に対する企業責任は必ずしも果たされないという指摘 (727頁) は,"Supercapitalism" における Robert B. Reich の指摘とも符合する (Robert B. Reich (雨宮寛・今井章子訳), *Supercapitalism: The Transformation of Business, Democracy, and Everyday Life,* (Knopf, 2007)『暴走する資本主義』(東洋経済新報社, 2008年)。左記状況を踏まえ,Forcese は数多くの投資協定に盛り込まれている投資家対国家の紛争規定に制限を課すこと,例えば,投資家の当事者適格に公益の観点から制限を課すこと,さらには公益保護を理由に国家が投資家を訴えることを可能にするといった仕組みを提案している (739頁以下)。途上国における日系企業に対する不当な投資規制が散見される現状を踏まえると,Forecese の提案する個々の仕組み自体には必ずしも首肯し得ない一方,規制が未整備な途上国における企業の社会的責任の問題を,国際通商法の枠組みのなかで担保すべきという問題提起は,急速にグローバル化が進むなかで,環境問題に代表されるような世界全体の厚生を考える必要に直面している我々には避けては通れない論点を提起しているといえよう。

　以上のように,本書は WTO 法のハンドブックに期待する読者のニーズには必ずしも応えきれていない面はあるものの,WTO 法を中心とした幅広い学際領域を含む国際通商法の案内書として本書を編んだ編者たちの目的は十分に達せられているといえよう。

　なお,本書については,NICHOLAS LAMP による評釈もある (59(2) *International and Comparative Law Quarterly,* pp.529-532 (2010))。

(三菱 UFJ リサーチ&コンサルティング国際事業本部国際研究部研究員)

Meredith Kolsky Lewis and Susy Frankel (eds.),
International Economic Law and National Autonomy

(Cambridge: Cambridge University Press, 2010, 300p.)

小　林　友　彦

1　本書の概要

　第1部は，グローバルな法規範と国内法規範との間の関係を扱う総論的な3本の論文からなる。

　第1章 "The End of the Globalization Debate" において，著者 Robert Howse（New York University 教授）は，今日では反グローバリズム運動でさえも何らかのグローバル又はトランスナショナルな価値を標榜していることから，ローカルな価値を標榜する場合であっても「国家」はすでに一方の対立軸たりえないと指摘する（16頁）。それゆえ，グローバル化と国家の自律性の関係について普遍対個別であるとかグローバルな価値とローカルな価値の対峙といった構図で捉えることはできない。2008年の世界金融危機以降各国の主権的作用が強化される方向に進みグローバル化が押しとどめられたとの見方については，表面的で失当だと指摘する。ブラジル・インド・中国等がグローバル化を拒否せずにそれを利用して国益を伸長させている点を看過すべきでないという（21頁）。

　第2章 "Global Economic Institutions and the Autonomy of Development Policy: A Pluralist Approach" において，福永有夏（早稲田大学准教授）は，特定された任務を与えられたグローバル経済機関（GEIs）のうち WTO・世銀・IMF の3つを取り上げ，グローバル法秩序と国内法秩序の関係を再検討する。具体的には，GEIs が国家の開発政策に介入するようになるにつれて「民主制の赤字」と「経済性への偏向」の問題が提起されていることに着目し，この問題を処理するための理論枠組みの構築を図った。従来の GEIs 批判において国内法秩序を侵食するものとしてグローバルな法秩序が生起しつつあると認識されているのに対し，著者は，一元論でもなく二元論でもない「多元論」アプローチを提唱する（本書37頁）。このアプローチに従えば，グローバル法秩序と国内法秩序の間にはいまなお不連続性があるため，上記2つの問題については各国家の内部で対応するよう促される。

　第3章 "Fragmentation, Openness, and Hegemony: Adjudication and the WTO" において，Jason Beckett（University of Leicester 講師）は，権力性を隠ぺいした観念的な「憲法化」や「整合性」の追求に代えて，オートポイエーシスとして理解する再構成を模索する。著者によれば，国内法類推に基づく専門化と非政治化によって国際公法を統

一的法体系にしようとする試みは，その一方で国際法内部における機能的差異化を促していわゆる断片化（fragmentation）をもたらしたという。では専門分化したそれぞれの法システムが開放的になり，他の法システムとの調和的解釈を図ればよいかといえば，そうともいえない。なぜなら，そのような作業自体が他の法システムを従属させる行為になりうるし，第3の上位システムを援用するのも権力の正当化行為だからである。つまり，憲法化や整合性の追求は，断片化への解決を提供しない。それゆえ，オートポイエーシスの観点から，整合的に制御しえない分断化や矛盾抵触が存在しつづけるものと直視することこそ責任ある対応を取るために必要だとされる（68頁）。

第2部は，WTO協定の一部をなす衛生植物検疫（SPS）協定，貿易関連知的財産権（TRIPS）協定，GATT及びサービス貿易一般協定（GATS）の解釈が国内法体系に及ぼす影響について分析した4本の論文からなる。

第4章 "Demanding Perfection. Private Food Standards and the SPS Agreement" において，Tracey Epps（ニュージーランド外務省上級アドバイザー）は，民間団体の設定する食品安全基準について，拘束力はなくとも実質的な世界標準として確立することによって企業を拘束し，SPS協定の求める貿易自由化及び透明化という本旨を損なう恐れがあることを指摘する。

第5章 "Eroding National Autonomy from the TRIPS Agreement" において，Susy Frankel（VUW教授）は，TRIPS協定は画一的な規準ではなく最低基準を設け，協定の実施方法を加盟国に委ねるという形で国家の自律性を認めていると整理する。他方で，地域貿易協定や分野別協定によって徐々に加盟国の裁量範囲は縮減する方向にあると指摘する。

第6章 "The WTO and RTAs: a 'Bottom-Up' Interpretation of RTAs' Autonomy over WTO Law" において，Alberta Fabbricotti（La Sapienza University, Rome研究員）は，WTO協定との整合性の観点から全ての地域貿易協定（RTA）を評価するトップダウン・アプローチに代えて，それぞれのRTAの規定を実証的に分析し，慣習国際法の存否を検討するボトムアップ・アプローチを提唱する（120頁）。そして，RTAが，黙示の国際慣習としてWTO協定上の義務に優越する自律性を有しうると主張する。

第7章 "'Gambling' with Sovereignty: Complying with International Obligations or Upholding National Autonomy" において，Henning Grosse Ruse-Kahn（Max Planck Institute for Intellectual Property, Competition and Tax Law in Munichフェロー）は，「米国―オンライン賭博」事件WTO紛争処理手続を再検討する。そして，大国がGATS第21条に基づく約束表の修正を利用できるのに対し，小国にとってはWTO協定上の義務と国家の自律性とを調和的に維持するのは困難だと指摘する。

第3部は，国際経済法規範や制度に対して国家がどのような対応を取ってきたか又はどのように対応すべきかをめぐる諸問題を検討する3本の論文からなる。

第8章 "Safety Standards and Indigenous Products: What Role for Traditional Knowledge?" において，Meredith Kolsky Lewis（Victoria University of Wellington 上級講師）は，伝統的に利用されてきた先住民製造産品に対する貿易制限に関して SPS 協定が過度に大きな権限を輸入国側に付与していないかという問題を提起する。そして，「伝統的知識」の概念を従来のような知的財産権保護の文脈のみでなく，先住民製造産品の安全性評価の場面でも活用することを提唱する。

第9章 "The GATS and Temporary Migration Policy" において，Rafael Leal-Arcas（Queen Mary, University of London 上級講師）は，移民政策についてサービス貿易の文脈で取り上げた。具体的には，EU において第4モードのサービスとしての短期的な自然人の移動が厳格に規制されている一方で，競争力ある社会の構築のためには移民の受け入れが不可欠だとも認識されているという相反する状況があることに光を当てた。

第10章 "A Different Approach to the External Trade Requirement of GATT Article XXIV: Assessing 'Other Regulations of Commerce' in the Context of EC Enlargement and Its Heightened Regulatory Standards" において，Pinar Artiran（Istanbul Bilgi University 講師）は，GATT 第24条における "other regulations of commerce" の整合的解釈が困難であることが，多数国間主義と地域統合との間の緊張を生じさせていると指摘した。

第4部は，国際経済法の変容とその行方について検討する政策志向的な3本の論文からなる。

第11章 "Foreign Investors vs. Sovereign States: Towards a Global Framework, BIT by BIT" において，Ko-Yung Tung（Morrison & Foerster 法律事務所シニアカウンセラー）は，グローバル化が外国投資を変容させたこと及び国際規範と国内規制の間の緊張関係について，世銀における経験をふまえて解説した。まず，グローバル化に伴って外国投資額がここ20数年で急増したのみならず，投資対象となる産業の多様化，投資家（政府系ファンドを含む）の多様化そして投資の仕向地の多様化をもたらしたことを跡付ける。この結果として諸国の利害は錯綜し，いくつかの基本規定や仲裁廷のみに部分的な共通性がみられる多数の投資協定が複雑に併存することとなった。とりわけ投資紛争処理に際しては環境保護との調整や裁判拒否の認定方法等において困難な問題が提起されている。このような状況は将来にわたって解消される見込みがないものの，著者によれば，投資の双方向化が進み，各国が投資母国にも投資受入国にもなるのが常態となれば，両者の間のバランスを図る形で調和へと向かうと期待できるという（268頁）。

第12章 "What About the People? How GATS Mode 4 Transforms National Regulation of Temporary Migration for Remittances in Poor Countries" において Jane Kelsey（University of Auckland 教授）は，伝統的には社会的・文化的な目的から各国がサービスを規制してきたのに対し，サービス貿易の自由化のためにサービスを貿易可能な商

品と捉えるようになったと構成する。その基盤的ルールであるGATSにおいて短期的な移動労働者がサービス貿易の提供者と位置付けられたことで，本国送金目的の越境出稼ぎ労働者に対する国内規制上の位置づけも変わることとなった。その一方で，自由化に関する規律が緩やかであったために，とりわけ出稼ぎ労働者の本国送金に依存する途上国にとって不利な影響が生じたというのが，著者の問題意識である（270頁）。フィジーにおける取組みにも触れながら，経済的要素だけでなく雇用・移民・人権という観点を含めた規律を設けることが必要であるにもかかわらずドーハ・ラウンド交渉も地域貿易協定も現時点では限定的な役割しか果たしていないと著者は問題提起する。

第13章 "Reconceptualising International Investment Law: Bringing the Public Interest into Private Business" において，Kate Miles（University of Sidney 講師）は，国際投資法が投資受入国の公益等に適切に配慮できるようにするための実体的及び手続的な方策を提唱する。まず，国際投資仲裁手続において手本とされた国際商事仲裁は私人間紛争の処理には適していても，一方当事者である国家の公益に対して十全に配慮できないと指摘する。しかも，実体的規律において国際投資協定は投資家保護に偏っていることから，手続と実体の両面において，投資受入国の公益に適切な配慮が払われていないというのが，著者の問題意識である（296頁）。これを解消するために著者は，非国家主体やソフトローを取り込み再構成を図る近年の国際法学説をふまえて，立法条約の定立，慣習国際法の形成，紛争処理手続の改革，非公式ネットワークの活用という4つの方策を提示する。

2 評 釈

本書は，Victoria University of Wellington にニュージーランド国際経済法センター（NZCIEL）が設立されたことを記念して2007年に開催された同名の国際会議における報告を基にして編集された論文集である。国際的規律の拡大・強化によって国家の自律性（autonomy）にどのような影響が及びつつあるかに注目した同会議では，2本の基調演説の他，「途上国の自律性」，「国際法的視点」，「サービス及び労働問題」，「国際金融機関及び投資に関わる問題」，「WTO上の義務の実施・遵守」，「公私の利益の収斂」及び「地域貿易協定・投資協定」に関する7つのセッションが設けられ，2日間にわたって17本の報告がなされて議論が交わされた。その後，2010年に刊行された本書では，構成を第1部「国際経済法における収斂と拡散の概念設定」（第1-3章），第2部「WTO協定の解釈：その示唆と結果」（第4-7章），第3部「国際経済法上の約束への対応」（第8-10章），そして第4部「国際経済法の変容」（第11-13章）に再編して，13本の論説を収録している。

本書の書名に示された論点は，新奇なものではない。国際法の進展はほぼ常に国家主権とのせめぎ合いを内包してきたのであり，国際経済法においてもそれはあてはまる。しかしながら，本書の特色は，13人の第一線の研究者が国際経済法分野における国際規

範と国家の自律性の関係という共通テーマを中心に据えて，幅広い論点について多様な観点から共時的に分析した，統一性のある共同作業の成果となっている点にある。構成も，明瞭である。基になったシンポジウムの構成がやや総花的であったのに対し，理論分析，WTO協定解釈，個別実証分析，政策提言に再構成して統一テーマを多面的かつ包摂的にカバーしている。最大公約数的な書名の下に相互の関連性の少ない論文が並べられるのではなく，本書では統一テーマが各論文の通奏低音として共有されており，それゆえの全体的な調和が見られる。

　幾分集約されたとはいえ本書所収の各論文は対象範囲が広範であり，主張も多様であるため，紙面の制約により各論文の全てについて個別に評釈を加えることは差し控える。以下では，この問いに最も直接的に取り組んだ第１部に重点を置いて若干の評釈を加えることによって，紹介者の責を果たそうとする。

　まず，Howse論文は，2008年にHarvard Law Reviewに執筆した同名のレビュー論文の続編という位置づけを有するものの，本書の基となったシンポジウムの副題として提起された「収斂か拡散か？」(Convergence or Divergence?) という問いに対して，答えはそのいずれでもないと明らかにすることでもって本書の理論的到達点を示している（２頁）。次に，福永論文は，世銀，IMF，WTOによる国家主権に対する介入について１つの国際法と１つの国内法が対立する構図でとらえず，国際法も国内法も複数存在し，それらが部分的には結合しつつもいまだに部分的に不連続性があることに着目して「多元論的アプローチ」を提示するという形で，より現実と整合的な理論枠組みを示したという意義を有する。また，Beckett論文も，福永論文と同様に国際規範と国内的自律性の間の矛盾抵触が存在すること自体を所与のものと受け止める。いずれか一方を優越させる形であれ両者を調和させようとする形であれ，過度の体系化・統合化を追求しても無益であり，むしろそのような矛盾抵触がどのような場合に起こりどのような不都合をもたらしその処理のためにどのような費用がかかるか検討する作業に目を向けるべきだと主張することで，次の次元へと議論の扉を開く意義を有する。

　以上のような部分的な紹介にとどまるものの，本書は国際経済法及び国際法の研究者に様々な新しい論点と議論を提起する良書であり，本誌において紹介するに値すると考える。評者の読み違いによる誤りもあるかと思われるが，寛恕を願いたい。

（小樽商科大学商学部准教授）

Kyle W. Bagwell, George A. Bermann and Petros C. Mavroidis (eds.),
Law and Economics of Contingent Protection in International Trade
(New York: Cambridge University Press, 2010, viii + 424p.)

浪 本 浩 志

1　本書の概要

　本書は，Columbia Studies in WTO Law and Policy シリーズの3冊目にあたり，編者らによって開催される WTO 法セミナーに招聘された専門家による成果を収めたものである。このセミナーには現代の国際貿易レジームに通暁する法学者，経済学者，実務家，政府関係者等が集められ，本書はこれら著名な専門家による検討の成果である。今回は，国際貿易における条件付き保護（いわゆる通商救済措置）の法と経済学と銘打ち，補助金相殺関税措置，ダンピング防止措置，セーフガード措置に関する諸論点について法学，経済学的な視点からの論考とそれに対するコメントによって構成されている。

2　構成と内容

　本書は，補助金と相殺関税措置を分析対象とする第1章から第5章，主にダンピング防止措置を対象とする第6章から第9章，セーフガード措置を対象とする第10章から第11章の3部にわけることができる。また，それぞれの協定を概説する章（Overview）がはじめに設けられ，これら概説を通読するだけでも通商救済措置を深く知ることができる。各章の内容は以下の通りである。

　第1章（Jan Wouters & Dominic Coppens）で補助金を規律する補助金相殺措置協定および農業協定の概要が80頁余りにわたって法的観点から解説された後，第2章（Robert Howse）では補助金協定の規律から除外されていた補助金（non-actionable subsidies）の復活について検討している。ここでは，WTO ルールが（国内）補助金を規律する理論的根拠となる考え方のいくつかを批判を交えて紹介し，いずれの考え方を基礎としても規律対象外の補助金を事前に設定することが望ましいとする。

　第3章（Joseph Francois）は，WTO の現在の慣行によると，相殺関税の対象となる補助金の利益額が必ずしも経済的（競争上の）利益と一致しない点を指摘し，輸出先市場での競争上の利益の観点から相殺関税対象額を分析している。それによると交付される補助金の額が同額であっても，生産補助金と一般的な輸出補助金，輸出先市場を特定した輸出補助金では，輸出先市場での補助金による競争上の利益額がそれぞれ異なり，前二者の競争上の利益は輸出先を特定した輸出補助金より少なく，また従来より低い相殺関税額で足りるとする。この他，相殺関税が複数国で発動された場合の競争上の利益に与える影響や多角的経営をしている企業への資本注入といった興味深い点についても

検討を加えている。

　第4章（Andrew Green & Michal Trebilcock）は，補助金協定で交付が禁じられる非農産品に対する輸出補助金規律を取りあげている。まず，輸出補助金の認定を論じたうえで，輸出補助金は一般に非効率をもたらすものの，例外的に厚生を高める場合がある（寡占や輸出先市場での初期販売等）点を指摘する。この点を踏まえ，一律に禁じられる輸出補助金規律に柔軟性をもたらす方法として，輸出補助金に対する現行の救済制度の観点から検討する。それによると現行の「廃止（withdrawal）」や「対抗措置（countermeasures）」による救済は，将来的救済に限定され一度限りの補助金を許している状況や対抗措置の規模（とりわけ補助金総額を基礎とする点）を理由に改善の必要性を指摘する。Kyle W. Bagwell and Petros C. Mavroidis は，現行の補助金協定の規律が国内補助金，輸出補助金ともに過剰（too much）であることとその弊害についてコメントし，協定文言の改正提言に加え非違反申立による補助金紛争の解決を提案する。

　第5章（Piet Jan Slot）では，ボーイング・エアバス紛争を取り上げ，欧州域内に拠点を有するボーイング社が WTO 紛争解決手続ではなく，欧州委員会に対して国家補助（State Aid）ルールに抵触する案件として提訴可能であったか検討している。Slot は，国家補助ルールの実体的規定である EC 法第87条（EU 機能条約第107条）および手続規定である第88条（同第108条）を紹介しつつ，実体法上・手続法上ボーイング社が欧州委員会へ国家補助ルールへの抵触を主張しえたと指摘する。これに対して Mark Wu はコメントで，WTO への申立と比較して欧州委員会への申立の方が，①遡及的救済が可能である，② stand-still 条項の適用がある，③より確実な執行が用意されている点でメリットがあると指摘する一方で，EC 手続を採用しなかったボーイング社にも一定の合理性があるとする。Wu によれば欧州で航空宇宙産業の競争力を維持したいとする思惑や欧州委員会の過去の判断を踏まえると，本件で問題となった Launch Aid をはじめとする5種類の補助金それぞれが国家補助ルールに整合的であると判断される可能性が高いと説明する。

　第6章（Terence P. Stewart & Amy S. Dwyer）ではダンピング防止協定の全体像が概説され，同措置の存在が関税障壁，非関税障壁の削減に重要な役割を果たしていると指摘する（ただし，この点について懐疑的な見方として，Michael O. Moore, Book Review, 9(4) WORLD TRADE REV. 675, 677 (2010).）。つづけて David A. Gantz は，ダンピング防止協定が沈黙している論点と調査当局の裁量の関係について例をあげつつ論じた上で，発動数が減少傾向にあるダンピング防止措置の将来について今後長期間にわたってこの傾向が続く可能性を指摘する。また，Thomas J. Prusa は，現行のダンピング防止協定が輸出国企業の生産費用（ここでは平均可変費用）を考慮せず措置の発動を許している点を指摘し，経済学的知見の導入を訴える。

　第7章（William E. Kovacic）は，米国反トラスト法と通商法（ダンピング防止法）

の文脈での価格差別を論じている。とりわけ，ロビンソン・パットマン法の法執行が寛容化されるプロセスが学説（Areeda & Tuner）の影響を中心に描かれ，ダンピング防止法との違いを浮き彫りにする。

第8章（Stefano Inama & Edwin Vermulst）では，ダンピング防止措置を発動する際の非特恵原産地規則の役割について論じている。まず，原産地規則の国際的な調和の試みについての歴史的経緯に触れ，調和作業の不調に伴う非特恵原産地規則の統一ルールの不在がEUや米国当局の迂回に対する自由な措置の発動を許していると指摘する。そして非特恵原産地規則に関係する具体的なEUの慣行について，①ダンピング認定の際の正常価額の算定，②損害を認定する際の国内生産者の選択，③ダンピング防止措置発動後の第三国迂回に分けて紹介し，保護主義的な方法で原産地規則が用いられていると評価する。Piet Eeckhoutはこの章のコメントで，今日のグローバル化による国際的な分業体制の視点から，保護主義の形式が（単なる商品の原産国に焦点をあわせたものから）企業の国籍に着目したものへ変化するとし，原産地規則が新たな保護主義の道具として用いられうることを危惧する。

第9章（Claidio Dordi）では，ダンピング防止措置と相殺関税措置のSunset Review規定に関する上級委員会の解釈を検討している。Dordiによると，上級委員会は当初の調査とSunset Reviewは実体上も手続上も別物であるとみており，原則として両者の規定が相互に参照されている場合を除いて（例えば，AD協定第11.4条，同第2.1条），Sunset Reviewでは当初調査で用いられる規定の適用はないとする。さらに，当初調査の規定を準用しているかに見えても，適用がない場合があることを指摘する（例えば，同第6.10条）。これらの点から，現行の上級委員会解釈では加盟国に保護主義的な措置の延長を許していると評価する。Thomas J. Prusaは，ウルグアイ・ラウンド合意以降の米国Sunset ReviewプロセスにおいてDOCおよびITCの再認定に関するデータを紹介する。このデータによると，DOCおよびITCがダンピングおよび損害の存続の可能性を高い割合で認定していることが示され，Dordiによる上記評価を裏付けるとコメントしている。

第10章（Jasper M. Wauters）のセーフガード協定の概説につづいて，Marco Bronckersがコメントで，かつて選択的セーフガードの導入を主張したECが，今日セーフガード措置の発動数を減少させた理由をその意思決定プロセスに求めている。この点，EC法上セーフガード措置は他の通商救済措置と異なり，私企業が欧州委員会に措置の導入を申立できないこと，閣僚理事会が特定多数決で承認しない場合措置が効力を失うことを指摘する。ただし，国際通商分野で欧州議会の権限が強化されるリスボン条約発効後（EU機能条約第207条）は，この状況に変化が起こりうることも示唆している。Kamal Saggiは，セーフガード措置の理論的根拠としていわゆる安全弁説を説明したうえで，発動要件の問題点を再検討するコメントを寄せている。

第11章（Meredith A. Crowley）では，セーフガード措置の正当化根拠としてこれまで議論されてきた①セーフガードの存在が関税引下げを促進するとの主張，②経済状況に変化が生じた際にセーフガードが一種の保険として機能し，厚生を改善するという主張について empirical model と入手可能なデータを用いて検証している。Crowley によると，ウルグアイ・ラウンドで大幅な関税削減を達成した途上国では①の主張を裏付ける結果を得たとする一方，②についてはセーフガードの多寡と経済状況の不調期との間に有意な関係性は見いだせないとしている。この章のコメントで Jeffrey L. Dunoff は，セーフガードを正当化するこれまでの試みを3つに分類し，（Crowley の検証をも踏まえた上で）これらが理論的にも実証的にも不十分であると批判する。そのうえで，これらセーフガードを統一的に説明する「壮大な物語（grand narrative）」から距離をとり，（目新しくはないものの）別のアプローチとして，例えば部分的な説明——特定の国によるセーフガードの利用の状況や一定の特徴を共有する国によるセーフガードの利用——に目を向けるべきであるとする。

３　若干の評釈

法と経済学は，法を経済的手法で分析する学問分野であり，今日様々な法分野がその分析対象となっている。国際法のなかでも WTO 法は，経済学的分析に親和性を持つとされ，近年その研究が蓄積されつつある。本書は，WTO 法のなかでも GATT 時代から多くの紛争が生じてきた通商救済措置を対象に法的，経済学的観点から分析したものである。紹介者がみるところ，本書に通底する基本的構成は，WTO 紛争解決手続における事例分析を中心とした法学的検討の章をうけて経済学的手法による規範分析，実証分析を行うスタイルを採用し，具体的にいえば，補助金協定の分析では補助金規律の緩和が議論され，ダンピング防止協定はダンピング認定を中心に経済学的知見の導入が，またセーフガード協定については措置の存在意義が検証されている。このように，本書を紐解くことで現在の法と経済学が現行協定に規定される通商救済措置をどのように捉えているのか把握することができ，貴重な視点を提供している。

WTO 法が経済学的分析と親和性がある一方で，そこから抽出される「望ましい規範」が容易には新協定に反映されないことはラウンド交渉の現状を見れば推察される。とりわけ現在のルール化交渉では，本書が対象とするダンピング防止協定および補助金協定の基本コンセプトを維持しつつ進めるという制約が付されている（WTO Doc, WT/MIN(01)/DEC/1, ¶28.）。この点，本書では協定の改正コストの軽重を踏まえて議論を進めたり，現行協定の枠内で提言を行う論者もおり本書の価値を高めている（例えば，第4章）。

もっとも，本書で論じられている経済学的な規範分析を直ちに立法論あるいは解釈論に持ち込むことには慎重な姿勢が求められよう。例えば，本書で指摘されるダンピング防止協定の価格基準の問題において主張される基準は平均可変費用であるとされるが

(第6章 Prusa),平均可変費用以上,平均総費用未満の価格でも「不公正」とされる略奪的価格を推定させるとする学説が指摘されるように(阿部克則「国際法における法と経済学」『日本国際経済法学会年報』15号(2006年)124-125頁),その他多様な見解や現行規定の維持を含めそのいずれを採用すべきなのかより踏み込んだ検討が必要といえよう。

とはいえ,WTO法において重要な位置を占める通商救済措置の分野において,法と経済学の視角からまとまった分析が提示された意義は大きく,同分野に研究上の関心を寄せる者はもちろん,通商政策に携わる実務家,国際経済法研究のスタートラインに立つ大学院生にとっても極めて有益な1冊であるといえよう。

(熊本学園大学経済学部講師)

Isabelle Van Damme,
Treaty Interpretation by the WTO Appellate Body

(Oxford: Oxford University Press, 2009, lxi + 419p.)

清 水 章 雄

本書が最初に出版された当時,著者のイザベル・ヴァン・ダムはケンブリッジ大学法学部講師(Affiliated Lecturer)ならびにクレア・カレッジのフェローおよびカレッジ講師を勤めていた。本書は,著者のケンブリッジにおける研究の成果であり,その博士論文(2007年)を基礎にして書かれたものである。その主題は,博士論文の指導教員であるジェームス・クロフォード教授が本書の序言で述べているとおり,解釈に関する国際法上の慣習的規則に従った規定の解釈に言及する紛争解決了解(DSU)第3条2項を上級委員会がどのように実施したかである。本書は上級委員会の行った条約解釈の包括的な研究に基づきこの主題について詳述しているが,上級委員会により導き出されたWTO協定の解釈自体よりも,その司法的な理由付けおよび司法的な意思決定の正当化の方法の分析に重点が置かれている。そこでは,WTO協定の解釈にあたり上級委員会がいかに一般国際法の原則を使ったかと同時に上級委員会がいかに解釈によりWTOにおいて司法的機能を果たすことを主張しかつ正当化したが明らかにされている。

本書は,次の3部9章から構成される。
Ⅰ.WTO紛争解決および条約解釈を律する基本原則および概念(第1章-5章)
Ⅱ.WTO上級委員会の解釈慣行(第6章-9章)
Ⅲ.結論
第1章「WTO紛争解決システム」は,本書の主題と関係のあるWTO紛争解決シス

テムの特色，特に，その強制的な管轄権および適用される法の基本原則，司法的解釈とDSU 9条2項の有権的解釈の違いを解説している。管轄権については，WTO紛争解決手続において扱うことができるのは加盟国のWTO対象協定上の権利および義務を根拠とする請求のみであり，さらに小委員会および上級委員会は対象協定外の権利および義務について裁定を行うことはできないことを確認している。適用される法については，条約に関する限りは原則としてWTO対象協定が紛争解決の基礎とされる法であるが，手続的な権利および義務の法源としての一般原則および慣習国際法が加盟国に広く受け入れられていることをあげ，対象協定のみがWTO紛争解決に適用されるという立場は支持できないとしている。

第2章「条約解釈の原則：意味および機能」は，一般国際法における条約解釈の意味および機能を検討する。条約法条約第31条−33条を歴史的に考察し，これを形式的には条約規則であっても実質的には論理性および秩序に関する原則であるとし，法典化されていない原則とともに解釈されかつ適用されることが必要であると論じている。その上で，上級委員会は条約法条約第31条−33条に法典化された条約解釈の原則および法典化されていない条約解釈の原則の両方を適用してきたが，最近まで上級委員会は法典化されていない原則の利用を明らかには認めていなかったと述べている。なお，この章では最後に，上級委員会にはその報告の作成にあたり理由付けをどこまで正当化するかについては柔軟性があるので，上級委員会の解釈アプローチの評価については慎重にならなければならないと警告している。

第3章「WTOにおける条約解釈の題目」は，上級委員会が条約解釈に際してDSU第3条2項にいう対象協定を広く定義していることを明らかにしている。解釈の題目となるすべての条約の条項を「条約の文言」(treaty language)とし，これを上級委員会は個々のWTO対象協定の規定，補足規定および脚注，譲許表，譲許表の注釈および脚注，了解，参照により編入される他の国際文書，ウェーバー，ロメ協定ようなGATT/WTOイシュー，加入議定書などと定義しているという。「条約の文言」は，当事国の共通の意思を反映すると推定される。ただし，譲許表は一方的宣言ではないものの特別な性格を持つ多数国間の行為であり，他の条約の文言よりも一方的であることを指摘している。

第4章「WTO対象協定における沈黙の解釈」は，まず，規定の欠缺を類型化する。これに上級委員会がどう対応しているかを検討し，「沈黙」を解釈しようとする場合に上級委員会は慣習国際法および一般原則，国際裁判所の慣行，規定の相互参照，実効性の原則，規定の趣旨および目的を利用してきたとする。これらの解釈に関する原則に加えて，上級委員会はしばしば必要性という規準を適用してきたとも述べている。上級委員会が「沈黙」を解釈した具体的な事件に数多く言及し，以上が詳細に説明されている。

第5章「固有権能と条約解釈」は，WTO紛争解決システムは形の上からは準司法システムであり，かつ，その決定の終局性には紛争解決機関において逆コンセンサス方式

による政治的な承認を必要とするにもかかわらず，上級委員会が自ら裁判所のように機能することを意図的に選択し，司法の運営に必要な権限を主張しかつ行使してきたことを論じている。そして，そのような機関が持つと考えられる固有権能（inherent powers）から管轄権および受理可能性に加えて，アミカス文書，公開審理，法的安定性および確立した判例（jurisprudence constante），デュー・プロセスおよび先決的判断，立証責任などに関する手続的規則を導きだし，さらに条約解釈によるのではなく新たに出現しつつある確立した国際手続法の原則に照らして手続的規則を適用することさえあるとしている。

第6章「WTO対象協定の文脈による解釈」は，まず，条約法条約に関する国際法委員会の交渉過程を検討し，同委員会は文脈を網羅的に定義することは意図していなかったと述べている。そこから文脈の定義にはニュアンスがあり得るとし，これを上級委員会が広い概念の文脈主義を導入したことと並べている。さらに，文脈における通常の意味，規定の相互参照，条約締結に関係する文脈，条約の目的論，事実についての文脈など文脈を上級委員会が具体的な事件でどのように利用しているかを述べている。14年間を経て，上級委員会の「条約の文言」の意味に関する決定の説明および決定の方法が変化し始めていることも指摘している。この変化は，まだ紛争当事国の意見（submissions）およびほとんどの小委員会の報告には浸透していないともいう。

第7章「WTO対象協定の実効的な解釈」は，実効的な解釈の原則は条約解釈の基本的原則の1つでありながらが条約法条約に法典化されていないことについて論じ，この原則についての判例および学説に触れた後で，具体的な事件に即してWTO紛争解決における実効的な解釈を検討する。実効性の原則がほとんどの場合に他の解釈原則の適用にともなって使われており，条約の文脈ならびに趣旨および目的を意味あるものとする媒体となっていることを指摘している。

第8章「WTO条約解釈の他の問題」は，条約解釈についての残りの問題，すなわち，解釈の補足的手段の役割，後に生じた慣行，他の公式言語版の条約および条約法条約第31条4項にいう特別の意味の分析を行う。これらの原則は，条約解釈についてものであるのと同じぐらいに証拠および立証責任に関するものであるとしている。準備作業については，他の条約解釈の原則の適用にはない特色がある。上級委員会は，準備作業が役に立ち，利用可能でありかつ関連性があるとしても，これを直ちに調査しようとはしない。準備作業の関連性および存在について紛争当事国が証明責任を充足しない限り，しばしば上級委員会はこれを考慮しない。

第9章「他の国際法を背景にしてのWTOの条約解釈」は，WTO法と国際法との調和について検討するために条約法条約第31条3項(c)の分析を行っている。WTO紛争解決手続においては条約法条約第31条3項(c)の適用例はほとんどないが，このことはWTO対象協定の解釈に国際法が使われなかったことを意味しない。他の章で述べられ

ているように，上級委員会は他の解釈原則により国際法規則の利用を正当化している。条約法条約第31条3項(c)は補助的な正当化を行うに過ぎないと指摘している。

最後のⅢでは，条約解釈に対する上級委員会のアプローチが次のように時間と共に変わってきたという結論を出している。変化が見られたのは，上級委員会がその解釈の正当化するにあたって利用する形式主義の程度である。当初は条約法条約第31条から第33条を過大なまでの参照して条約解釈を正当化した。これは上級委員会が司法機関として行動することを選択し，司法的な権限を主張するために必要であったと考えることができる。14年後には，この上級委員会の選択および役割が受け入れられ，その結果，上級委員会のアプローチはより柔軟なものへと変わってきた。上級委員会の解釈の変化について，文言解釈から文脈解釈への発展があったように見えるが，上級委員会は常に文脈による実効的な解釈を採用してきたとし，上級委員会が文言主義を偏重していたというは誤認であるというのが本書の立場である。

前述のクロフォード教授をして"a difficult book to read"と言わしめた本書の詳細な記述と綿密な分析を本稿のような短文にまとめてその内容の十分な紹介を行うことは非常に困難である。特に，上級委員会の行ってきた条約解釈の十分な検討を踏まえて，条約の解釈から派生する様々な興味ある問題について本書で示されている分析をすべて紹介することができない。そこでここでは1つだけを紹介する。

著者は，第3章（3.2.2.4）において，立憲的な条約の文言という立論および立憲的解釈に対する反論を述べている。著者の関心は立憲主義のレトリックがWTO対象協定の解釈に対して実効的に寄与するところがあるかにあり，問題とされるのは立憲主義の論議がWTO法および国際法に重要な変化をもたらすか，国際的な組織および制度の機能に影響を与えるのか，利益となるところがあるかである。このように自らの関心と問題意識を明らかにした上で，著者は，立憲主義の論議は条約解釈の問題解決に特に役に立たないであろうと述べている。国際組織を設置する条約の解釈であっても立憲論のような特別な解釈原則は必要がなく，条約解釈に関する慣習的規則で足りると著者は考えている。組織の文脈および組織の機関間の権限のバランスもしくは加盟国と組織自体の権限のバランスを解釈に利用するとしても，条約解釈に関する既存の原則でそれを行うことができるとしている。さらに，キャス（Deborah. Z. Cass），ジャクソン（John H. Jackson）およびペータースマン（Ernst-Ulrich Petersman）のそれぞれの立憲論に対して反論が加えられている。最後に，立憲的な条約は，「単に程度の差としてではなく本質的に国家間の通常の条約を超越した一種の公法を生み出す」というマクネア（Arnold D. McNair）の言葉を引用している。現在，欧州の立憲プロジェクトのみがこの記述に当てはまるようであると述べており，筆者はその他の立憲的条約の存在を肯定することはできないようである。WTO法または国際法のその他の分野において必ずしも厳密に実証的とはいえない各種の立憲論が提唱されているが，当事国間の具体的な紛争を解決

するために条約を解釈し,適用することを前提として議論する限り,条約に関する立憲論についての著者の所説のような見解がでてくることは当然であろう。

(早稲田大学大学院法務研究科教授)

Chad P. Bown and Joost Pauwelyn (eds.),
The Law, Economics and Politics of Retaliation in WTO Dispute Settlement

(Cambridge: Cambridge University Press, 2010, xiv + 677p.)

濱 田 太 郎

　本書は,ブランダイス大学の Bown 准教授とジュネーブ大学大学院国際・開発研究所の Pauwelyn 教授の編著書で,2008年7月に同研究所にて「WTO 紛争解決における貿易制裁の計算と設計」のテーマで開催されたワークショップでの報告を加筆修正したものである。

　本書は,第1部「WTO 対抗措置の背景と目的」,第2部「10件の仲裁例を経た法的評価」,第3部「10件の仲裁例を経た経済的評価」,第4部「貿易対抗措置を実施するための国内政治と手続」,第5部「問題点と改革のための選択肢」,第6部「新たな挑戦と他の分野からの教訓」の構成で,導入を含め26本の論文と6本の意見からなる。導入 (Bown and Pauwelyn) は,本書の単なる要約でなく,①貿易対抗措置の自虐性,②途上国による貿易対抗措置の活用策,③対抗措置の水準の正確な計算の3つの論点について本書の収録論文の主張を整理しながら若干の議論を試みている。また,収録論文に他の論文の著者等から意見が付されている場合がある。意見も一緒に収録されることは稀であり,収録がかえって体系性を害する一面もあると思われる。しかし,収録意見の中には一種の批判や敷衍も含まれており,こうした見解対立や敷衍によって読者がより深く論点を検証できるよう編著者が配慮した結果収録することとしたのであろう。

　著者は,新進気鋭の若手から大物まで,法律学や経済学の研究者だけでなく,行政官,弁護士や WTO 事務局員等の実務家まで多様である。また,アンティグアバーブーダの法律顧問を務めた Mendel や,WTO 法支援センター (Advisory Center on WTO Law) の顧問である Nottage といった第一線の実務家が寄稿したことも本書をより興味深いものとしている。著者の広がり,論点の包括さ,内容の詳細さ等から見て,本書は共著でありながらも WTO 紛争解決制度における対抗措置に関する包括的研究書と評することができる。本書より約1年早く公刊された単著である Sherzod Shadikhodjaev, *Retaliation in the WTO Dispute Settlement System* (Kluwer Law International, 2009) と本書

を比較すると，本書は共著であるがゆえに著者間で必ずしも解釈は統一されていないが，本書のほうがより多くの論点を論じ，法律学にとどまらず経済学等他分野の研究をも収録している。

　本書評では紙幅の関係でその全体像を端的に紹介した上で，評者の若干の評価を加える。なお，本書のタイトルにも用いられる「retaliation」を対抗措置と制裁のいずれに訳すかで自ずと意味合いが異なるが，本書評ではとりあえず対抗措置と訳すこととする。というのは，必ずしも著者間で統一された理解がなされているとは言い難いと思われるが，各論文の著者は「retaliation」と「sanction」のいずれかを用いて主に紛争解決了解第22条等にいう譲許義務停止を示していると考えられ，一般にここにいう譲許義務停止を「対抗措置」と訳しているからである。

　第１部では，主として対抗措置仲裁の性格と対抗措置の目的を分析しており，「WTO対抗措置仲裁の性格」(Sacerdoti)，「文脈に見る貿易対抗措置の計算と設計：WTO義務停止の目的は何か」(Pauwelyn)，「実行から推測される目的：再均衡か履行促進か」(Shaffer and Ganin)の３本が収められている。対抗措置の目的や性格の分析は学問的に興味深いだけでなく，対抗措置の許容額の計算にあたり，どのような基準（貿易効果，経済的損失，補助金総額等）や反実仮想を用いるか（違法状態が存在しない状態を想定するのかあるいは当該違法貿易制限が存在しない状態を想定するのか）に直接に影響する。Bown and Ruta論文，Schropp論文，Breuss意見は，それぞれ対抗措置の目的に対する解釈が異なり，ゆえに対抗措置の基準を申立国に対する貿易効果あるいは経済的損失のいずれに求めるかが異なっている。対抗措置の目的は，大別すれば，権利義務再均衡（Sykes論文），賠償（Davey論文），履行促進（Shaffer and Ganin論文），違反により相違する（Pauwelyn論文）としている。対抗措置の目的や性格に関する論争は，WTO協定上の義務の国際法的性格の解釈の対立を反映しており（Pauwelyn論文に対するJackson意見），興味深い。

　第２部と第３部では，対抗措置の現状を法律学あるいは経済学から分析しており，第２部には「許容されるWTO対抗措置の法」(Sebastian)と「バナナからバードまで：損害計算は成熟しているか」(Renouf)の２本が収められている。第３部には「許容されるWTO対抗措置の経済学」(Bown and Ruta)，「規則の遵守：WTOに課される貿易対抗措置により潜在的に保護された市場アクセスの数量化」(Evenett)の２本が収められている。Bown and Ruta論文は，紛争解決了解第22条４項及び６項に基づく対抗措置に関する仲裁では，大国が対抗措置を最適関税の水準で実施すれば実施国の厚生を高めると指摘した。第５部のSchropp論文に対するBreuss意見は，Schropp論文が利益の無効化侵害の数量化が事実上困難だと結論付けているのに対し，Schropp論文で用いられた数式等を用いて米国－外国販売会社事件でのECによる対抗措置によりECの厚生が上昇したことを実証している。

第4部では，対抗措置の実施に関する各加盟国の国内政治と手続を分析しており，「WTO 義務停止の米国の経験及び実行」(Andersen and Blanchet)，「WTO 義務停止の EC の経験及び実行」(Ehring)，「EC における貿易対抗措置の選択にかかる政治：聴衆としての意見」(Nordström)，「WTO 義務停止のカナダの経験及び実行」(Khabayan)，「対抗措置は有益か：メキシコの経験からの見解と分析」(Huerta-Goldman)，「ブラジルにおける貿易対抗措置の設計と実施のための手続」(Salles)，「WTO における対抗措置：米国賭博事件におけるアンチグアバーブーダの経験」(Mendel) の7本が収められている。これらの論文は，各加盟国が実際にどのような政策意図で対抗措置をとったのか考察する際，あるいは，対抗措置発動国が自国への悪影響を最小化しつつかつ違反国への影響を最大化する「賢明な制裁（smart sanction）」を実現するために行った政策的配慮を比較検討する際に示唆的である。大国は先述の通り対抗措置を最適関税の水準で実施すれば自国の経済厚生を高めることができるにもかかわらず，実際には政治的な圧力を高めるために相手国の政治的に機微な産品に対し禁止的高関税を課す（Khabayan 論文）という経済的に非効率な政策を選択していることは興味深い。

第5部では，これまでの実行で生じた問題点を分析しており，「WTO 対抗措置が途上国に対する WTO 紛争解決手続の有用性を害するとの批判の評価」(Nottage)，「WTO における最適な制裁：分離主義（弱々しい現状肯定主義）」(Sykes)，「WTO における制裁：問題と解決策」(Davey)，「WTO 対抗措置：国内意思決定過程に対する多角的規制」(Malacrida)，「WTO 事務局とパネル及び仲裁における経済学者の役割」(Bown)，「紛争解決了解第22条4項に基づく同等基準：「関税中心主義の」誤解？」(Schropp) の6本が収められている。Nottage 論文は，対抗措置の制度的欠陥（途上国の市場規模の小ささ，自国への悪影響等）を認めながらも，対抗措置発動に至らずとも WTO 紛争解決制度は協定遵守を導き出していると指摘した上で，対抗措置の脅威あるいは許可自体で発動と同等の効果がある等と主張し，WTO 紛争解決制度は途上国に有益と論じている。Bown 論文は，対抗措置の基準や反実仮想の選択，利益無効化侵害と譲許義務停止の水準の計算と両者の同等性比較等における専門的な経済的分析の有用性を指摘し，パネリストあるいは仲裁人に経済学の専門的知見を有するように求め，WTO 事務局が経済学的な知見を提供するよう提案する。Sacerdoti 論文や Bown 論文に対する Malacrida 意見は，経済学者の見解を紛争解決了解第13条2項の専門家検討部会の助言等として用いるよう提言する。

第6部では，クロスリタリエーション（他分野他協定譲許義務停止），知的財産権やサービス分野での対抗措置の分析，投資家対国家仲裁や競争法上の救済措置との比較が取り上げられ，「サービス貿易一般協定と知的所有権協定のクロスリタリエーションと義務停止」(Zdouc)，「知的所有権協定のクロスリタリエーション：法と実行上の諸問

題」(Abbott),「サービスセクターにおける WTO 対抗措置に関する予備的考察」(Appleton),「補償の評価：投資仲裁の観点から」(Kaufmann-Kohler),「WTO 対抗措置の改革：競争法からの教訓？」(Evenett) の5本が収められている。

　本書は，各論文の執筆時期の関係でやむを得ないと思われるが，米国－綿花事件の仲裁報告書の内容を必ずしも十分に分析していない。導入では11件の仲裁報告書が公表されたことに言及されている。しかし，その他の論文は基本的に米国－綿花事件を除く10件の仲裁報告書を分析対象としている。本書は2010年1月の公刊とはいえ，収録論文のほとんどが2008年7月のワークショップでの報告を加筆修正したものであるため，2009年8月に公表された米国－綿花事件の仲裁報告書の内容を十分に踏まえていない。例えば，本書掲載の Sebastian 論文と彼の先行論文である World Trade Organization Remedies and the Assessment of Proportionality: Equivalence and Appropriateness (2 *Harvard International Law Journal* 48, 2007) を比較すると，後者では禁止補助金の対抗措置とそれ以外の対抗措置（紛争解決了解第22条4項及び6項に基づく対抗措置）の二分論をとるのに対し，前者では著しい害に対する対抗措置を含めた三分論をとるものの，著しい害に対する対抗措置は実質的にまったく分析されていない。

　米国－綿花事件までの禁止補助金に対する対抗措置仲裁は，補助金総額を上限とする対抗措置を許容していた。しかし，同事件仲裁報告書は，禁止補助金の対抗措置も著しい害に対する対抗措置もいずれも，貿易効果を基準にした上で，申立国の世界市場での市場占拠率や市場規模等によりに按分して許容した。すなわち，同仲裁報告書は，それまでの二分論から大きく乖離している。今後の仲裁廷が二分論をとるのか，あるいは，米国－綿花事件の仲裁報告書の論法をとるのか，現時点では明確ではない。また，それまでの仲裁報告とは大きく異なる判断を下した米国－綿花事件仲裁廷を政治的あるいは先例逸脱と批判するか，あるいは，対抗措置仲裁が上訴できないことから対抗措置仲裁はそもそも政治的判断であって柔軟な判断こそ紛争解決に肝要であると考えるのか解釈が分かれるところであろう。本書の収録論文は必ずしも二分論に賛同しているわけではなく若干の批判を試みているものの，綿花事件を踏まえた新たな研究が今後期待される。

（近畿大学経済学部准教授）

文 献 紹 介 257

Ricardo Melendez-Ortiz, Christophe Bellmann & Jonathan Hepburn (eds.),
*Agricultural Subsidies in the WTO Green Box:
Ensuring Coherence with Sustainable Development Goals,*

(Cambridge: Cambridge University Press 2009, 706p.)

山 下 一 仁

　本書は，WTO農業協定に規定されている緑の補助金に関し，アメリカ，EU，日本という世界で最も緑の補助金を支出している主要3カ国や途上国の適用状況，生産や貿易に対する歪曲性が少ないと言われている緑の補助金が貿易や環境に与える影響，主要国における補助金改革のあるべき方向，緑の補助金に対する規律の見直し等について，世界の農業経済学者たちが分析や提言を行ったものである。編者は，ジュネーブに本部を置く「貿易と持続的発展のための国際センター」(International Centre for Trade and Sustainable Development) の幹部である。我が国からは，本間正義・東京大学教授が我が国の緑の補助金の適用状況と農政改革の現状について，筆者が人口減少時代における我が国のあるべき農政改革の方向について，それぞれ寄稿している。
　本稿では，本書がどのような観点から緑の補助金を分析しているのか，その分析の妥当性と限界について，解説することとしたい。
　議論の前提として，農業協定による補助金の分類について説明したい。補助金協定では，産業特定的な補助金は対抗措置や相殺関税の対象となりうるが，農業協定は補助金協定とは全く別個の基準（農業協定付属書2）によりこれらの対象とならない緑の補助金を認めている。また，輸出補助金でもなく，緑の補助金でもない価格支持を含む補助金（黄）については，関税と同様バインドして削減対象（補助金協定にはバインドや削減という規律はない。農業協定独自の規律である。）とされることとなった。これは対抗措置，相殺関税の対象となりうることは補助金協定と同じであるが，削減約束を守っている等の条件の下で一定期間内はこれら措置の対象とならないこととされた。いわゆる平和条項（補助金協定の緑の補助金は，全く相殺措置の対象から免れているわけではないが，農業協定の緑の補助金については，平和条項により，9年間は，(i)ガット第6条，補助金協定第5部による相殺関税，(ii)ガット第16条及び補助金協定第3部の対抗措置，(iii)ガット第23条第1項(b)の意味におけるガット第2条の関税譲許の利益の無効化，侵害の全ての措置から免除されることとなり，補助金協定よりも有利な扱いを受けることとなった。）である。しかし，平和条項は2004年に失効している（農業協定第1条(f)）。
　さらに，1992年の米・EU合意により，生産制限を条件としている直接支払いのために，緑でも黄でもない青の政策というカテゴリーが作られた。青の政策は削減対象では

ないという点では緑の政策と同様であるが，無条件に相殺措置の対象とならないというものではないという点では黄の政策と同様である（農業協定第6条，13条）。

本書は全5部，23章，675頁からなる。

第1部は，農業貿易政策の改革の歴史について述べている。最初の2章で，ガット・ウルグァイ・ラウンド交渉でどのようにして農業補助金の規律，とりわけ削減対象とならない緑の補助金の概念（生産への影響や貿易歪曲的な影響が全くないか最小限であるとともに，(a)消費者からの移転を伴わない公的な資金を通じて行われること(b)生産者に対し価格支持効果を与えるものでないことが共通の要件である）が形成されてきたのか，現在のドーハ・ラウンドで緑の補助金が先進国と途上国の間でどのように交渉されているのかについて，説明している。続く第3章では，EUが1993年に価格支持から直接支払いへという共通農業政策の大改革を行って以降，その直接支払いを生産から切り離（デカップル）された緑の補助金に移行させてきたという努力の過程，アメリカが1996年農業法で価格に関連していた直接支払い（不足払い）を一旦はデカップルされた緑の補助金に変更しながら，その後の価格低下による農家所得の減少を補てんするため，従来の不足払い類似の「価格変動型支払い」を導入するなど，改革の流れを反転させていること，日本については，削減対象の黄色の政策の合計であるAMS（助成合計量）が1997年の3兆1710億円から1998年には7670億円に一気に減少したのは食料管理法の廃止によって行政価格である米の政府買入れ制度がなくなったためであること（内外価格差は依然として存在）や，自民党政権下での直接支払いへの移行を試みた際一定規模以上の農家に受給資格を限定しようとしたにもかかわらず，農協の反対によって小規模農家の集合体にも受給資格を拡大せざるを得なくなったことについて，述べている。

第2部は，緑の補助金の経済的効果について分析している。まずは，WTOに通報されている緑の補助金の8割以上を使用している，アメリカ，EU，日本について，アメリカでは国内低所得者向けの食料援助が大部分を占めていること，EUでは生産と切り離された直接支払いが中心を占めること，日本では農業公共事業が大部分を占めているがその額は減額されてきていることや，いずれの国についても最も生産・貿易歪曲的であるとされる黄色の政策や生産制限を条件とした青の政策から，緑の政策に政策を転換していることを紹介している。そのうえで，緑の補助金がより生産刺激的な黄色や青の補助金と同時に支払われると，全体として生産刺激的となるという累積効果（cumulative effects）が複数の著者から指摘されている。また，アメリカやEUにおいて，政府からの補助金が必ずしもそれを必要としない大規模な農家に交付されている（アメリカでは農家の8％が補助金の78％を受け取る）という分配上の問題が指摘されている。

第3部は緑の補助金と途上国の関係について，次のような点を指摘している。先進国の緑の補助金が上記の累積効果等によって必ずしも生産に影響を与えないものではないことから，国際価格を低下させるなど途上国の農業生産に悪い影響を与えている。例え

ば，緑の補助金の1つである環境直接支払いについても，先進国の農家は汚染削減に対する補助金が交付されて途上国の農家は自らの費用で汚染を削減しなければならないとすると，競争条件に差異が生じてしまう。途上国農業にとっても，緑の補助金を利用することは重要であるが，食料安全保障のための備蓄は緑の補助金ではあるものの，備蓄のために政府が購入した価格と外部参考価格（過去の時点の国際価格）との差は削減対象の補助金として AMS に参入されてしまうという問題があり，この解決が必要である。

第4部は緑の補助金と環境の関係について，次のような点を指摘している。環境補助金については，中国がアメリカの7倍，日本の10倍，EU の半分以上を支出している。先進国が特定の作物の補助金を削減すると，生産が減少して国際価格は上昇するので，環境や途上国の農業に良い効果を与えると考えられるかもしれないが，生態系の脆弱な途上国の生産が拡大すれば，環境に悪影響を与える可能性がある。EU が直接支払い受給の際農家に環境保全活動等を要求するクロス・コンプライアンスについては，受け取る金額に比べて便益は少ない。環境直接支払いは，環境に優しい農業を行うことによるコストや所得の減少を支払おうとするものであって，所得が低くても既に高い便益を供給してきた農家は対象にならない。このため，環境直接支払いの要件について便益も支払いの対象とするよう見直しが必要である。アメリカの収穫減少に対する作物保険については，リスクが軽減された農家は限界的な土地に作付したりする結果，自然から大量の水資源を消費するサトウキビや殺虫剤を大量に使う綿花の生産を増大しかねない。土壌保全計画にリザーブされた農地も農産物価格が上昇すると，農業生産のために引き出されてしまう。このように，生産に影響を与えないとされている緑の補助金も実際には生産に影響を与え，環境に悪影響を与えている。

第5部は，将来の農業補助金の改革方向についてである。アメリカ，EU，日本でも，さまざまな関係者（圧力団体）が政策に影響力を行使していることが，これらの論文から読み取れる。筆者は，農協の影響力が強い日本ではあるが，高齢化，人口減少時代を迎え，国内の食用の需要が減少する中では，米の減反政策を廃止して価格を下げ，兼業農家の離農を促すとともに，主業農家に直接支払いを交付することによりこれら農家に農地を集積し，コスト，価格をさらに引き下げることができれば，日本農業は輸出という新たなフロンティアを開拓することができると主張している。また，WTO での緑の補助金の扱い方についても，実際には農業協定の要件を満たさないものが多いことから，しっかりとした通報に基づき，モニタリングや監視を的確に実施するとともに，交渉に代替できるものではないものの紛争処理手続きの活用によってこれを是正させるべきであるという指摘がなされている。

我が国では，緑の補助金なら無批判によいものだという対応が，政府部内でも農業界でも一般的である。これに対して，本書では，2つの観点から緑の補助金を批判している。

第1は，各国が自己申告している緑の補助金が本当に付属書2の要件を満たしているのだろうかという点である。WTO上級委員会で緑の要件を満たしていないとされたアメリカの直接支払いだけではなく，EUが青から緑に転換したという直接支払いも環境保全活動等を義務づけている点で，生産と関連していると指摘している。また，トウモロコシ農家に利益を与えるエタノール生産の補助金を，アメリカがそもそも農業補助金に当たらないとして，農業補助金の規律を免れていることも批判している。

　第2は，緑の補助金そのものが，生産を刺激したり，環境に悪影響を与えたり，途上国の農業発展を阻害しているという指摘である。

　短期的には生産とリンクしない補助金でも，長期的にはその農家が農業を継続するかどうかの判断に影響を与える。デカップルされた直接支払いといっても，交付の基準年が変更されることが可能であれば，農家は将来より多くの直接支払いを得ようとして生産を増加させてしまう。また，確実な所得があることは，農家に市場に任せた場合よりリスクの高い行動を取らしてしまう。この結果，限界的な農地も耕作されるようになると，環境にも悪い影響を与えてしまう。これは，作物保険としての直接支払いで特に問題となる。

　さらに，既に述べたように，緑の補助金がより生産刺激的な黄色や青の補助金と同時に支払われると，全体として生産刺激的となるという累積効果が指摘されている。アメリカでは，市場価格に緑の直接支払いを加えた額が農家への保証価格に達しない時には，その差が農家に別の直接支払いとして支払われる。このような場合には，緑の補助金も全体として生産刺激的となることに貢献しているのではないかという指摘である。しかし，いずれの著者も見落としているが，保証価格から生産コストを引いた純所得が緑の補助金を下回る場合，この農家は生産をしないで緑の補助金だけを受けた方が得である。つまり，累積効果は緑の補助金の額が大きい場合には，生産刺激的とはならない。

　環境直接支払いについては，前述のとおりである。

　本書は農業経済学者によって執筆されているため，限界もある。平和条項が失効したため，緑，青，黄色の分類の法的な意味が喪失し，個別の補助金は補助金協定に従って相殺措置が発動されるかどうかを判断されることとなったという点が見落とされている。アメリカの綿花のケースでは，パネル・上級委員会は，1996年農業法で導入したアメリカが緑と主張してきた直接支払いについて，相殺措置の発動に必要な"著しい害"の存在を否定したが，価格に関連した「価格変動型支払い」については，それを認定した（アメリカ綿花事件パネル報告 paras.7.1280-1288，7.1290-7.1303，7.1305，7.1307，7.1308-1312，7.1332-7.13337.1347-7.1355，7.1416。同事件上級委員会報告 paras.496，763(c)）。すなわち，価格や生産量等とのリンクが少なく，生産や貿易への歪曲度が少ないものについては，相殺措置，相殺関税の対象とはなりにくいものと考えられる。

　他方，緑かどうか，削減約束を守っているかどうかにかかわらず，個別に補助金の効

果を認定されるというのであれば，交渉で削減約束を合意することはなんら法的意味を持たなくなる。平和条項の延長が必要だろう。

さらに，経済学の観点からは緑の補助金の基本概念についても見直しが必要であるが，これにもほとんど言及されていない。図において，DD は需要曲線，SS_0 は輸入が全くない場合の国内の供給曲線，Wp は世界価格である。農業の多面的機能や食料安全保障という外部経済効果を考慮した供給曲線が $S'S_0'$ である場合において，関税も直接支払いもなければ，トータルの余剰は□DFGS に外部経済効果□SS'IG を加えた□DS'IGF となる。関税によって E 点で生産が行われる場合の余剰は，△DES ＋□SS'HE ＝□DS'HE である。△EHF が△GIH よりも大きいときには，関税で国内農業を保護するよりも，関税も直接支払いもない自由貿易の方が，余剰が大きくなる。逆に△EHF が△GIH よりも小さいときには，関税の方が，余剰が大きくなる。関税ゼロで，外部経済効果 EH ＝ SS' に相当する直接支払いを交付することによって，市場での供給曲線を $S'S_0'$ にシフトさせる場合には，外部経済効果と直接支払いは相殺されるので，総余剰は消費者余剰△DWpF ＋生産者余剰△WpS'H ＝□DS'HF となる。明らかに，直接支払いを交付する場合に，余剰は最大となる。

関税を撤廃して直接支払いを農家に交付することが，消費者の利益にもなり，食料安全保障や多面的機能を維持にもつながる，最も国民の経済厚生水準を高める手段である。

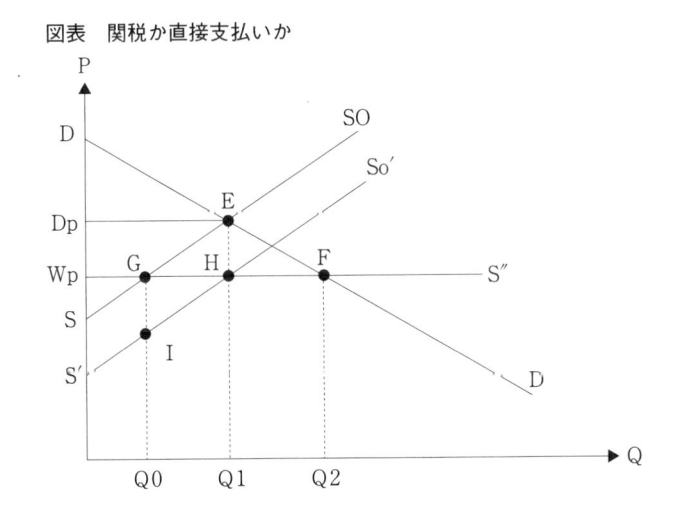

図表　関税か直接支払いか

では，以上のような生産に影響を与え，供給曲線を下方にシフトさせる直接支払いと，生産からデカップルされた WTO で削減対象外の緑の直接支払いを比較してみよう。デカップルされた直接支払いは，政府から生産者への所得の移転であり，政府の損失と生

産者の利益は相殺される。供給曲線は変化しないので，この場合の余剰は関税も直接支払いもないときと同じく□DS'IGFである。したがって，生産に影響を与え，供給曲線を下方にシフトさせる直接支払いのほうが，△GIHだけ余剰は大きくなる。つまり，多面的機能などの外部経済がある場合には，デカップルされた直接支払いよりも生産に影響を与える直接支払いのほうが，望ましい補助金政策となる。

　ある問題に対する最も望ましい政策は，その原因に直接ターゲットを絞って対処する政策である。外部経済がある場合には，生産が十分に拡大できていないことに問題があるので，生産に影響を及ぼす直接支払いが望ましい。もちろん，農家の所得向上に政策の目的があるのであれば，生産に影響を及ぼすことなく，直接所得を向上させるデカップルされた直接支払いが望ましいことになる。つまり，常にデカップルされた直接支払いが望ましいのではないのである。重要なのは，デカップルされたかどうかではなく，ターゲットを絞っているかどうかなのである。この点で，生産や貿易を歪曲しないという観点からのみ作られた，WTO農業協定付属書2の「緑」の直接支払いの要件は，経済学の観点からは問題がある。我が国が，ドーハ・ラウンド交渉で，多面的機能の観点から「緑」の直接支払いの要件見直しを提案したことは，環境政策の観点からだけではなく，経済学の観点からも，十分に評価すべきものだった。しかし，日本政府は，この提案を放棄してしまっている。

　本書がWTO農業協定の考え方に依然とらわれていることは事実であるが，各国の緑の補助金の適用状況や問題点を示した点は，緑の補助金だと言われると無批判に受容する傾向にある我が国の政府や農業界にとっては，覚醒するところがあるのではないだろうか？　特に，先進国の農業界の人たちと異なり，途上国や環境保護の立場に立つ人たちからは，農業補助金は全く別物として写ることには，留意すべきだろう。将来の交渉においても，このような角度からの見直し要求が出てくる可能性がある。そのような観点からも，一読を勧めたい書である。

（キヤノングローバル戦略研究所研究主幹）

Erich Vranes,

Trade and the Environment:
Fundamental Issues in International Law, WTO Law, and Legal Theory

(Oxford/New York: Oxford University Press, 2009, XXXViii + 480p.)

阿 部 克 則

　本書の著者，Erich Vranes 氏は，現在ウィーン大学の欧州・国際法研究所の准教授であり，本書は著者が2007年に Habilitation としてウィーン大学に認められた研究をもとにしたものである。本書は，WTO 法における「貿易と環境」問題を，3つの視点から分析したとしている。第1は，WTO 法と他の国際法との間の水平的関係の視点，第2は，WTO 法と国内法との間の垂直的関係の視点，第3は，WTO 内部での諸規定間の関係の視点である。このような視点に基づき，本書は，4つの部から構成される。第1部は，「一般国際法と法理論上の問題――規範の抵触と関連する諸問題」と題し，上記の第1の視点から理論的分析を行う。第2部は，「一般国際法と法理論上のさらなる問題――域外適用，一方的主義，均衡性」と題し，国際法一般における域外適用について分析する。第3部は，「WTO 法における根本的問題」と題し，上記の第3の視点から GATT の基本原則と例外条項及び TBT 協定について検討を行う。第4部は，「ケース・スタディ――貿易，オゾン層，気候変動」と題し，オゾン層保護及び気候変動対策と WTO 法との関係をそれぞれ分析している。以下では，本書の第1部から第4部につき，それぞれの内容を紹介したうえで，評者の私見を加えることする。

　第1部では，まず「規範の抵触（conflict of norms）」の一般論が展開される。著者は，「規範の抵触」の狭義の定義は，2つの規範のもとで双方の義務を同時に履行することができない場合を指し，この定義が国際法においては一般的であるとしたうえで，この定義は適当ではなく，より広義の定義が妥当だとする。広義の「規範の抵触」とは，一方の規範が特定の行為を禁止するのに対して，他方の規範が当該行為を許容する場合や，一方の規範が特定の行為を義務づけるのに対して，他方の規範が当該行為を行わないことを許容する場合も含むとする。次に「規範の抵触」をどのように解決するかという問題が検討される。そこでは，国際法一般における問題の整理として，jus cogens がそれと抵触する jus cogens ではない国際慣習法や条約に優先すること，jus cogens 同士や条約同士など同列の規範が抵触する場合には後法優位の原則と特別法優位の原則によって判断されること等が示される。また WTO 協定は，条約法条約第41条にいう多数国間の条約を一部の当事国の間においてのみ修正する合意を禁止していないので，この合意に該当する非 WTO 法によって WTO 法を特定の WTO 加盟国間において修正できるとす

る。そのうえで，WTO 法違反を，WTO 法と抵触する他の国際法によって正当化できるかが検討されるが，著者によれば，WTO 紛争解決機関が WTO 法上の請求（claim）だけを扱えるのは確かだが，WTO 協定は他の国際法を適用することを排除していないので，上記の「規範の抵触」に関する一般ルールに従って，WTO 紛争解決手続において他の国際法を，WTO 法違反を正当化する根拠（defence）として援用できるとする。

第 2 部では，地球環境問題や国際環境問題に関する貿易関連措置を念頭に，域外適用（extraterritorial jurisdiction）の国際法上の合法性について検討される。まず，主権，自決原則，及び不干渉原則は，域外適用を含む紛争においては，十分に詳細な判断基準にはならないとしたうえで，利益衡量（balancing interest）ないしは均衡性原則（principle of proportionality）によって域外適用の合法性判断は行われるべきだとする。著者によれば，広義の均衡性原則は，適切性（suitability），必要性（necessity），及び狭義の均衡性から構成される。適切性とは，措置が正当な目的の達成にとって適していること，必要性とは，措置が正当な目的の達成にとって必要であること，狭義の均衡性とは，措置が目的と均衡していることであり，この 3 つの基準を満たしているかどうかの証明責任は，措置をとる国にあるという。このような広義の均衡性原則も，あいまいさは否定できないが，すべての関連する要素を勘案する包括的なプロセスであることが当該原則の本質であって，均衡性原則の適用の判断に一定の裁量が残るのはやむを得ないとする。著者は，均衡性原則は厳格なルールではなく，ケース・バイ・ケースの判断を積み重ねて時間をかけて予見可能性を高めるべきものだという。

第 3 部では，環境関連の貿易制限措置の WTO 協定整合性について包括的な分析がなされる。まず GATT 第 3 条については 2 段階アプローチを支持し，目的効果アプローチは否定する。GATT 第 3 条 2 項第 2 文の直接競争代替可能産品に関する規定に関しても，問題となる規制の目的が考慮されているのではなく，第 3 条 1 項の「国内生産に保護を与えるように」との原則は解釈の指針にすぎないという。また，GATT 第 20 条に関しては，第 2 部で著者が提示した広義の均衡性原則の観点から上級委員会の判例等を分析する。それによれば，これまで GATT 第 20 条(b)(d)(g)が問題となった事件においては，「適切性」と「必要性」の考慮が主として行われていること，及び，韓国—牛肉事件で上級委員会が採用した「必要性テスト」においても，政策目的の重要性ととられた措置の貿易効果とが比較衡量されることはなく，狭義の均衡性テストは適用されていないという。さらに TBT 協定に関しては，同一の措置について GATT と TBT 協定とは重畳適用されうるとしたうえで，例外条項のない TBT 協定については，同協定の違反を GATT20 条によって正当化することもできるとの見解を示す。なお，産品非関連 PPM については，それが差別的でない場合は GATT に違反せず，差別的な場合でも GATT20 条で正当化できること，及び TBT 協定の適用範囲にも入ると解すべきだという。

第4部では，第1にオゾン層保護条約及びモントリオール議定書とWTO法との抵触の問題が扱われる。著者は，モントリオール議定書上の規制物質，規制物質を含む産品，又は規制物質を用いて生産された産品で規制物質を含まないものに対する輸入禁止措置は，第3部での検討を踏まえるといずれもWTO協定上，合法であろうとする。産品非関連PPMである規制物質を用いて生産された産品で規制物質を含まないものに対する輸入禁止措置が，WTO協定違反になるとしても，「規範の抵触」に関する第1部での検討を踏まえると，モントリオール議定書は後法優位の原則又は特別法優位の原則によって，WTO協定に優先するという。第2に京都議定書とWTO法との関係については，京都議定書は貿易制限措置を義務づけることも許容することもしていないので，「規範の抵触」は起きないという。そのため検討すべきは，京都議定書に基づいて各国が行う国内措置とWTO法との「垂直的抵触」で，EUの措置を具体例として検討する。産品非関連PPMのラベリングについては，TBT協定の対象であり，かつ同協定上禁止されないという。また二酸化炭素排出量に基づく課税差別については，GATT第3条2項に違反するとしてもGATT第20条で正当化されると結論する。

　以上が本書の概略であるが，この他にもGATT第3条の解釈について等，紙幅の関係で紹介しきれない様々な論点を本書は扱っている。おそらくベースとなっているHabilitationの段階で相当なリサーチを行ったと推測され，「貿易と環境」に関し著者が行ったリサーチの厚みには敬意を表したい。ただしその分析内容には，疑問を持つ点が少なくない。

　例えば著者は，条約法条約第41条にいう多数国間条約を一部の当事国間においてのみ修正する合意に，環境関連条約が該当し，WTO協定違反を正当化する根拠となると主張しているが，条約法条約第41条にいう「修正合意」に環境関連条約が該当するか否かについて詳細な検討がなされていない。本書の第4部においては，モントリオール議定書が条約法条約第41条にいう「修正合意」に該当する可能性が示唆されるが，モントリオール議定書にはWTO非加盟国も加入しており，WTO加盟国間でWTO協定を修正する合意にはなりえない。また，条約法条約第41条2項は「条約を修正する合意を締結する意図を有する当事国は，当該合意を締結する意図及び当該合意による修正を他の当事国に通告する」と規定しているが，この規定とWTO協定との関係についての検討は本書には見当たらない。WTO協定の「修正合意」として考えられるものがあるとすれば，GATT第24条に基づく関税同盟や自由貿易地域だが，GATT第24条と「修正合意」との関係についても何ら言及がない。WTO協定とは無関係に締結される環境関連条約が，WTO協定の「修正合意」とみなされるには十分な根拠が必要だが，この点についての議論が不十分であり，「規範の抵触」に関する筆者の理論的整理に疑問符がつく。

　また，域外適用の合法性判断基準について，広義の均衡性原則を主張するが，その法的性質の説明が明確ではない。著者は，一部の学説を根拠に，広義の均衡性原則は目的

論的解釈における法格言（maxim）であるとしているが，国際法における目的論的解釈の中で筆者のいう広義の均衡性原則がどう位置づけられているかについての分析が不十分である。これに関連して著者は，広義の均衡性原則は法の一般原則や国際法の一般原則であるとの学説も紹介し，これらの学説も広義の均衡性原則によって域外適用の合法性を判断することの根拠となるとするが，目的論的解釈における法格言であるとの主張と理論的にどう整合するのか説明がない。著者は，ドイツ法やEU法とのアナロジーから分析を行う傾向があるが，国際法内在的な検討が欠けているように思われる。均衡性原則に関しては，第2部で国際法一般における理論的分析を行い，それを第3部でWTO法に応用するという構成を著者は考えているようであるが，その論理的関係も明確ではない。第3部では，GATT第20条に関するWTOの判例を扱い，第2部で検討した均衡性原則との比較を行っているが，GATT20条の適用事例は当然のことながら同条の文言を前提としたものであり，国際慣習法を前提とした域外適用一般の議論とは単純な比較はできないが，特段の説明が見当たらない。著者は，本書の構成は第1部から第4部に向かって，理論的基盤から応用事例へとピラミッド構造になっているとするが，その試みは完全には成功していないように思われる。

加えて，WTO法内部の問題として，TBT協定違反の環境関連措置をGATTによって正当化しうると言及するが，この点についても十分な検討がなされていない。このような場合，TBT協定は特定の措置をとることを禁止する規範であるのに対し，GATT第20条はその措置を許容する規範であり，両者の関係は著者のいう広義の「規範の抵触」に該当する。WTO協定附属書1Aに関する解釈のための一般的注釈によれば，GATTの規定と附属書1Aの他の協定とが抵触する場合には，当該その他の協定が優先すると規定されている。よって，著者の提示する「規範の抵触」の定義に従えば，TBT協定とGATT第20条とが抵触する場合にはTBT協定が優先され，GATT第20条は適用できないのではないだろうか。GATT第20条が，GATT以外のWTO諸協定の違反を正当化しうるかは重要な論点であるため，本書の問題関心は極めて適切ではあるが，より深い考察がなされていないことが残念である。

（学習院大学法学部教授）

文献紹介 267

Stephan Zleptnig,
*Non-Economic Objectives in WTO Law:
Justification Provisions of GATT, GATS, SPS and TBT Agreements*

(Leiden: Martinus Nijhoff Publishers, 2010, viii + 421p.)

京 極 智 子

　本書は，表題が示すとおり，WTO 法において非経済的目的による国内措置がどのように扱われているかを分析したものである。著者は，現在民間エネルギーセクターにおいて法律コンサルタントとして従事しており，ウィーン大学や英国国際法・比較法研究所の非常勤講師も勤めた。本書は，著者が2008年にウィーン大学法学部に提出した博士論文を加筆修正して出版されたものである。第 2 次世界大戦以後欧米諸国を中心として形成されてきた世界貿易体制は，自由・無差別を基本として相互に関税引下げを行うことにより資源利用の最適化をはかることで世界全体の経済発展を推進しようとする GATT 体制を中心に発展を遂げてきた。そして，WTO 発足後は，それまでの規律対象であった物品貿易に加え，サービスや知的財産分野なども新たな規律対象とするようになり，更には国民の健康や安全の保護といった，本来国家が国民の要請を受けてその要請に応じて保護のレベルや政策等を自由に決定すべき事項にまで貿易と関連させてその強力な紛争処理手続の対象とすることで，各国の非経済的目的を持つ国内措置にまで規律を及ぼすようになってきているのが現状である。著者は本書においてそのような WTO における非経済的事由による国内措置で貿易制限的なもの，すなわち WTO 法においては原則違反と考えられうるものがどのような形で処理されるのかについて，ガット，サービス協定（GATS），SPS 協定，TBT 協定におけるそれらの取り扱いを丹念に分析しているものである。

　本書は，3 部・8 章から構成され，各部の表題はそれぞれ第 1 部「基本的問題」，第 2 部「ガット及び GATS における非経済的事由の正当化」，第 3 部「SPS 協定及び TBT 協定における非経済的事由の正当化」となっている。まず，第 1 章「自由貿易とその限界」では，第 2 章以降の法的な分析に入る前段階として，経済学における貿易自由化理論を振り返り，貿易自由化による利点（自国及び世界全体の経済厚生の向上）や欠点（自国産業保護の傾向等），貿易自由化規律に対する批判（環境破壊の恐れ，自由な自国政策が遂行できなくなる恐れ）について説明する。加えて，非経済的目的によって貿易を制限することの是非についてが述べられる。著者は，その国の経済状況や立場，政策の前提の違いによって貿易制限に対する考え方は異なり，貿易制限の是非については賛否両論があるのは当然であるとする。続いて第 2 章では WTO 法において非経済的事

項に関する条項をどのように解釈すべきかについて分析がなされる。第2章では，WTOにおける条文解釈がいかになされるかについてウィーン条約法条約の解釈基準にも触れて分析がなされている。著者は，関連規定が曖昧なままだからこそ解釈が重要になるとし，近年批判もあるいわゆる「発展的（evolutionary）」解釈については，判断を詳細に分析すれば，紛争解決機関はウィーン条約法条約の解釈基準を維持し注意深く文言をベースとしてアプローチしているとして，肯定的に捉えている。そして，近年，パネル・上級委員会の解釈における重要な変化は，他の国際法を必要な限度で参照し，それがWTO法における条文解釈に大きな影響を与えていることであると述べる。第3章では，例外条項とされる非経済的事項に関連する条項の役割と機能について詳細に分析がなされる。著者は，非経済的目的による例外条項の重大な機能の一つは，その存在により貿易協定全体の安定性を維持することにあるとし，国内的に国民の要請に応える形での政策遂行と国際的義務との適切なバランスを保つことが重要であるとする。第4章では，非経済的事由によってなされうる貿易制限がどのような形で正当化されうるかについて分析がなされる。具体的には，ガット，GATS，SPS協定及びTBT協定のそれぞれでどのように非経済的事由による例外措置が扱われているのかを歴史的にも振り返り，分析を加えている。そして，WTOにおいては，いわゆる伝統的なルール＝例外の関係を意味するネガティブ・アプローチ（ガット，GATS）と非経済的な目的の国内措置の何らかの正当化が既に実質的な規律の一部となっているポジティブ・アプローチ（SPS協定，TBT協定）という2つの異なるアプローチが並存しているとする。

　第2部では，ガット及びGATSにおいて非経済的事由による国内措置がいかに正当化されうるか（又はされえないか）について，より包括的にかつ具体的なケースを分析しつつ検討される。第5章の分析において著者は，まず，これらの条項において正当化が可能な非経済的目的とは何か，そして，これらの条項を主張するに当たり必要な要件は何かを明らかにしている。正当化の基礎としては条文に書かれているように，公徳や公共の秩序維持，人・動物等の健康衛生などがあるわけだが，著者によれば，これらの条項の文言から黙示的に解釈可能なのが，環境や人権の保護，労働基準，文化保護等であり，こうした分野における国際法の発達が，当該条項の解釈に影響を与えているとし，そのような解釈における変化は，WTO法が，国際法の他の分野において見られる非経済的事項に関する考慮について，より一層注意を払うようになったという新たな発展の証拠と理解する。また，著者は，EC法との比較を随所で行っており，WTO法とEC法には多くの類似性があり，EC法がより発展していることからWTO法においてEC法を参考にすることは意義があるとする。第6章では，ガット第20条及びGATS第14条の実質的要件及び手続的要件について詳細に分析し，いわゆる必要性テストにおけるEC法の比例性原則との類似性を指摘する。また，ガット第20条柱書についても，EC条約第30条と明確なパラレル関係にあるとして，その類似性について分析を加えている。そ

して,「手続きに関する包括的な原則」と考えられるガット第20条柱書は,非経済的目的の追求のために貿易制限措置を採る国内当局によって尊重されるべきものであるとする。著者は,また,未解決の重要な問題として,域外適用を含む貿易制限措置を挙げている。域外適用については,WTO 法においては明確に違法だとはされないが,その適法化要件の厳格さにより実際には適用が困難であろうと述べている。

続いて第3部第7章では,SPS 協定における非経済的事由による措置の正当化,第8章では TBT 協定におけるそれについての分析がなされる。これらの協定については,国際基準へのハーモナイゼーションを求める点で WTO の規律における転換点となったと評価する。SPS 協定は,加盟国が衛生植物検疫措置を採る権利と貿易制限的な国内措置を規制するという目的との間のバランスをいかにとるかが問題となる。著者は,SPS 協定におけるもっとも難しい課題は,科学的証拠を求める本協定において,科学的不確実性が存在する場合や,国際基準よりも厳しい措置を求める国民からのプレッシャーにどう対処するかであるとする。そして,判例ではリスク評価とリスクマネージメントは区別されないとの判断がなされているが,著者は,今後起こりうる問題への対応として,後者に文化的要素や社会的要素,公徳などを含んで解釈していくことが重要ではないかと示唆する。国家は科学的なリスク評価によって明らかにされた特定のリスクに対しそれぞれの国民からの要請やその他の関連する要素によっては異なる対応をするものである。他方で,「衛生植物検疫措置の貿易に対する悪影響を最小限にするため,その企画,採用及び実施に当たっての指針となる規則及び規律の多数国間の枠組み(SPS 協定前文)」を作成するという本協定の目的を達成しなければならないという要請があるが,加盟国が国民の要請に応えるために純粋に科学的ではない考慮を行うこと,それに伴う加盟国間の規制に関する多様性を許容することは SPS 協定の運用上重要な課題であろうと著者は述べる。また,TBT 協定についても著者は,SPS 協定と同様,実質的な義務や国際基準の利用の推進等をその規定に盛り込んでおり,ルール=例外というネガティブ・アプローチを採るガットや GATS のような伝統的な貿易規律を超える性格を持つものと理解する。なお,TBT 協定に関しては判例も少ないことからか,あまり詳細な分析はなされていない。

そして結論として著者は,問題は,競合する権利や原則や目的をどのようにバランスさせるかということであり,WTO の紛争解決手続においては,経済的目的と非経済的目的をそのまま直接バランシングするのではなく,まず第1に国内レベルにおけるバランシングが行われ,この点について WTO は手続的要請の観点からチェックを入れつつ,対象となる協定によって異なるバランシングのステップを設定し審査を行っていると述べる。たとえば,必要性テストにおいては,パネル・上級委員会は,問題となる措置の非経済的目的そのものを疑問視するわけではなく,あくまでも,それが必要かどうかを代替可能な措置と比較して審査する(このことから,ガット第20条及び GATS 第14条に

おけるバランシングは，問題となる措置が目的とする保護のレベルも考慮に入れるEC法における比例性原則とは異なるとしている。）。また，関連性テストでは，措置と目的との実質的な因果関係を求め，より加盟国の裁量の余地がある形となっている点で必要性テストとは異なるとするが，双方とも柱書で手続的要件を課し，加盟国による例外条項の濫用が起きないようにより厳格に審査する構造となっている。一方，SPS協定でも，ガット／GATSと同様必要性テストが重要な役割を担うが，より明確化された文言と科学的要件により，ガット／GATSのそれよりも洗練された形となっているとする。最終的に著者は，加盟国による非経済的目的の追求はたとえWTOにおける貿易自由化義務と相容れないものであったとしても，可能であると述べる。近年の判例からも，WTO自身が加盟国の非経済的目的を持つ措置について敏感になってきていることがわかるとする。そして，著者は，国際貿易システムは，決して，他の国際法分野における発展と無縁であってはならないし，国内レベルで表明される正当な非経済的目的に関する考慮から切り離されてはならないものであるとし，WTOレベルにおいて，たとえば，条約改正やより明確な解釈の採択など，改革のオプションはさまざまあるが，結局WTOにおけるこうした重要な課題に対していかに反応するかは加盟国次第であると述べている。

　本書の基本的な問題意識は，自由貿易は非経済的目的による国内措置に必ず優位するものなのか，そうでないとすれば，いついかなる条件の下，非経済的目的を持つ貿易阻害的国内措置は許されるものなのかという疑問であり，これはWTO法を学ぶ者であれば必ず考える基本的問題であろう。本書で扱う非経済的事由による国内措置については，いわゆる非貿易的関心事項と置き換えることができるかと思われるが，これについてのWTO法における取り扱いを包括的に研究した書はあまり例がなく，その意味で非常に有意義なものである。本書は，関連する豊富なケースを丹念に調べた上での分析であり，非常に参考になる。また，既に述べたとおり，本書では随所でEC法について記述が豊富に見られる。関連する判例なども多くWTO法のそれと比較して紹介されており，EC法に疎い読者にとっては多々参考になる点があろう。既に述べたとおり，著者はWTO法においてEC法を先例として参照すべきという考えを持つ。しかし，EUとWTOを比較する際に重要となってくるのはそれぞれの機関の構成や最終目的の違いである。すなわち，EUが一国政府と準えられるような準中央集権的な機関の下各国の政治統合まで目指し各国市場の完全統合を試みているのに対し，WTOは加盟国間のできる限りの貿易自由化を通した経済厚生の向上を目指しており，世界経済の統合を目的にしていないことを鑑みれば，単純な比較はできないと考えられる。著者はその点をもう少し明確に意識しつつ比較検討すべきではなかったかと思われる。また，本書においては，なぜガット及びGATSでは著者の言うネガティブ・アプローチがとられ，SPS協定及びTBT協定ではポジティブ・アプローチがとられたのか，アプローチの違いによってどのような変化が生まれたのか，アプローチの違いは何を意味するのかについては明

らかにされていない。豊富なケース分析を通して各協定によってアプローチの違いがあることは明らかとされているが，多種多様な非経済的目的を持つ国内措置が機械的に分類され，対象となる協定によって扱いが変わりうることの是非についても明らかな批判は出されていない。非経済的目的を持つというだけで貿易制限的な性格を持つ国内措置が国際貿易規律から除外されるということはもちろんないわけだが，国家の政策目標とWTOにおける貿易自由化目標とのバランスをいかにとっていくかということが大きな課題である。本書のような包括的な分析を行うことは，その全体像がよく俯瞰できるという意味で大きな意義があると考えられる。

（東京大学大学院総合文化研究科博士課程）

Christian Tietje (Hrsg.),
Internationales Wirtschaftsrecht

(Berlin: De Gruyter Rechtswissenschaften Verlag, 2009, 834S.)

山　内　惟　介

1　はじめに

　本書『国際経済法』は，法令の改廃，裁判例の集積等を通じて，絶えず変化し続ける国際経済取引関係の法制と実務の現状をドイツ法（ヨーロッパ法を含む）の立場から捉えようとした浩瀚な体系書である（叢書 "de gruyter Lehrbuch" に収録）。編者を含む12名の専門家による学際的国際共同研究の成果でもある本書は，全文834頁，全18章（「1　国際経済システム・国際経済法の概念・歴史および基礎」（1-60頁），「2　国際経済法における制御の主体とメカニズム」（61-144頁），「3　WTOと国際物流の法」（145-214頁），「4　国際サービス取引」（215-242頁），「5　国際的公的調達」（243-265頁），「6　国際原料市場」（267-286頁），「7　国際運送法」（287-345頁），「8　国際投資保護法」（346-374頁），「9　国際通貨法・金融法」（375-431頁），「10　国際情報通信法」（433-453頁），「11　国際競争法」（455-513頁），「12　知的財産の国際的保護」（515-562頁），「13　国際銀行・金融サービス法」（563-627頁），「14　国際物品取引法」（629-678頁），「15　対外経済法」（679-743頁），「16　国際経済法における国際商事仲裁および他の紛争解決方法」（745-762頁），「17　WTO紛争解決」（763-799頁）および「18　投資紛争解決」（801-817頁））から成る。巻頭には編者まえがき（2頁），大目次（2頁），細目次（20頁）および略語表（17頁）が，また巻末には事項索引（16頁）がそれぞれ掲げられている。以下，各章の内容を概観しよう。

2　本書の概要

国際経済法の原論的主題を扱う「1　国際経済体制・国際経済法の概念・歴史および基礎」（Chirstian Tietje ハレ大学教授，公法・ヨーロッパ法・国際経済法）では，国際経済体制および国際経済法という概念を，経済学と法律学，私法と公法といった既存の領域を超えて機能面から体系的に捉える必要性が強調される。「国際経済法の史的展開」では，紀元前3世紀から1990年代のWTOの動きまでが経済思想，条約等の合意文書に即して跡付けられる。「国際経済法の諸原理」では，優先されるべき価値ないし原則という視点から，「Rule of Lawの遵守」，「Good Governance」，「市場公開」，「無差別」，「国家主権」，「領域国管轄権の優先」，「協力・連帯」，「グローバルな公共財維持と公正な配分」等が説明される。

「2　国際経済法における制御の主体とメカニズム」（Karsten Nowrot ハレ大学研究員，経済法）では，この分野の主体（主権国家および自治体，国際機関，国際商業会議所等の民間団体，NGO，紛争解決機関），法源（条約，国際慣習法，法の一般原則，国際機関の立法等），地域経済統合等の変遷と現状，これらが簡潔に説明される。「3　WTOと国際物流の法」（Chirstian Tietje ハレ大学教授）では，国際経済規制の主体，特にWTOをめぐる組織法と行為法が概観される（前史としてのGATTを含む）。

その後の12章に亘って取り上げられるのが各論的主題である。「4　国際サービス取引」（Friedl Weiss ウィーン大学教授，ヨーロッパ法・国際法）では，サービス貿易一般協定（GATS）の構成と現状，特に紛争解決システム，特殊なサービス分野（金融サービス，情報通信，航空運送，教育制度，人の自由移動）の概観が提供される。「5　国際的公的調達」（Friedl Weiss ウィーン大学教授）では，公的調達に関する諸制度（国際復興開発銀行（世界銀行，IBRD），OECD，EU，UNCITRAL，MERCOSUR，NAFTA），GATTおよびGATSの関連規定，WTO上の政府調達協定（GPA）などが概説される。「6　国際原料市場」（Friedl Weiss ウィーン大学教授）では，「原料」概念が当初の意味（1948年ハヴァナ協定第56条第1項）から変化してきた過程，GATTの諸規定，国連経済社会理事会（ECOSOC），国連貿易開発会議（UNCTAD）等の諸機関における審議の経緯が紹介されるほか，国際石油輸出機構（OPEC），国際コーヒー機関（ICO），地中海諸国協定，アフリカ・カリブ海・太平洋協定等の活動と成果が検討され，最後に紛争解決としてのICJとICSIDが紹介される。「7　国際運送法」（Karsten Otte マンハイム大学員外教授，電気・ガス・情報通信・郵便および鉄道の配備網に関する連邦官庁局長，運送法・交通法）では，道路交通法，鉄道運送法，航空運送法，海上運送法，内航運送法，複合運送法（国際法・EU法・国家法，行政法・民事法）の概要が示される。「8　国際投資保護法」（August Reinisch ウィーン大学教授，国際法・ヨーロッパ法）では，21世紀初頭に至るまでの投資とその保護をめぐる経済的政治的背景が概観された後，法源（条約，国際慣習法，法の一般原則，ソフトロー，国家法，コンセッション契約），外国投資に伴う重要問題（投資概念，外国投資の許容性，外国投資取扱

基準，収用に対する保護，資本移転，Mantelverpflichtungen（umbrella clauses），投資保証）が論じられる。「9　国際通貨法・金融法」(Sabine Schlemmer-Schulte パシフィック・マクジョージ大学教授，EU法・国際金融法）では，国際通貨制度（ブレトン・ウッズ体制とその前史（国際決済銀行（BIZ））），ヨーロッパ通貨制度，国際金融機関（国際通貨基金（IWF），国際復興開発銀行（Weltbank），世界銀行グループ4機関（国際金融公社（IFC），国際開発協会（IDA），投資紛争解決国際センター（ICSID），多数国間投資保証機関（MIGA））およびその他のグローバル金融機関（国連開発プログラム（UNDP），国連開発グループ（UNDG），国際農業開発基金（IFAD））の順に制度的背景と運用の現状が整理され，最後に未解決の諸課題（発展途上諸国における金融危機，慢性的国家債務と発展途上諸国の支払能力欠如）についても検討される。「10　国際情報通信法」(Jörn Lüdemann マックスプランク公共財研究所研究員，憲法・行政法・経済公法・情報法）では，情報通信ネットワークの確立（インフラ整備）過程，情報通信市場の特性，国際情報通信法の特質等に触れられた後，国際情報通信法の法源に関して，国際情報通信連合（ITU）の諸基準，ヨーロッパ郵便通信担当官庁間会議（Europäische Konferenz der Verwaltungen für Post und Telekommunikation），国際衛星機関（Internationale Satellitenorganisationen），インターネット上の名称及び番号の譲渡に関するインターネット上の団体（ICANN = Internet Corporation for Assigned Names and Numbers），WTO規則体系における情報通信サービス等が概観され，最後に万国郵便連合および関係諸機関の規則に基づく国際郵便法の体系が示される。「11　国際競争法」(Florian Wagner-von Papp ロンドン大学講師，競争法）では，国家カルテル法の国際的事案への一元的適用に関する効果主義の現状（アメリカ，ドイツ，イギリスおよびEU），効果主義の論拠と適用上の制限，輸出時の競争制限措置の優越性，国家行為の場合の制限等，競争規制に関する制度的諸問題が略述された後，国際法源として二国間協定（1976年ドイツ・アメリカ間協定，1991年・1995年・1998年EC・アメリカ間協定）および多数国間協定（ハヴァナ憲章，OECD, UNCTAD, WTO, ICN）が説明され，最後に，競争法の国際的調整をめぐる複数の提案（Draft International Antitrust Code, Weltkartellrecht, Kompetenzabgrenzung im Mehrebenensystem, Wettbewerb als globales öffentliches Gut）が紹介され，検討される。「12　知的財産の国際的保護」(Horst-Peter Götting ドレスデン大学教授，工業所有権法・著作権法）では，工業所有権および著作権をめぐる諸制度（特許法，実用新案法，半導体保護法，種類保護法，登録意匠法，標識法（商標法）），工業所有権および著作権の法的性質（無体財産性，遍在性，消尽性，属地性），これらの概説に続けて，ヨーロッパ法（特許法，種類保護法，商標法，登録意匠法および著作権法）および国際法（パリ同盟条約，TRIPS協定，WIPO等）の体系が整理される。「13　国際銀行・金融サービス法」(Rolf Sethe チューリヒ大学教授，民法・商法・経済法・国際私法／Juliane Thieme ハレ大学非常勤講師，

租税法・銀行法・証券取引法）では，金融市場と金融サービスの発展過程，信用制度および金融サービス機関に対する国家的監督とグローバル化との相克，これらの説明に続けて，金融サービスに関する国際法（GATS），GATS 規制を反映させたドイツ国内法（信用制度法（KWG），投資保護法，有価証券・持ち分販売法および開示規制），銀行サービス・金融サービスに関する国際私法上の諸問題（証券取引と取引所，投資保護，資本市場での情報欠如に起因する責任），そして訴訟上の特殊性，これらが論じられる。「14　国際物品取引法」（Urs Peter Gruber マインツ大学教授，民法・民事訴訟法）では，国連動産売買条約（CISG）および国家法の牴触法的適用の枠組み，同条約適用上の重要な解釈問題（第1条，第2条，第7条，第29条等），INCOTERMS，UNIDROIT 原則，ヨーロッパ契約法原則，商慣習等の適用問題等が取り上げられる。「15　対外経済法」（Chirstian Tietje ハレ大学教授）では，EU 条約，WTO 協定等の国際法的規制とそれらを反映したドイツの国内法規制が概観される。取り上げられた主題は，輸出入における規制（武器輸出規制等）のほか，経済制裁（マネーロンダリング，テロリズム等）にも及ぶ。

最後の3章では紛争解決制度が取り上げられている。「16　国際経済法における国際商事仲裁およびその他の紛争解決方法」（August Reinisch ウィーン大学教授）では，UNCITRAL モデル法を素材として民事裁判制度を補完する国際商事仲裁制度が説明される。「17　ＷＴＯ紛争解決」（Friedl Weiss ウィーン大学教授）では，WTO の紛争解決手続了解（DSU）の仕組みが概説される。「18　投資紛争解決」（August Reinisch ウィーン大学教授）では，投資受入れ国での訴訟，第三国での訴訟，投資者の本国による外交保護権行使，ICJ 等国際機関による解決，投資者と国家との間のコンセッション契約，イラン・アメリカ請求法廷，ICSID 条約上の解決，Energy Charter Treaty（1998年発効）による仲裁制度，NAFTA における解決策が概観された後，今後の課題（重複し矛盾する複数の仲裁間での調整問題，仲裁手続きの透明性・信頼性確保，投資仲裁手続きにおける最恵国待遇条項の取扱い等）が示される。

3　評価と課題

本書の対象領域はこのように多岐に亘る（民法，商法，民事訴訟法，倒産法，経済法，銀行法，資本市場法，仲裁法，国際私法，ヨーロッパ法，国際法等）。各章の記述に濃淡があるのは，参照文献等に現れた利益対立状況の変遷と現時の研究水準を如実に反映したものであり，そのこと自体がドイツ国際経済法学の地位と将来への課題を示している。各論で取り上げられた個別領域では，概して，豊富に蓄積された裁判例・行政先例をもとに大部の体系書が書かれているだけに，最先端の研究成果を100頁未満で略述することは至難の業といわなければならないであろう（体系書という本書の刊行形態を考えれば，記述の簡略さは本書の致命的欠陥とは言い得ない）。前途有為な研究者の共同作業に基づく本書は，国際経済法務に関心を抱くわが国の研究者および実務家に対し手

掛かりを示すという意味においても，ひとつの有益な学術文献と考えられる（本書は先行文献たるクロンケ他編著『ハンドブック　国際経済法』（本誌15号，264-268頁）を補完するものでもある。）。

　それならば，本書をどのように受け止めることができるか。この点はむろん全面的に読者の問題関心に左右されるが，全体を貫く基本原理を説明しているという点で，原論部分の記述内容の適否を概説書評価基準として採用する立場からみると，主権国家の国家法という枠を超え，経済学と法律学の統合という視点から国際経済体制および国際経済法という概念を捉えようとする本書は，世界的規模での国際経済法を構想する立場からは歓迎されることであろう。「国際経済法の諸原理」の項で取り上げられたさまざまな原則ないし価値の強調も，「国際経済法の史的展開」における記述もこのような配慮を反映するものと考えられる。とりわけ国際社会における法の機能と役割を考慮しつつ，国境を超えて多様に展開するさまざまな経済事象を，国際法と国家法を併用して全地球的規模で統一的に規律する複合的分野として国際経済法を構想する視点からみると，本書には国際経済法体系を構築する上で１つの里程標としての意味が与えられよう。

　むろん，現実の法規制が種々の利益衡量を反映して主権国家の国内法により行われている実情を見ると，本書で国家法による規律の状況に相当数の分量が割かれていることには大きな意味がある。それでも，ドイツ・ヨーロッパ中心の法制が国際経済紛争規律の全体を意味するわけではない。この点からみると，記述内容において，食糧，資源エネルギー，環境，人権等に関する国民国家の政策と国際的な資源配分調整等に関する全地球的規模での把握が行われていたならば，また国家法の範囲において，国際的経済活動を担う他の主要諸国の立法・裁判例・行政先例や地域間行政協定等についての説明も行われていたならば，本書には，真に地球社会に共通の国際経済法体系書としての地位が付与されたことであろう。会員数にも会員の専門領域にも大きな偏りがあるとはいえ，本学会会員諸氏の御努力により欧文研究業績が継続的に公表されてゆくならば，真の国際経済法形成に向けた本書改訂版の作成も一層容易になろう。

（中央大学法学部教授）

Santiago Montt,
State Liability in Investment Treaty Arbitration:
Global Constitutional and Administrative Law in the BIT Generation

(Oxford and Portland, Oregon: Hart Publishing, 2009, xliii + 416p.)

佐 古 田 　 彰

1　本書の概要

本書は，『投資条約仲裁における国家責任——BIT 世代におけるグローバル憲法とグローバル行政法』と題する2009年に出版された本である。著者の Santiago Montt は，2001年にチリ大学で行政法で学位を取った後，チリで弁護士として活動をしつつ，2004年にイェール大学で修士号，2007年に同大学で博士号を取得した。彼は現在，チリ大学法学部教授（行政法）で，同学部の規制・競争センター所長の任にある。本書は，彼の博士論文 "Global Constitutional and Administrative Law In The BIT Generation: A Latin American Perspective of The Past, Present, And Future of State Responsibility for Injuries to Foreign Investors" に加筆修正したものである。

本書は，執筆時点で2600本を超える二国間投資保護条約（BIT）の存在を BIT ネットワークとして捉え，またそのような今日の国際投資法の状況を BIT 世代（BIT generation）と名付けた上で，この BIT ネットワーク・世代が特に途上国に与える影響を，グローバル憲法（Global Constitutional Law: GCL）とグローバル行政法（Global Administrative Law: GAL）という概念を交えつつ，論じたものである。タイトルには国家責任（State Liability）の語が用いられているが，内容は国家責任法への言及はほとんどなく，BIT を中核に置いた国際投資法の研究書である。

2　本書の内容の紹介

本書は2部構成であるが，その前後に序章と終章が置かれている。

(1)　序　　章

まず序章では，投資条約仲裁の19年間の実践から BIT の主要な実体規定の解釈問題が特に重要になってきている現状を踏まえ，本書の目的として，国際投資法に関する一般的理解に貢献することと，民主主義，法の支配及び規制的資本主義に取り組もうとする途上国の立場を反映することを，示す。また，本書の主要概念である「国家責任」，「グローバル憲法とグローバル行政法」及び「BIT 世代」の3つについてその概要を説明する。そして，本書での主張は，グローバル憲法とグローバル行政法という形での投資条約仲裁における国家責任が，外国投資保護制度の発展に関係しているということである，とする。

(2) 第 1 部

第1部「分析枠組み」は，3つの章から成る。

第1章「国家責任に関するラテンアメリカの立場——将来の学習のための過去の探索」では，19世紀と20世紀に展開された伝統的な外国人への侵害についての国家責任の問題に対するラテンアメリカの立場を紹介する。19世紀のラテンアメリカの立場の代表はカルボ理論でありそれを具現化したカルボ条項であるが，著者は，カルボ理論・条項は国家の無答責を象徴するものという従来の理解は間違っているとし，カルボ理論は国家間の平等及び外国人と自国民の間の平等を中核とする考えであると説く。続いて，この時期の先進国による砲艦外交，新国際経済秩序を含む第2次大戦後の先進国と途上国の対立などを概観した後，BITの背景や現状をデータを交えて紹介する。その現状を踏まえて，今日のBIT世代を，グローバルガバナンスと法の支配の拡大のための道具になりうるものとして捉えた上で，新カルボ理論（updated Calvo Doctrine）を用いて説明する。この新カルボ理論は，旧カルボ理論が持つ平等性という本質を今日的な形で再構成した考えであり，司法による規範創設過程を重視するものである。

なお，ここで筆者は，将来のBIT判例法が，「良いシナリオ」（先進国憲法としてのBIT）として結晶化する場合と「悪いシナリオ」（砲艦仲裁としてのBIT）として結晶化する場合の2つの可能性を指摘している。

第2章「集団的行動問題としてのBIT世代の台頭——囚人のジレンマかネットワーク効果か」では，途上国がなぜ，自国の主権を制限するようなBITを締結するのかについて論じる。著者は，これは自国への外国直接投資が魅力を持つように途上国同士で競争するという囚人のジレンマのためという見解を批判し，BITがほぼ同一の主要な実体規定を持つことに着目して，BIT世代を仮想的ネットワークとして捉え，投資家と投資受入国の両方が単一で統合された国際投資法体系から利益を得るから，と説明する。

第3章「主権と信頼の交換——BIT世代における正統性の問題」では，BIT世代の正統性（legitimacy）の問題を取り上げている。著者は，正統性の淵源となりうるものとして国家の同意など5点を挙げ，それぞれを個別に検討して，決定的な解答は得られないと結論づける。

(3) 第 2 部

後半の第2部は「投資条約仲裁法理の現状の評価」と題する。ここでは，「補償なくして収用なし」と「公正衡平待遇」のBITの2つの重要な実体基準の観点から，投資条約法理の現状を評価する。この部も3つの章により構成される。

第4章「財産権対公益——グローバルなパズルについての比較法的アプローチ」は，主要西側諸国における財産権と公益の関係を比較法的手法で検証する。これは，BIT法理は先進国の国内法基準よりも手厚い保護を投資家に与えるような内容であるべきでないという著者の問題認識から，先進国がいかなる国内法基準を有するのかをまず明確に

したいという考えによる。この検証から，著者は3点を結論づける。すなわち，第1に民主主義と私的権利利益の間には固有の緊張関係があること，第2に規制国家である主要西側諸国では，司法機関は政府に対して自制と尊重の態度を有していること，そして第3に，その司法的自制は，市民と投資家が自分だけの力で対処するよう放置されることを意味しないこと，である。

第5章と第6章は，BITにおける上述の2つの主要な実体基準について分析をしている。第5章「投資財産，間接収用及び規制国家」では，収用，特に間接収用の問題を取り上げる。著者は，BIT世代では収用条項の過度の拡大が懸念されるが，結論としては，まだ結晶化した判例法がないにせよ，収用条項は平均的には規制国家の方針を大幅に尊重しており，むしろ懸念すべきことは，収用条項の過度な拡大よりもその場当たり的な適用である，とする。

第6章「公正衡平基準による恣意性のコントロール」では，投資条約裁判所が公正衡平基準を解釈適用するにあたって，垂直的制約（国内法上の抵触法規則による制約）と水平的制約（比較法の手法から論じられるグローバルな性格を持つ実体規則による制約）の存在を認識しなくてはならないと主張する。裁判所はこれらの制約を完全に無視して純粋に国際法だけで公正衡平基準を解釈する自由はないという指摘であり，これらの制約に服させることにより，裁判所の恣意性をコントロールできる，と論じる。そして，BIT世代の到来は，国際法，国内法及び比較法の関係を再認識させると結ぶ。

(4) 終　章

最後に，終章「BIT世代の将来――法の支配と人間の福祉に向けたグローバルな法秩序のために」で，これまでの論述の内容を簡潔にまとめつつ，仲裁裁判所が垂直的制約と水平的制約を無視して恣意的に解釈することへの危険性を改めて指摘し，途上国に警鐘を鳴らす。しかし著者は，BIT世代の将来は「良いシナリオ」に向かうという楽観的姿勢を示した上で，途上国にとっての公正で均衡のとれているBITネットワークの利益を強調する。

3　評　釈

(1) 本書の主張の骨子と特長

本書で著者が主張していることの骨子を簡単に述べると，BITは国内法制度に優位する，BITの実体規定（特に，補償なくして収用なしと公正衡平待遇）はそれ自体合理的であるが，抽象的な文言が用いられておりその解釈は仲裁裁判所の判断に大きく委ねられている，これらの規定は先進国の国内法基準より高い保護のレベルでないと解釈すべきである，ということになろう。著者は，このような認識から，一方で，途上国はBITに基づき外国投資家に先進国国内法以上の高い保護を与える必要はないとして途上国の立場に配慮しつつ，他方で，途上国は自国民にも外国投資家と同様の保護を与え，先進国並の財産権保護の国内法制を整備すべきである，と主張する。

著者は、更に、こういった見解をより客観的一般的に論じるため、いくつかの鍵となる概念とそれと対比される概念とを用いた。すなわち、従来の裁判拒否時代に対する現在のBIT世代、元々のカルボ理論に対する新カルボ理論、中核的財産権と周辺的財産権、標準的公益と重要な公益、財産権に対する単なる干渉と全面的・実質的剥奪、レッセフェールの自由主義国家と規制国家、垂直的制約と水平的制約、そして表題にも用いられている国家責任、グローバル憲法とグローバル行政法などである。これら鍵概念を繰り返し用いながら、著者は重層的に論を進めている。特に、BIT世代を、グローバル憲法とグローバル行政法という形での発展型として想定しその観点で一貫して論述している点は、非常に野心的な試みといえる。

本書の個々の記述は平易で分かりやすく、また各章・節の冒頭にそれぞれの章・節で論じる内容を明記し更に末尾にもそれをしつこいくらいに繰り返しており、読者がより理解しやすいように工夫されている。

(2) 若干の難点と疑問点

しかし、こういった著者の考えや構成、これらの鍵概念の使用は、逆に本書の難点や限界にも繋がっているように思われる。

最初に指摘すべきは、やはりグローバル憲法とグローバル行政法の語であろう。BIT世代の語も、BITをグローバル憲法・グローバル行政法という観点から捉えるという考えも、著者独自のものではないにせよ、これを著者が本書において従来の学説・理論を踏まえてどう概念規定したのかはほとんど示されていない。著者はBIT世代をグローバル憲法として捉えるべき理由を5点示している（pp.13-15）が、示された理由はいずれも表面的な現象でしかなく、憲法概念の本質や今日の「立憲主義（constitutionalism）」に関する議論を分析検討した上でこれらの語を用いたわけではない（国際法学上の立憲主義の議論の背景と特に国際経済法における立憲化の意義などについて、福永有夏「世界銀行の開発政策と『立憲化』」『世界法年報』30号（2011年）82-89頁が簡潔で優れる）。グローバル行政法については、ほとんど概念の説明がない（see pp.16-17）（グローバル行政法の考え方に関する優れた邦語文献として、宮野洋一「『グローバル行政法』論の登場」横田洋三＝宮野洋一編著『グローバルガバナンスと国連の将来』（中央大学出版部、2008年）323頁以下がある）。

第2に、本書は非常に多くの文献を渉猟し、また判例・事例、各国国内法・裁判例への言及も多いが、これらを個別に深く分析して何らかの結論を実証的に抽出することはほとんどなく、すでに著者が有している理論枠組みにそれらを当てはめていくという論述の仕方である。これも同じく著者の理論的な図式の説明には役立つと言えても、それがどこまで実証されうるのか疑問が残る。

第3に、著者はチリ市民として本書において途上国の立場を反映したいと述べている（p.4）。歴史的な意義しか持たなくなっているといえるカルボ理論を新カルボ理論とし

て掘り起こして本書の鍵概念の1つとして用いているが，本書において新カルボ理論なる概念を持ち出すべき必然はあったのだろうか。また著者は，本書の目的の1つとして，チリの国内法制度の問題点を明確にし解決することを挙げ（p. xi），更に，国内のエリートと特別利権集団の排除を意図するような記述も繰り返している（pp.81, 374）。途上国の国内法制の現状に対する著者の強い不満が見て取れるが，BITにそこまでの大きな役割を期待せざるを得ない点に，著者の出身による限界を感じさせる。

第4に，上述のような様々な対比概念を用いての記述は，単純な二分法となることが多い。そのような説明は理解しやすいが，現実の現象をそこまで単純化できるのか，そこで捨象された事象はどう説明しうるのか，不安が残る。

最後に，本書は，国家責任（State liability）も鍵概念の1つに位置づけている。周知のように，元々国家責任の主題は，主に自国領域内の外国人の生命，身体及び財産の保護の問題として論じられた。国際投資法は，領域国のその保護義務のうち，大雑把にいうなら外国人財産の保護の側面に特化して形成された国際法分野であり，今日では特にBITが国際投資法の実体規則・手続規則の重要な部分を占める。本書も，そのような認識に立って，タイトルに国家責任の語を用いて，国際投資法の問題を論述している。しかし，著者の用いる国家責任の語は，収用による補償金の支払い義務や国内法上の不法行為責任などを含む広い概念であり，国家の国際違法行為責任に限定されない。むしろその意味での責任は著者の関心の外にある。とするとき，本書で国家責任の語を鍵概念の1つとして用いるのが妥当なのか，疑問なしとしない。

(3) おわりに

本書は，BITを個別の二国間条約としてではなく仮想的ネットワークとして理解し，またこの10年間の仲裁判決の蓄積を背景にして，更にBIT世代をグローバル憲法とグローバル行政法の観点から捉えるという，非常に壮大な試みの研究書である。この本は，著者の定義する用語・概念を前提とする限りにおいて，一貫した視点で論じられその世界は完結している。その意味で本書は学問的刺激を強く与えてくれるものである。あえて私見として不満を言うなら，一般国際法との接点をより意識して論述すれば理論的な深みと基盤がより強固に得られ，また，実証性にもっと紙数を割くとより緻密で説得力のある内容になったものと思われるが，それは行政法学の専門家である著者に対する過大な要望であろう。

（小樽商科大学商学部教授）

文献紹介　281

Carlos M. Correa (ed.),
*Research Handbook on the Protection of Intellectual Property under WTO Rules:
Intellectual Property in the WTO Volume I* &
*Research Handbook on the Interpretation and Enforcement of Intellectual Property
under WTO Rules: Intellectual Property in the WTO Volume II*

(Cheltenham; Northampton: Edward Elgar, 2010, xi + 751 pp. & ix + 309p.)

加　藤　暁　子

1　本書の主題と構成

　本書は，Research Handbook on the WTO シリーズの第一弾として知的財産権が扱われた二分冊である。編著者の Correa 教授は，1999年代前半に WTO の TRIPs 協定や集積回路配置利用権に係るワシントン条約，FAO 植物遺伝資源条約等の交渉にアルゼンチン政府代表として参加した後，ブエノスアイレス大学に移り，UNDP，WTO，WHO 等の国際機関，各国政府，NGO において多数の顧問や委員を務めている，南米を代表する知的財産法研究家である。TRIPs 協定に関して早い時期からコメンタリーを著し，同協定が途上国に与える作用について，医薬関連特許及び臨床試験データの保護，さらに技術移転，投資の分野で研究を積み重ねて来られ，2001年に英国政府が組織した「知的財産権に関する国際委員会」（CIPR），WHO の「知的財産権，技術革新及び公衆衛生に関する委員会」（CIPIH）の委員に任ぜられている。

　本書の主題について Correa 教授は，従来の TRIPs 協定に関する多数の著書の多くは，協定が提起した基本的な諸問題を深く掘り下げていない，或いは，WTO の制度全体に照らして協定の内容や射程をより深く理解するのではなく，その条文が与える影響を論じることを主眼にしていると指摘し，本書は知的財産権の保護に係る研究，教育，専門的実務に携わる者に高水準で独自性のある典拠文献の提供を目指すと述べている（Preface）。この主題の下，本書は，WTO 体制下の知的財産権に関する「保護」及び「解釈及び執行」の副題により二分冊（以下 I，II）に分けられた31章の論考で構成されている。寄稿者は欧州，インド，南北アメリカ，ニュージーランドの研究者，NGO，UNCTAD 等国際組織の職員の，延べ35名である。以下に各分冊の構成と章の概要を示し，2で若干の評釈を行う。

　I は，第1部「歴史，解釈及び原則」と第二部「実体的権利」に分けられている。第一部の「歴史」に関して，第1章（Charles Clift：執筆者，敬称略，以下同じ）は GATT ウルグアイ・ラウンドを経て TRIPs 協定が誕生する交渉（TRIPs 交渉）の経緯を整理し，第2章（Carolyn Deere-Birkbeck）では TRIPs 交渉における先進国と途上国

の間の政治的な絶縁の起源を，植民地時代以降の世界的な知的財産権制度の確立の経緯に見ている。続く「解釈及び原則」に関しては，第3章（Denis Borges Barbosa）と第5章（Peter K. Yu）がともにTRIPs協定の目的と原則を定める第7条，第8条の活用を論じている。それとは観点を違えて，第4章（Graeme B. Dinwoodie & Rochelle C. Dreyfuss）は，WIPO管轄諸条約における解釈，適用の蓄積が，TRIPs協定の解釈において参照できる可能性を，条約解釈の理論から提示し，さらにWTOとWIPOの機構間関係にも立ち入って検証する。第6章以下では，TRIPs協定と，知的財産権の消尽（第7章，Luis Mariano Genovesi），競争法（第8章，Beatriz Conde Gallego）等の隣接法領域，或いは人権（第6章，Xavier Seuba），自由貿易協定（第9章，Pedro Roffe, Christoph Spenneman & Johanna von Braun）との関係が論じられている。

　第2部「実体的権利」の各章は，TRIPs協定第2部で保護の実体規範が設けられた知的財産権の今日的な規範内容を検討している。著作権に関して，第10章（P. Bernt Hugenholtz）はTRIPs協定における著作権の排他的権利の制限の程度は，権利の対象，権利により与えられる支分権，そして権利に対する例外及び制限の設定により決まるとして，TRIPs協定とそれに組み込まれたベルヌ条約におけるそれらを検討している。第11章（Ruth L. Okediji），第12章（Owen Morgan）は，TRIPs協定と，協定の発効後にWIPOの下で締結された著作権条約（WCT，いわゆるインターネット条約）及び実演及びレコード関連条約（WPPT）の関係を取り上げている。続いて，TRIPs協定における商標権（第13章，Annette Kur）及び地理的表示（Kasturi Das）に係る条文が詳細に検討され，第15章（Dwijen Rangnekar）は法と経済学のアプローチを用いて地理的表示の保護対象とその拡大の作用を分析している。特許権に関しては，TRIPs協定第27条3項ｂの下で途上国の便益を最適化するバイオテクノロジー関連発明の特許保護（第16章，Graham Dutfield, Lois Muraguri & Florian Leverve），医薬品特許に対する強制実施権制度の評価（第17章，Jerome H. Reichman），TRIPs協定改正議定書のインド国内法制における実施措置（第18章，S. K. Verma），WHOのCIPIHに提示された，強制実施権の対象範囲を特定の疾病のみに限定する案に対する反論（第19章，Kevin Outterson）がある。さらに，第20章（Thomas Hoeren）は集積回路の配置利用権に関するTRIPs協定とIPIC条約の相関関係を明らかにし，第21章（Carlos M. Correa）は，医薬製品の試験データの利用に係る排他権のTRIPs協定における保護の態様を検討して，TRIPs協定以降に締結されたFTAにおいて実体的な保護水準が引き上げられていることを示している。

　Ⅱには，「解釈，執行及び実施」に係る10論文が収められている。第1章（Susy Frankel）は，GATT及びGATSとTRIPs協定における内国民待遇及び最恵国待遇の概念は，待遇の対象に違いがあるが，一部のTRIPs協定関連紛争における小委員会報告はこの相違を看過していると指摘する。第2章（Xuan Li）は，知的財産侵害物品に

係る水際措置について，世界税関機構，万国郵便連合及び WHO で近時策定されたルールは，適用対象の権利への特許権等の追加，輸出・通過物品への適用，税関当局に対する権利侵害に係る決定権の付与を以て TRIPs プラス・プラスの水準をもたらす，正当な貿易に対する新たな障壁であると懸念する。第3章（Joshua D. Sarnoff）は，米国の裁判所が equity 概念に基づいて，知的財産侵害訴訟における救済には侵害行為の差止めを必ずしも伴わないと判断してきた裁量権について，由来や TRIPs 協定との整合性，2005年の eBay 事件連邦最高裁判決以降の動向を論じている。第4章（Ermias Tekeste Biadgleng）は，WTO の新規加入国が加入時点までにいかに TRIPs 協定上の義務の遵守を求められるかを，2008年末までの加入25カ国の作業部会報告書に依拠して実証的に検討した，従来に無い研究である。上級委員会が加入文書中の公約に依拠した申し立てを認容したことも相まって，WTO の履行確保措置の強力さが裏付けられている。

第5章以下は，WTO 紛争解決手続き（DSU）に係属した TRIPs 協定関連紛争を検討している。第5章（David Vivas-Eugui & María Julia Oliva）では EC の商標権及び地理的表示の保護に係る DS290を検討し，米国著作権法第110条5項に設けられた著作物の利用に係る例外規定の TRIPs 整合性が争われた DS160に関して，第6章（Dalindyebo Shabalala），第7章（Maximiliano Santa Cruz）がある。さらに，特許権関係では医薬，農業化学関係の発明の保護に関する4つの事案——アルゼンチン及びブラジルの医薬特許の保護に係る DS171, 196及び199（第8章，Viviana Muñoz Tellez），医薬製品にかかる販売承認取得のために提出を求められるデータを得るための特許発明の実施行為，及び，実施により得られた製品を特許消尽後に販売するために貯蔵する行為を，特許権の排他的効力の例外と定めるカナダ特許法が TRIPs 整合的かを扱った DS114（第9章，Pedro Roffe & Christoph Spennemann）が取り上げられている。最後に第10章（Christophe Charlie）は，米国のキューバ制裁法における商標権等に係る内国民待遇が問題にされた DS214を論じている。

2　本書の特色と若干の評釈

現在，WTO ホームページの紛争テーマ別のインデックスで TRIPs 協定関連に挙げられているものは延べ24件あるが，その申し立て時期は2001年ドーハ閣僚会議以前が20件を占め，かつその多くが同会議以前に終結している。以降は，2003年4月（EC の商標権及び地理的表示の保護に係る DS209），2007年4月（中国の知的財産権の保護及び執行に係る DS362），及び，2010年5月（EC 域内を通過するジェネリック薬の差止めに係る DS408及び409）の，4件のみである。他方で，国連ミレニアム開発目標の策定と時期を同じくして，TRIPs 協定の下での医薬品特許の保護と医薬品アクセスの関係が1つの焦点になったドーハ閣僚会議以降，加盟国が公共政策上の目的を達成するために「TRIPs 協定の柔軟性」を最大限に活用する裁量権が，ドーハ閣僚会議における2つの宣言，TRIPs 協定31条 f の義務免除の下で製造，輸出されるジェネリック薬取引の国際

管理制度を設けた2003年一般理事会決定,同制度を恒久化するTRIPs協定改正議定書(未発効)を経て,繰り返し強調されてきた。WIPOは「開発アジェンダ」を推進して,例えば,インターネット環境における著作権の保護とその例外及び制限に係るガイドラインを作成してきた。これに対して,二国間,複数国間のFTA等,或いはWTO以外の国際フォーラムを通じて,TRIPsプラスといわれる保護及び執行の規範策定が進む傾向もある。国際知的財産法の研究者は,こうした展開を織り込んでTRIPs協定に関する今日的な解釈を提示することを要請されており,本書の主題もこの課題に応えることである。再解釈や敷衍の幅は章ごとに異なるため,以下では特徴的と思われる点について述べる。

(1) 例えば,TRIPs協定の解釈において,協定内部に置かれている第7条及び第8条の目的趣旨条項をどのように位置づけるかは,カナダの医薬品特許の保護に係るDS114(Ⅱの第9章で検討)及び特許権の保護期間に係るDS170において問題となったが,小委員会及び上級委員会はこの点の検討を後の機会に委ねた。本書Ⅰの第3章は,TRIPs協定がWTO加盟国に義務づける知的財産権の保護の最低基準を検討する中で,加盟国が最低基準を超える保護を定める権限は協定の第7条及び第8条により制限を受けるという指摘があるもとで,DS114の小委員会報告が採用した解釈手法は過度に制限的であり,統合の原則を採用した他のWTO紛争事例が参考にされるべきである,また両条の解釈には,発展的な(evolutive)解釈のアプローチ,及び,競合する諸原則をいずれも排除せずに承認し適切に配慮するというベクトル的な(vectorial)アプローチを用いる必要があると主張する。それにより,TRIPs協定の他の条文(DS114においては第30条)に既に利益配分が定められているという前提でなく,特定の事案に係る法的問題に適用されるところの規定に関して,原則にいうバランスを再調整することになり,ドーハ閣僚会議以降の変化を取り込むことが可能になるという。こうした解釈上のアプローチ拡大の提案について,WIPO諸条約に係る蓄積をTRIPs協定の解釈に活用するよう進言するⅠの第4章も,DS160小委員会報告がWCTに依拠した事実を踏まえて,肯定的に言及している(2.5等)。これに対して第5章は,第7条及び第8条の規範的な射程を整理して,途上国の開発のためにTRIPs協定をより柔軟に解釈,実施する上で両条が担い得る機能は,①TRIPs協定の解釈における導きの糸,②TRIPsプラス規定のような要請に対する防護壁,③国際知的財産制度における利益配分に挑む剣,④TRIPs協定のレジームを他の国際レジームと連結する橋,⑤WTOの外部にも及び得る,新たな国際知的財産権の規範の発展における種,に渡ると述べて,具体的な依拠の例を多数示している。なおYu教授は,紛争解決手続きにおいてTRIPs協定における権利保有者の利益と公的な利益の利益配分について再交渉する形で第7条及び第8条の援用を認めれば,後の紛争でも同様の援用を認めざるを得ず,むしろ途上国を悩ますことになるとして司法積極主義を牽制し,先進国と途上国の厳しい交渉を映す両条の文言に依拠して,

他の条文に存在する曖昧さに係る一定の解釈を主張するべきである，という立場を採っている。

TRIPs協定の条文の解釈手法については，Ⅰの第4章が，知的財産権が有する繊細さに配慮するために，WIPOにおける蓄積の活用を促しているが，2011年5月末のG8ドーヴィル・サミット首脳宣言第29段落に通じる視点であり，注目される。

(2) 権利の外延に係る柔軟性の活用という点では，第16章が，途上国がバイオテクノロジーから便益を得る上で最適な特許法を構築するという観点で，TRIPs協定第27条3項bが不特許事由としての設定を認める「微生物以外の動植物並びに非生物学的方法及び微生物学的方法以外の動植物の生産のための本質的に生物学的な方法」の規範的含意を検討している。南アフリカ，ケニア及びインドの立法，政策，特許の取得及び活用，研究活動上の人的，機構的，金銭的資源を概観して途上国におけるバイオテクノロジーに係る環境は多様であると指摘した上で，TRIPs協定第27条3項bの柔軟性を洗い出している。例えば，技術革新を反映し易くするために，「微生物」の定義はブダペスト条約やTRIPs協定，WIPOの専門家部会において設けられておらず，国家間に相当な違いがあること，「動植物」と「微生物」との区別も結論が得られていないこと，「非生物学的及び微生物学的な方法以外の」方法の解釈は複数あること等が示される。以上から，第27条3項bの実施手段として①例外無し，②全ての例外を組み込むが，文言解釈により保護対象を法的に可能かつ科学的に合理的な絶対最小限の範囲に限定して，可能な限り広範な対象を特許制度の外に置く，③一部例外とするが，その組み合わせは多様であり得る，の3通りを示して，圧倒的多数の途上国には②，技術力を有するインド等ごく一部の途上国には③が望ましいとする。なお，筆者は，途上国の政策決定者はバイオテクノロジーが自国の便益に資するかについて明確な指針を持ち，TRIPs協定上の義務を遵守するための「政策実行」ではなく「政策立案」を行う必要があると強調して，技術支援を行う側は，個々の国家の特殊性に敏感なバイオテクノロジー技術に係る特許制度を形成するよう，客観的な証拠を提示する，支援を受ける側はそれを求めることが必要であると指摘する。

(3) 多くの章が，TRIPs協定において認められる権利の例外及び制限を検討している。著作権の支分権の中でも録音，録画を含む複製権に係る例外の要件を設けたベルヌ条約第9条2項由来のスリー・ステップ・テストは，TRIPs協定において，第13条で協定が保護を義務づけるすべての支分権について例外を設ける際の要件として組み込まれ，さらに，類似の文言を用いて，第17条で商標権，第26条で意匠権，第30条で特許権の，例外の要件として組み込まれている。しかし，紛争解決手続きに係属した著作権（DS160）及び特許権（DS114）の例外における小委員会報告の解釈の手法に対しては多くの批判があり，特に著作権については様々なフォーラムで検討されている（本学会について年報第19号「著作権ワークショップ」の項参照）。本書では，例えばDS114を検討するⅡ

の第9章は，特許権の例外に対する同テストの適用手法に係る議論と並んで，Senftlebenが先鞭を付けた，複数の知的財産権に係る適用手法間の比較検討を紹介して，商標権の例外に係るDS290を含む3つの紛争における小委員会は，解釈のアプローチ，「通常の利用」や「正当な利益」の解釈における権利保有者の利益と公共政策上の利益に係る比重の置き方，利益衡量の手法において異なっていると指摘している。報告が採ったアプローチへの対案としては，WIPOの蓄積の活用に関するIの第4章が言及している他，第10章は，加盟国は国内法において既存の例外の維持及び新規の例外の設定を行う裁量権を有しており，同テストに適合するような例外を列挙した特別の取極を結ぶことも妨げられていないと指摘して，取極のモデルとして2001年のEU情報化社会指令を挙げる。同指令で列挙された例外を多くの国が進んで国内法に取り込んだが，その全てを取り込んだ国もまた無く，この手法は各国に国内のニーズや優先度を再評価する機会を与えるという。またIIの第6章及び第9章は，報告に代わる解釈の依拠源として1996年採択のWCT及びWPPTを挙げると共に，Annette Kur教授他が2008年に公表した「著作権法におけるスリー・ステップ・テストのバランスを得た解釈に係る宣言」等，本事案を契機に進んできた議論を，さらに各権利に敷衍する途も示唆している。

また，Iの第17章は，医薬品特許に係る強制実施権について近年の動向を網羅した上で，2009年に米国「法・医薬・倫理学会」が行った紙上シンポジウム「製薬イノベーション：法と公衆衛生」（*The Journal of Law, Medicine and Ethics* Vol.37, No.2掲載）において，強制実施権に対する評価がリアリスト的な視点に立つ肯定から厳しい否定まで大きく割れた3論文にコメントする形により，製薬企業が強く批判されながらも途上国で高薬価を維持する理由を複数指摘して，自らの利益に背いて「少量・高利潤」から「大量・低利潤」へ価格戦略を転換するよう強制する点に無理があるとして，その解消に向けて，米国に倣い途上国の医薬品配分制度の中に価格差別を設ける，「少量・高利潤」市場を企業，「大量・低利潤」市場を公的部門が担う，或いは，OECD諸国で独占的な価格設定を認める一方，途上国ではロイヤリティ支払いを要さない製品の頒布を認める（買い上げ制度）等の手段を挙げる。なお，コメント対象の3論文を含め，同シンポジウムでも多様な手段が示されている。

本書は，例えばTRIPs協定と生物多様性条約の関係について，地理的表示に係る国際登録制度の対象拡大の議論とリンクされつつあるという言及（Iの第14章第4節）にとどまることに見られるように，国際知的財産法における論点をまんべんなく扱うものでは無い。また，例えば，途上国の知的財産権に関する政策立案者が本書の内容を活かすには，相応の予備知識を要すると思われる。しかし，TRIPs協定の規範の今日的な射程と，国家がその開発上のニーズに応じてTRIPs協定の柔軟性を活用することを理解する上での，有用な参考文献であることは間違いない。本書からはまた，政府が，強制実施権の付与やバイオテクノロジーの利用，競争法の適用等，様々な局面において，自

らの法的権利に対する自覚，政治的な意思，そして技術的な能力を持つこと，また，それらが一政府で，或いは，政府を超えて不足する場合の政府間の協力の重要性を，くみ取ることができる。それらをいかに措置するのかをも，本書は，国際知的財産法，国際経済法に関わる者に問題提起しているといえよう。

(関東学園大学経済学部准教授)

Lorenzo Gradoni,
Regime Failure *nel Diritto Internazionale,*

(Padova: Cedam, 2009, xviii + 348p.)

川﨑　恭　治

1　はじめに

　本書はそのタイトル（『国際法におけるレジームの失敗』）だけみると，破綻国家の問題を取り扱っているように思われるが，そうではなく，いわゆる自己完結的制度，つまり，さまざまな条約レジームに定められている特別の救済システムがうまく機能しない場合に，(権利を侵害された国等が) 対抗措置を含む一般国際法上の手段に訴えることができるのかどうか，という問題を取り扱っている。著者の Lorenzo Gradoni 博士は，1974年の生まれ。現在ボローニャ大学法学部の国際法の研究員（助教に相当）で，この本は，2010年度のヨーロッパ国際法学会の Book Prize を受賞している。

　本書の構成は，導入：「レジームの失敗」，第１章：レジームの失敗の諸理論，第２章：レジームの失敗と WTO 法（第１節：WTO 法における対抗措置，第２節：レジームの失敗の諸理論と WTO 法），第３章：レジームの失敗と共同体法（第１節：共同体法における対抗措置，第２節：レジームの失敗の諸理論と共同体法），第４章：レジームの失敗とシステム間的な可能性（第１節：共同体法と「交差的」対抗措置，第２節：WTO 法と「交差的」対抗措置）となっており，実質的には５章立てで，簡潔な結論部分が付け加わる。

　じつは本書の内容は，理論的分析と WTO 法および共同体法の実行の分析が入り混じり，そこに言語学や論理学のジャーゴンや記号も登場し，紹介者のイタリア語読解能力の不十分さも相まって，その読解は困難を極めた。そこでここでは，各章ごとの逐次的な内容の紹介は断念して，レジームの失敗が一般法への回帰をもたらすと主張する８つの理論の著者による分析を紹介者なりに再構成して紹介することにしたい。

2　解釈学的アプローチと教義的アプローチ

　これから紹介する８つの学説のうち，①から⑥までは解釈学的アプローチに，⑦⑧は

教義的アプローチに属する．前者のアプローチは，特別法の一つの解釈を示したり，（一般法に回帰できるという内容の）任意法としての特別慣習法を論拠としており，新しい展開があれば修正を余儀なくされる，その意味で「弱い」理論といえる．他方，後者は演繹的手法で導き出され，状況に依存しない「強い」理論であるといえる．

3 第1次選抜で脱落した理論

WTO法および共同体法の分析と照らし合わせるまでもなく，主として理論的理由から支持し得ないのはつぎの4つの学説である．①古典的な解釈学的学説．これは，レジームの失敗が提起する諸問題の特殊性を，違法行為一般のもつ問題点から導き出そうとするもので，事実から規則を導出しており支持できない．②断片化に関する研究グループの最終報告は，外交的保護の文脈における国内救済完了と，特別な国際秩序によって与えられた保証の失敗との間で類推を行うが，実行には一切触れておらず，GATT時代の実行をみても，米国，EC，カナダは，それぞれ違う理由付けで「一方的措置」を正当化したが，それら以外の国はほぼ全員がそのような措置に批判的であった．従って，システム内での保証の完了に関する慣習規則が存在するとはいえない．⑥「弱い」実効性の学説．この考え方は，一般法へ回帰しうるという任意規範を，実効性の基準から導出しようとする．⑦ある規範システムが法秩序であるためには，一定の実効性を有している必要がある．しかしこのことと，個別規範が実効的であるかどうかは別問題である．レジーム内の救済を尽くせば一般法へ戻る，ということを，法秩序全体の実効性から導出することは間違っている．

4 第1次選抜で生き残った理論

③対抗措置に一定の制限を課す規則からの離脱を対抗措置として行う，ということは考えられる．しかし，この選択肢は，直ちに選択可能なものではなく，特別法に基づく対抗措置にもかかわらず続いている違反の場合か，あるいは，相手が先に対抗措置に関する特別規則に違反した場合に限られる．④一方で対抗措置と，他方で不履行に対する条約の運用停止とを区別し，レジームの失敗の場合には後者が利用されるという考え方が存在する（かつてのSimma）．対抗措置は最初の義務違反国をその義務の履行から免除はしないが，運用停止の場合には，そのような義務違反国も含めて義務の履行が一時的に停止される．しかし，理論的にはそうかもしれないが，実行上この区別が国々に受け入れられているかどうかは疑わしい．国家責任条文の特別報告者のCrawfordも，この区別をはっきりさせるべきだといいつつ，実行上は混乱が続いていることを認めていた．またこの説の主要な欠点は，対抗措置と運用停止を区別するということと，レジームの失敗の場合には，違法行為への対応に関する特別法が停止される可能性があるという主張との間を架橋するものがない，ということであろう．にもかかわらず，この説をここで捨てるには忍びないものがある．第1に，対抗措置と運用停止の区別は，国際法委員会における国家責任の法典下の最終段階で，国々によるさしたる反対もなく認めら

れたからである。また，この説は，解釈学的方向を模索する6つの説のうちではましな方の説であるといえる。⑤一般国際法への逆戻りを「実効的解釈 effet utile」という原則に求める考え方が最近表明された（Simma/Pulkowski）。この説は，特別法を，その義務の違反が当該違反国の国際責任を引き起こす第1次規範と，義務違反の法的結果を定める第2次規範とに区別するところから出発する。その上で，ヴァッテルに触発されて，第1次の特別法は，当事者たちに強く望まれたものであり，その遵守が保証されることが求められているという。他方，第2次の特別法は，単に道具的なものに過ぎず，より強く望まれた第1次規則の遵守を保証できない限り，一般国際法に道を譲るしかない。国々が，新しい実体的義務を特別の強制のメカニズムとともに生み出した場合，彼らは，この強制手続きが実効的である限りにおいて，一般国際法上の権能を放棄したに過ぎないのだ，とかれらは主張する。この説は，違法行為の重大性といった，違法行為から通常生じるさまざまな状況とは別のところに「レジームの失敗」を見ている点，「自己完結」を自称しているいかなる特別法秩序も，レジームの失敗を予見していない，ということを確認している点，そして，これらの特別法秩序においては，1つの例外もなく，一般法への逆戻りを認めていると結論づける点が，特徴的である。しかしこの説も，解釈学的アプローチに属する限り，「弱い」ものにとどまっている。というのは，責任を追及するための一般法が逸脱不可能であるということが，条約規定を押しのけて，一解釈原則からどのようにして導き出されるのかわからないからである。⑧ Arangio-Ruiz が，彼の国家責任に関する特別報告書の中で示した見解によれば，国々が対抗措置をとる権能は，主権国家間の関係を規律しているという国際法の構造的性質に基づいている。特別法秩序は，この権能を「一時停止する」ことができるだけで，特別の救済手続きが不十分であるということが判明すれば，この権能は復活する（特別法と一般法の共存）。しかし他方で，EC 法のような場合には，別の規則が適用され，違法行為が非常に重大な，つまり極端かつ稀な場合に限り「外的な」一方的措置に訴えることができる（真の逸脱）。このように Arangio-Ruiz の見解は，極端な場合とそうでない場合の2線構造をとっている点が特徴的である。

5　レジームの失敗の諸理論と WTO 法

⑤ Simma と Pulkowski にとって決定的に重要なのは，紛争解決手続了解を精査しても，レジームの失敗の場合にどうなるかは漠然としたままだ，と主張することにある。そして，なぜはっきりしないかは，一般国際法が補完的に適用されることを「明示的に」排除する（あるいは反対に適用されるとする）規定を了解が含んでいないという一点に依存している（その場合に実効的解釈の原則が登場して，一般法への回帰が可能になる）。しかしこのような主張は，発話活動の隠された側面をなおざりにしているとしかいえない。かりに，レジームの失敗についての沈黙は一般国際法への回帰を発話者が通常は意図している，という言語用法があったとしよう。次に，交渉の結果できた条約

文には，通常そうであるように，この問題についての明示的言及はなかったとする。この場合に，どうして規定の意味内容が曖昧なままだといえようか。彼らの主張は，この場合にも曖昧だという価値判断を押しつけ，ありもしない解釈問題を提示しているに過ぎない。⑧ Arangio-Ruiz の理論は，WTO 成立以前のものなので，想像するしかないが，真の逸脱（＝極端な場合以外は一般法に逆戻りしない）は，条約中に明示されていないといけない，としているので，⑥に対する批判がそのまま当てはまる。彼の理論に対するさらなる批判は，レジームの失敗に関する沈黙は慣習法への送致だとは，国々は通常思ってはいない，という点にある。また，国際法が主権者間の秩序であるということから，自助に関する一般法の逸脱不可能性を導き出すことについても，疑問なしとしない。③この理論との関係では，紛争解決手続了解の諸規定が対抗措置の対象となり得るかどうか，という問題が提起される。了解の第22条3項(c)を一見すると，その他の対象協定上の義務の停止を試みることができるとあり，了解それ自体も対象協定なので，この問題に肯定的に答えることができるようにも見える。しかし，政府調達に関する協定のXXII条7項は，了解の諸規則の侵害を明示的に禁じており，このことが他の WTO 協定にも当てはまらないとすると，協定間ででこぼこが生じてしまう。また，第22条3項を全体として読めば（とくに(f)と(e)に留意して），分野とか協定が実体法のみに言及しているということがわかる。したがってこの問題に対しては，否定的に答えざるをえない。④ WTO 法にいう義務の「停止」は，その用語法の違いにもかかわらず，対抗措置と同義であるが，他方で，条約法条約にいう「停止」とはいくつかの点で異なっている。それでは，条約法条約第60条の下での運用停止が可能かというと，これには否定的に答えざるを得ない。

6　レジームの失敗の諸理論と共同体法

③共同体法に定められた，自助の禁止の絶対的かつ包括的禁止からすれば，共同体の特別法の適用を，対抗措置だといって，排除することはできない。④同様のことは，重大な違反の際の条約の運用停止についてもあてはまる。また，EC 条約は，違法行為への対応としての当該条約の全部または一部の運用停止については，明示に規定していないものの，そのようなことに訴えることは，たとえ事情の根本的変化（条約法条約第62条）によって，そのような違法行為がもたらされたとしても，禁止されていると見るべきである。この場合には，EC 条約の沈黙は禁止に等しい。⑥ Simma と Pulkowski の説は，自助に関する共同体において証明された解釈上の推定によって，覆されてしまっている（解釈的方向性のもつ弱さ）。かれらは，EC 法秩序は国際法のサブシステムに過ぎず，もっと統合が進めば自己完結的といえるが，まだその段階ではない，という。しかし，自助の禁止の法的基礎はまさに国際法にあるのであり，自助の排除は，統合の最終形態において現れるというよりは，統合プロセスの途中において機能している。⑧ Arangio-Ruiz の説はマーストリヒト条約以前のものであるが，現行法に照らして考えれ

ば，共同体秩序は，とくに重大な違反に対する制裁手続きをいまや有している（欧州連合条約第7条）といえる。それではこの制裁手続きが「失敗した」場合にはどうなるのか。可能性としては，少数の加盟国が理事会の多数と意見を異にする，という事態であろうが，少数者の選択肢は，和解を目指して体制内にとどまるか，脱退するかであろう。しかしいずれの場合にも，そのことによって彼らの主権が毀損されたということにはならない。

7　本書の結論

結局のところ，本書で取り上げたどの学説も，レジームの失敗の場合には一般国際法に逆戻りするということを正当化するのに成功していない。WTO法も共同体法も，一般法上の保証をそこに再統合しようとする方向にはない。しかし，これら2つの分野を離れて，特別法の完全性に有利な推定が働くという一般的な解釈規則が結晶化している，とまではいえない。レジームの失敗への（条約中での）沈黙にどのような意味を与えるのかという点について，国々は，様々な思惑を持って（あるいはあまり何も考えないで）条約交渉に臨んでいるというのが，より正確なところであろう。

8　おわりに

本書の功績は何よりも，レジームの失敗は一般法への回帰を導くという考え方を，8つの学説に振り分け，それら相互の関係をある程度明らかにした上で，それらの学説を理論的に，また実行に照らしながら，説得力を持って批判的に検討している点にあろう。紹介者のように，国家の国際責任法を研究してきた者としては，一般国際法上の制度への回帰に「有利な推定」をついしてしまいがちだが，実行の丹念な分析が必要であることを改めて痛感した。おそらく本稿の読者にとってはむしろ，第2章第1節，第3章第1節および第4章の紹介の方が有益であったのではと思われるが，この点については他日を期したい。

なお最後になったが，著者の用語法では，逸脱可能とは「（特別法から）一般法へ逆戻りしない」ということを，逸脱不可能とは「逆戻りする」ということを意味しており，たとえば強行規範の逸脱不可能性（そもそも特別法の適用を認めない）とは少し異なった意味で用いられているので，注意が必要である。

（一橋大学大学院法学研究科教授）

和久井理子
『技術標準をめぐる法システム――企業間協力と競争，独禁法と特許法の交錯――』

(東京：商事法務，2010年，xii＋464頁)

滝 川 敏 明

　独禁法と知的財産権の相互関係をテーマに多くの論文と本が発表されてきた。その中で本書の特色と意義は，技術の「標準」問題を対象とし，その枠組みの中で独禁法と知的財産権の交錯関係を分析していることにある。標準の中心が公的標準であった時代は終わった。現在の標準化のほとんどは企業の共同行為によるものである。公的標準は，企業間協調による標準化を受けて設定されている。本書はこの潮流を適切に反映し，企業間協調による標準化に焦点を当てている。

　15年間にわたって著者が取り組んできた標準化研究が本書に結実している。著者は，大学の教員・研究者であるにとどまらず，公正取引委員会競争政策研究センター共同研究において重要な役割を果たした。米国と欧州に著者が調査出張し，標準化と独禁法の関係者にインタビューした成果が本書の随所に活用されている。著者がこれまでに執筆した諸論文が本書に取り入れられている。しかし本書は過去の業績を収録しただけの本ではない。2010年時点の状況を反映するため，著者は最新の文献を消化して，本書に盛り込んでいる。現時点における標準化問題の権威書であり，研究者は，詳細な脚注を含めて，本書を熟読することにより多くを学ぶことができる。

　技術とその製品についての「標準」は，現代のハイテク企業間競争につきまとう問題であり，日本のハイテク企業がビジネス戦略にあたって特に考慮を払わなければならない課題である。標準戦略にあたっては，知的財産権（中でも特許）と独禁法の双方を睨んで最適の戦略を構築する必要がある。重点を置くべきなのは，本書がそうしているように，独禁法への対処である。特許が保有企業の権利を拡大するものであるのに対し，独禁法は，消費者利益のために企業の権利を制約するものであり，違反には罰則が課される場合もある。標準化・独禁法・知的財産権の相互関係についてはこれまで多くの論文が発表されてきている。しかし，すべてのトピックについて多面的に検討し，1冊の体系的な本にまとめ上げたのは本書が初めてである。法律の専門書として高いレベルを獲得しているだけでなく，標準についての重要事例を米国・欧州・日本にまたがって紹介し，独禁法と知的財産権の交錯関係を多面的に分析している。法律と経済学の研究者にとどまらず，企業幹部にも本書を薦められる。

　本書は，標準に関する企業行動を独禁法適用の観点から多面的に検討している。標準の策定は，CDディスクの規格統一に典型的に表れているように，企業と消費者の双方

に多大のメリットをもたらす。単純に考えれば，標準化に関する企業行為には，独禁法適用を除外すればよさそうである。しかし，標準化を口実としてカルテルが結成されてきた歴史がある。消費者利益の観点から政府は，標準化の利点を生かしつつカルテルを防ぐ独禁法適用を工夫する必要がある。さらに，標準に合致した商品でなければ消費者に受け入れられなくなるので，標準を利用して，競争者が排除される。協調だけでなく競争者排除の観点からも独禁法適用が必要である。ただし，標準化には特許がつきまとう。現代のハイテク製品は特許を中心とする知的財産権の集合物である。標準化とは，標準技術にどのような特許を含ませるかについての企業間協調に他ならない。標準化への独禁法適用は，特許権に独禁法がどのように介入すべきなのかについての検討を必要とする。「標準化の共同行為に対する独禁法適用」に加えて，「特許権（知的財産権）行使に対する独禁法適用」を検討することが標準問題の検討に不可避である。本書は，この両テーマを併せて分析している。

検討テーマが2つであり，両者が交錯して影響し合う。論理的にわかりやすい叙述とするため，章の構成が重要である。本書は次のように構成されている。「第1章　問題の所在」，「第2章　共同の標準活動」，「第3章　必須特許とライセンス拒絶規制」，「第4章　標準化機関の特許等取扱方針」，「第5章　パテントプール」。

「第1章　問題の所在」は，標準化についての国際的および国内制度をコンパクトに整理している。「第2章　共同の標準活動」は，共同行為に対する独禁法規制が標準化についてどのように修正されるのかを検討している。本書は独禁法について，日本の独禁法だけでなく米国反トラスト法とEU競争法を検討している。標準化はハイテク産業に集中しており，ハイテク産業の競争はグローバルに展開されている。日本・米国・EUの競争法をすべて扱っていることは，本書の実用的価値を高めている。

第2章に限らず本書は，第1に日本，第2に米国，第3にEUの順序で独禁法（競争法）適用の状況を説明し，それを受けて最後に「小括」として日本の独禁法適用の改善策を提言する形式になっている。しかし，現在の日本独禁法の適用は，著者による審決例と公正取引委員会ガイドラインの整理にもかかわらず，「公正な競争が阻害されるおそれがある場合には独占禁止法上問題がある」という裁量性の大きすぎる基準しか浮かび上がってこない。経済のグローバル化進展にもかかわらず，日本の独禁法行政は依然として，日本だけに通用する「公正競争の阻害」論を維持している。これに対し米国とEUは，経済論理に基礎を置く合理的な独禁法基準を形成してきている。独禁法説明の順序は，米国・EU・日本とする方が，規制論理が読者に理解しやすく，日本独禁法の改善提言が論理的に導かれると思われる。

日本独禁法の現状が不透明であるだけに，規制状況を説明するにとどまらず，あるべき姿を著者が提言していることは価値が高い。ただし，独禁法基準の提言を，条文構成に従って，「不当な取引制限」・「私的独占」・「不公正な取引方法」別に行っていること

は，分析の論理性を損なっていると思われる。「不当な取引制限」（あるいは「私的独占」）と「不公正な取引方法」が同一行為に二重に適用されることが独禁法の不透明性をもたらしている。企業による競争戦略の論理と経済論理に基づき競争制限行為を区分し，その区分に基づく規制基準を提言しなければ，論理性のある法適用基準は形成できないと思われる。つまり，協調行動と排除行動の区分毎に独禁法違反の認定基準を提言し，その基準の枠内で，「不当な取引制限」・「私的独占」・「不公正な取引方法」の役割区分を考えることが望ましい。この指摘にもかかわらず，本書が，日本・米国・EUの標準化に対する独禁法規制を詳細に紹介・分析していることには大きな価値がある。

第3章（必須特許とライセンス拒絶規制）は，標準問題のホット・トピックである「ホールドアップ」（必須特許の権利者が特許利用の差止めを武器として，高額のロイヤルティを得ようとする行動）を扱っている。規制例が集中している米国について著者は，最新ケース（2008年ブロードコム対クアルコムなど）を含めて詳細に検討している。反トラスト法適用に加えて，特許権者が行使する差止請求権を制約することが「ホールドアップ」への対処の鍵を握っている。第3章は，この二領域双方について米国判例を網羅的に分析している点で価値が高い。ただ，差止を制約する問題と反トラスト法適用の問題が相互にどのように関係するのかを分析してほしかったと感じる。日本での法適用についての提言（第5節「小括」）については，差止を制約する米国での「権利濫用法理」法理が，日本でどのように活用できるのかを検討する必要があるのではないか。

取引先選択の自由と所有権尊重の観点から，独禁法は取引拒絶（単独企業によるもの）を違法とすることに否定的姿勢をとっている。しかし，標準化に必須の役割を果たす特許については，ライセンス拒絶を独禁法違反と認定することにより，ホールドアップを阻止し，標準化を促進することが求められるのではないか。この意見について著者は，「標準化機関の多くは，この問題を緩和するための制度を導入している」とし，必須特許のライセンス拒絶を独禁法違反とすることは適切でないとする。この見方に現れているように，独禁法本来の基準を標準化（あるいは知的財産権制度）への配慮から緩めることに慎重な見方を著者は表明している。独禁法は「合理の原則」基準により，様々な状況に柔軟に対応できる基準を形成してきているので，著者の見方には説得性がある。著者が本書において繰り返し言及しているように，独禁法が標準化の妨げになっているとの意見（知的財産関係者から述べられることの多い見解）は妥当性に欠ける。

第4章（特許ポリシー）は，前章「ホールドアップ」問題の補完分析と位置づけられる。企業が共同で設立する標準化機関が，特許取り扱いのポリシーをどのように設定することにより，ホールドアップを代表とする標準化トラブルに対処できるのかを分析している。このテーマは，紹介と検討が日本において遅れていた分野である。米国と欧州における標準化機関の取り組み状況を著者は詳細に紹介しており，独禁法規制との関係も分析している。本章は，企業実務上の価値が高いにとどまらず，標準化の最先端問題

について，日本での到達点といえる分析となっている。本書テーマについて著者は米国とEUの現地で，規制機関と標準化団体に対するヒアリング調査を実施してきており，その成果が本章で特に輝いている。

　第5章（パテントプール）は，標準化をテーマとする本書において位置づけが難しい。本章を著者は，第4章と同じく，第3章のホールドアップ問題の解決策として位置付けている。しかしパテントプールは，標準化における知的財産権者の共同行為として実施されることが多い。したがって本章は，本書第2章（共同の標準化活動）に組み込むことが自然な論理の流れから相応しいと思われる。ただし，標準化の共同行為とパテントプールは必ずしも一体ではない。標準化のための共同行為とパテントプールが相互にどのように影響し合い，統一あるいは別々に運営されるのかを分析することが必要となる。独禁法適用についても，標準化としての共同行為とパテントプールとしての共同行為とを一体として法適用するのか，両者が重ならない部分についてはどうするのかの分析が必要となる。

　パテントプールには，ホールドアップ問題の解決策としての側面もある。その部分については，第3章に組み込んで分析すればよかったのではないか。第5章をこのように分解して第2章と第3章に組み込めば，本書が標準化をテーマとすることが貫かれ，論理的に流れのよい構成になったと思われる。

　パテントプールを独立の章としていることには利点もある。パテントプールは，標準化と関係なく行われる場合もあり，それ自体で特許と独禁法の相互関係についての重要テーマである。パテントプールは，共同行為ではあるが，外部企業を排除する側面がある。排除行為としてのパテントプールの分析は，本書第4章（必須特許とライセンス拒絶）にすべて組み込むことができない。パテントプールを独立章とすることにより，著者は標準問題の枠に縛られることなく，パテントプールを総合的に分析している。パテントプールの経済分析を整理した後，プールの競争促進効果と競争制限効果が分析され，それを受けて，日本・米国・EUの独禁法適用の状況が詳細に説明されている。最後に独禁法適用についての著者の見解が述べられている。

　本書は，標準化・知的財産権・独禁法についての現段階での権威書である。研究者は本書を熟読することから研究上の多くの示唆を受けることができる。ハイテク産業の企業幹部は，標準化についての米国・EU・日本にまたがる豊富な事例を本書から得ることができ，著者の分析を批判的に検討することにより，ビジネスと法務戦略の思考力を鍛えることができる。

（関西大学大学院法務研究科教授）

日本国際経済法学会会報

1．本学会の役員その他

理　事　長	小　寺　　　彰（東京大学）
庶務担当常務理事	間　宮　　　勇（明治大学）
会計担当常務理事	山　部　俊　文（一橋大学）
研究運営担当常務理事（研究運営委員会主任）	柳　　　赫　秀（横浜国立大学）
編集担当常務理事（編集委員会主任）	平　　　　　覚（大阪市立大学）
庶務副主任	浜　田　太　郎（近畿大学）
会計副主任	佐　藤　智　恵（一橋大学）
組織改革委員会委員長	佐　野　　　寛（岡山大学）

学会事務局：〒101-8301東京都千代田区神田駿河台1－1
　　　　　　明治大学法学部（間宮勇研究室）
　　　　　　E-mail: jaiel.secretariat@gmail.com

理事・監事（第7期）名簿（50音順）
（2010年7月現在）

＜理事＞

阿　部　克　則（学習院大学）	荒　木　一　郎（横浜国立大学）
位　田　隆　一（京都大学）	岩　沢　雄　司（東京大学）
柏　木　　　昇（中央大学教授）	川　島　富士雄（名古屋大学）
川　瀬　剛　志（上智大学）	久保田　　　隆（早稲田大学）
小　寺　　　彰（東京大学）	佐　野　　　寛（岡山大学）
佐　分　晴　夫（名古屋大学）	清　水　章　雄（早稲田大学）

須 網 隆 夫（早稲田大学）　　　鈴 木 英 夫（経済産業省通商機構部長）
鈴 木 將 文（名古屋大学）　　　鈴 木 庸 一（外務省経済局長）
瀬 領 眞 悟（同志社大学）　　　泉 水 文 雄（神戸大学）
平　　　覚（大阪市立大学）　　　髙 杉　　直（同志社大学法学部教授）
竹 下 啓 介（東北大学）　　　　茶 園 成 樹（大阪大学）
出 口 耕 自（上智大学）　　　　道垣内　正 人（早稲田大学）
内 記 香 子（大阪大学）　　　　中 川 淳 司（東京大学）
楢﨑　みどり（中央大学）　　　　根 岸　　哲（甲南大学）
野 村 美 明（大阪大学）　　　　早 川 吉 尚（立教大学）
稗 貫 俊 文（北海道大学）　　　福 永 有 夏（早稲田大学）
増 田 史 子（京都大学）　　　　間 宮　 勇（明治大学）
村 上 政 博（一橋大学）　　　　森 下 哲 朗（上智大学）
山 根 裕 子（政策研究大学院大学）　山 部 俊 文（一橋大学）
柳　　赫 秀（横浜国立大学）

　　　　　　　　　　　　　　　　　　　　　（以上，39名）

<監事>
金 井 貴 嗣（中央大学）　　　　木 棚 照 一（早稲田大学）
　　　　　　　　　　　　　　　　　　　　　（以上， 2名）

研究運営委員会

主任　　柳　　赫　秀（横浜国立大学）
副主任　出 口 耕 自（上智大学）
幹事　　伊 藤 一 頼（静岡県立大学）
委員　　米 谷 三 以（経済産業省）　　川 瀬 剛 志（上智大学）
　　　　川 島 富士雄（名古屋大学）　　長 田 真 理（大阪大学）

加 藤 暁 子（関東学園大学）　岡 田 外司博（早稲田大学）
中 谷 和 弘（東京大学）

編集委員会

主任　　平　　　覚（大阪市立大学）
副主任　瀬 領 真 悟（同志社大学）
委員　　澤 井　　啓（大阪府立大学）　鈴 木 將 文（名古屋大学）
　　　　泉 水 文 雄（神戸大学）　　　　宮 野 洋 一（中央大学）
　　　　内 記 香 子（大阪大学）

2．第20回研究大会

　本学会の第20回研究大会は，2010年10月23日（土）に横浜国立大学において開催され，96名の参加者により活発な討論が行われた。大会プログラムは，次の通りであった。

午前の部　（10時00分〜12時25分）
・セッション(I)　自由論題（第2会場）
　　　　　　　　　　　　　　　　　　　　　座長　中央大学　宮野洋一
　(1)「国際法の構造転換の要因としての国際経済関係」　　国際教養大学　豊田哲也
　(2)「通商法にみる租税措置の意義」　　　　　横浜国立大学大学院　古賀敬作
　(3)「中国独占禁止法における国有企業の取り扱い」　　中国政法大学　戴　　龍
・セッション(II)「APEC2010とポスト・ボゴールにおけるアジア国際経済秩序の構築」
　（第1会場）
　　　　　　　　　　　　　　　　　　　　　座長　東京大学　中谷和弘
　(1)「国際関係の構造変動と APEC の展開」　　　　　横浜国立大学　椛島洋美
　(2)「ボゴール体制15年の回顧とポスト・ボゴール体制の展望――非拘束的合意の限

界と可能性——」 経済産業省通商政策局 田村暁彦
　(3)「アジア金融システム改革におけるABACの役割と課題」

　　　　　　　　　　　　　　　　　　　　　　早稲田大学　久保田隆

午後の部　(14時30分〜17時45分)
共通論題「世界金融危機後の国際経済法の課題」(第1会場)

　　　　　　　　　　　　　　　　　　　　座長　大阪大学　野村美明
　(1)「国際金融システムの法的規律——グローバルに活動する金融機関の規律をめぐって——」　　　　　　大和総研経営コンサルティング部　川名　剛
　(2)「リーマン・ブラザーズ・グループの国際倒産処理手続——国際的金融機関の法的倒産処理手続のもたらした問題点——」

　　　　　　　　　　ビンガム・マカッチェン・ムラセ外国法事務弁護士事務所，

　　　　　坂井・三村・相澤法律事務所パートナー弁護士　坂井秀行
　(3)「金融危機後の規制再構築」　　　金融庁総務企画局　氷見野良三
　(4)「国際金融危機への通商法の対応とその課題」

　　　　　　　　　　　経済産業省通商政策局，法政大学　米谷三以

3．2010年度役員会・総会報告

(a)　2010年度の理事会は，横浜国立大学において，10月23日(土)12:30から14:00まで開催された。その概要は，以下の通りである。

　(1)　定足数の確認

　委任状を含め，定足数が満たされていることが確認された(出席者25名，委任状5通)。

　(2)　2009年度理事会・総会議事録の承認

　2009年度理事会・総会議事録につき，異議なく了承され，確定された。

　(3)　職務理事の交代

　外務省経済局長(鈴木庸一氏から八木毅氏)及び経済産業省通商機構部長(鈴木英夫氏から嶋田隆氏)の職務理事の交代が承認され，総会に承認を提案するこ

ととなった（交代は両氏の内諾を経たもの。任期は他の理事と同様，2012年まで）。

(4) 会員の異動

18名の入会が承認され，総会に承認を提案することとされた。また，資格喪失（3年以上の会費滞納）4名が了承された。逝去者1名，退会8名が報告された。

(5) 2009年度決算案

監事に監査を受けた2009年度決算案について，会計主任より説明があった。異議なく承認され，総会に承認を提案することとされた。

(6) 2011年度予算案

会計主任より，2011年度予算案につき，①20周年記念大会を2日学会として開催するための研究大会関係費用を計上したこと，②20周年記念事業費として100万円を計上したこと，③他は2010年通りの計上であるが，20周年記念行事の支出により単年度収支が悪化し次年度繰越金が減少するが学会の通常業務に支障はない旨説明があった。異議なく承認され，総会に承認を提案することとなった。

(7) 次期役員（理事・監事）の選出方法に関する報告

理事長より，①将来ビジョンワーキンググループが提唱する学会改革の諸提案の中でも，とりわけ喫緊の課題として次期役員選出方法の問題があること，②将来ビジョンワーキンググループが提唱する学会改革の諸提案を実行するために設置した学会活性化委員会（委員長：佐野理事）で最初の議題として次期役員選出方法につき議論したこと，③来年度の理事会及び総会で具体的な方法を決定しなければならないことの説明があった。

庶務主任より，①歴代執行部で選挙と指名の試行錯誤があり，指名委員長から指名制度に様々な困難が伴う旨報告があったこと（多分野から構成され実務家も多い本学会の特性から，指名委員会が全会員を把握しづらく適任者を知りえないこと，一般会員が役員選出に関与せず学会への関心が乏しくなったこと等），②会員に対す

場キャンパス（変更の可能性あり），③1日目午後に記念講演を開き，WTO法助言センターのレスラー（変更の可能性あり）を招聘し，「国際経済法の変容と課題——20年の軌跡——」のテーマで各分野の長老級が報告し議論する，2日目は通常の研究大会とするとの骨子が提案され，異議なく了承された。

(10) 「途上国」出身の在住会員に対する会費減免

庶務主任より，①一部の途上国出身の在住会員は生活水準が異なり一般会員年会費を支払えないこと，②日本の大学院に学び母国に帰国した研究者や実務家の外国人との関係を保つことは本学会にとっても有意義であること，を理由に③常務理事会に対する申請に基づき常務理事会が個別に審査して会費を減額（大学院生並みあるいはそれ以下）できるよう申し合わせを改正したいとの提案があった。異議なく承認され，総会に改正を提案することとなった。

(11) 常務理事会の構成に関する申し合わせの改正

庶務主任より，①学会改革に重要な任務を果たす学会活性化委員長が常務理事となることができるよう，必要に応じて特命の常務理事を置くことができるようにすること，及び②現在では必要なくなった規定を廃止することについて，申し合わせの改正提案があった。理事長より，本申し合わせの改正により，新旧執行部の継続性をより維持しやすくなるとの趣旨説明があった。異議なく承認され，総会に改正を提案することとなった。

(12) 研究大会への出版社等の出店の許可

研究大会への出版社等の出店の許可について，これまでの慣例通り，庶務主任に一任された。

(13) 連絡先不明会員

住所，メールアドレス等すべての連絡先が不明であるが，会費の支払いに滞納がない会員につき，各役員に対し捜索に協力するよう要請があった。

(14) 次回研究大会

研究運営主任より，20周年記念大会は，(1)10月29日(土)30日(日)（変更の可

るアンケート中間報告を見ると選挙制度と指名制度の併用制とすることが[妥当]であること、③選挙結果に対して、年齢、ジェンダー、研究者・実務家等の[バ]ランスを見て指名制度により役員の多様性を図る調整を行うことが妥当で[ある]ことの説明があった。議論の後、選挙制度と指名制度の併用制が了承され、[執]行部から次回理事会・総会に具体的な改正案を提案することとなった。

(8) 研究大会案内の通知方法

庶務主任より、①大量送信メールと誤解され不着の問題が発生すること、[②]全会員に対する郵送額を見積り、妥当な支出の範囲内と判断したこと、③約[?]割の会員がメールの登録をしておらず結局は郵送コストがかかること、④学会費の自動引き落としと研究大会案内のメール送信により、一般会員と学会と[の]関係が希薄化していることの理由から、本執行部では、研究大会案内を郵送[と]メールの両方で案内することとする旨説明があった。理事長より、学会簡素化の前期執行部の方針に従いつつ、できるだけコストの安い方式を選択していきたいとの説明があった。研究大会案内を郵送とメールで案内することにつき異議なく了承された。

(9) 20周年記念行事のあり方

庶務主任より、①記念大会と記念出版の2本立てとすること、②日本国際経済法学会の研究水準を世に問い網羅的な問題をカバーする記念出版を行うこと、そして、その内容は編集委員会で検討してもらうこと、③記念事業のため10[0]万円を2011年度予算に計上すること、④記念大会の内容は研究運営委員会で[検]討してもらうこと、という骨子が提案され、議論の結果、了承された。執筆[者]陣容を踏まえて記念出版を2巻あるいはそれ以上とするか、その構成(若手[の]積極的登用の是非、執筆者の年齢や研究者・実務家のバランスを含む)、その名称等[は]編集委員会で議論してもらうこととなった。今後編集委員会を組織し、同委[員]会から執筆者に執筆を依頼することとなった。

また、研究運営主任より、記念大会を、①1日半とし、②場所は東京大学

能性あり）の1日半，②1日目13時30分から記念講演，2日目午前は2セッションで午後は共通論題とする，③研究大会の出席者が減少傾向にあるので内容の更なる充実を図りたい旨報告があった。

⒂　日本国際経済法学会年報の編集

編集主任より，年報19号を会員へ発送した旨報告があった。次号への自由投稿（特に若手会員）が呼びかけられ，文献紹介対象の文献と執筆者を紹介するよう各役員に依頼があった。

⒃　その他

傍聴の承認について，これまでの慣例通り，庶務主任に一任された。

(b)　2010年度の総会は，横浜国立大学において2010年10月23日（土）14:00から14:30まで開催された。その概要は，以下の通りである。

(1)定足数の確認

委任状を含め，定足数が満たされていることが確認された（出席者58名，委任状77名）。

(2)　決議事項

　　(ｱ)　新入会員の紹介
　　(ｲ)　2009年度決算案の承認
　　(ｳ)　2011年度予算案の承認
　　(ｴ)　20周年記念行事
　　(ｵ)　職務理事の交代
　　(ｶ)　次期役員（理事・監事）の選出方法に関する報告
　　(ｷ)　「途上国」出身の在住会員に対する会費減免
　　(ｸ)　常務理事会の構成に関する内規・申し合わせの改正

庶務主任より，新入会員18名の説明があり，規約6条に基づき異議なくこれを承認した。また，庶務主任より，13名の退会が報告された。

会計主任より，(ｲ)の2009年度決算案の説明があった。誤記を訂正した形で，

規約20条に基づき承認された。

　会計主任より，㈬につき，①記念大会を2日学会として開催するための研究大会関係費用を計上，②記念事業費100万円を計上，③他は2010年通りの計上であるが，20周年記念事業の支出により次年度繰越金が減少するが学会の通常業務に支障はない旨説明があった。2011年度予算は，㈪の誤記を訂正した形で，規約19条に基づき承認された。

　庶務主任より，㈭につき，①記念大会と記念出版の2本立て，②記念大会は1日半とし，1日目は統一テーマで記念講演，2日目は通常の研究大会とし，その内容は研究運営委員会で検討，③研究の到達度を示し将来の研究の基礎となるような記念出版を行う，そのために100万円の予算を計上，その内容は編集委員会で検討との骨子について理事会の了承を得た旨説明があった。庶務主任の説明通り進めることにつき異議なく了承された。

　庶務主任より，㈮につき，外務省経済局長（鈴木庸一氏から八木毅氏）及び経済産業省通商機構部長（鈴木英夫氏から嶋田隆氏）の職務理事の交代が理事会で承認された（交代は両氏の内諾を経たもの）旨説明があり，異議なく承認された。

　庶務主任より，㈯につき，①歴代執行部で選挙と指名の試行錯誤があり，指名委員長から指名制度の様々な問題点が報告された（指名委員会が多分野から構成された学会の全会員を把握しづらく適任者を知りえないこと等），②アンケート結果では選挙が多数の会員の希望，③選挙による役員選出は一般会員と学会の接点を広める等の理由により，選挙と指名の併用制により次期役員を選出することにつき理事会の了承が得られた旨報告があった。庶務主任の説明通り進めることにつき異議なく了承された。

　庶務主任より，㈷につき，一部の途上国出身で在住会員は生活水準が異なり一般会員年会費が支払えないという問題が発生しているため，常務理事会に対する申請に基づき，常務理事会が個別に審査して会費を減額できるようにする申し合わせの改正案（理事会の承認を得たもの）が提案された。理事長より，日

本の大学院に学び母国に帰国した研究者や実務家との関係を保つことは本学会にとっても有意義である旨の趣旨説明があった。改正案は異議なく承認された。

庶務主任より，(ク)につき，将来ビジョンワーキンググループが提唱する学会改革の諸提案を実行するために設置された学会活性化委員会の委員長を常務理事に加えるため，必要に応じて特命の常務理事を置くことができるよう，申し合わせの改正案（理事会の承認を経たもの）が提案された。改正案は異議なく承認された。

申し合わせ事項（1991年11月2日設立総会承認，2010年10月23日理事会・総会改正承認）
1　本会の事務局は，常務理事会で決定する。
2　維持会員は，本会機関誌の配布を受け，維持会員またはそれに属する者は，研究会等に出席しかつ報告することができる。
3　名誉会員は，会費の納入を必要とせず，研究会等に出席しかつ報告することができる。
4　常務理事の職務分担は，次のようにする。
　　庶務担当　1名
　　会計担当　1名
　　編集担当　1名（編集担当常務理事の下に，編集委員会を設ける）
　　研究運営担当　1名（研究運営担当常務理事の下に，研究運営委員会を設ける）
　　必要に応じて，その他　若干名
5　会費は，当分の間，次の額とする。
　　会　　員　年額　6,000円（但し，機関誌代を含む）
　　大学院生　年額　3,000円（同上）
　　維持会員　年額　50,000円（1口）
ただし，常務理事会は，途上国出身でかつ在住している会員からの申請に基づき，審査の上，当該会員の会費を減額することができる。

(3) 報告事項

　(ｱ)　次回20周年記念大会

　(ｲ)　日本国際経済法学会年報の編集

　研究運営主任より，(ｱ)につき，①1日半とし，②日時は10月下旬，③場所は関東地方，④1日目の記念講演に外国から講演者を招聘する，2日目は通常の研究大会とする，⑤研究大会の出席者が減少傾向にあるので内容の更なる充実を図りたい旨報告があった。

　編集主任より，(ｲ)につき，年報19号を会員へ発送した旨報告があった。次号は，例年通り研究大会報告を中心に構成するものとしつつ，自由投稿（特に若手会員）が呼びかけられ，文献紹介対象の文献と執筆者を推薦するよう依頼があった。

編 集 後 記

　2011年は，予期しない大災害の年として後世の記憶に残るであろう特別の年となってしまった。被災者の方々には心からお悔やみとお見舞いを申し上げたい。
　昨年秋の編集委員会では，本号も例年にならい研究大会の報告者に報告内容の執筆をお願いし，これに加えて文献紹介を掲載することを編集方針として決定していた。そのため，2010年10月23日に横浜国立大学において開催された第20回研究大会の自由論題から３本，２つの共通論題から座長コメントを含めて計９本の原稿をいただいた。また，文献紹介については，例年より２カ月ほど早めに選書および原稿依頼ができた結果，計13本の原稿を寄稿していただいた。上記のように予期しない大災害が発生し，研究環境が大きく変化したり，災害復興対策に忙殺されたりした執筆者の方々もおられたと思うが，幸いにして当初の編集方針どおりの刊行にこぎつけることができた。各執筆者には，ご協力いただいたことに厚くお礼を申し上げたい。
　文献紹介の内容については，前号の編集後記で述べたように英語以外の文献の紹介が課題であった。幸い本号では，ドイツ語文献とイタリア語文献各１冊ずつ紹介を掲載することができたが，なお英語以外の文献についても広く紹介できる努力をしていく必要があろう。また，和書については１冊であり，やや寂しい感があるかもしれない。次年度以降も，皆様の幅広い選書の積極的な推薦と執筆をお願いしたい。
　自由論題については，幸いなことに１本の投稿論文をいただいた。今後も，若手，シニアを問わず積極的な投稿をお願いしたい。投稿要領は，学会のウェブ・サイトをご覧いただきたい。なお，本誌については，大学院生等の原稿について査読制度が整備されている。査読要領は公表していないが，査読制度の目的はこの際紹介しておきたい。それによれば，「レフェリーによる査読は，投稿された原稿につき，学会誌に掲載すべき水準にあるか否かを審査すること，および，学会の同僚として，再考して修正すべき点があるとすればどこかを執筆者に内々にアドバイスすることを目的とする」とされている。したがって，査読者のコメントは執筆者にとって有益なアドバイスになることを強調しておきたい。本号についても，査読を通過した原稿が掲載されている。匿名の査読者の方々には，お忙しい中厳正な査読を行っていただき，かつコメントを通じ有益なア

編集後記

ドバイスをしていただいた。特に明記して深く感謝を申し上げる次第である。

　なお，本号から，各執筆者には昨年秋の編集委員会で作成された執筆要項（学会ウェブ・サイトで公表中）に従って原稿の執筆をお願いした。今後も，各論文の体裁や注の付け方については，できるかぎり統一を図るよう努めていきたいと考えている。会員諸氏のご協力を重ねてお願いしたい。

　最後に，きわめて厳しいスケジュールの中でご苦労をおかけしている法律文化社の田靡純子社長と編集部の舟木和久氏にも厚くお礼を申し上げる。

平　　覚

執筆者紹介（執筆順）

野村美明　大阪大学大学院国際公共政策研究科・法学部教授

川名剛　大和総研企業経営コンサルティング部コンサルタント

井出ゆり　ビンガム・マカッチェン・ムラセ外国法事務弁護士事務所、坂井・三村・相澤法律事務所・弁護士

氷見野良三　金融庁・総務企画局参事官（国際）

米谷三以　経済産業省通商政策局国際法務室長

中谷和弘　東京大学大学院法学政治学研究科教授

椛島洋美　横浜国立大学大学院国際社会科学研究科准教授

田村暁彦　日中経済協会北京事務所長（前経済産業省通商政策局アジア太平洋通商交渉官）

久保田隆　早稲田大学法学学術院教授

豊田哲也　国際教養大学国際教養学部准教授

戴龍　中国政法大学国際法学院副教授

張博一　京都大学大学院法学研究科博士後期課程

古賀敬作　横浜国立大学成長戦略研究センター研究員

小林献一　三菱ＵＦＪリサーチ＆コンサルティング国際事業本部国際研究部研究員

小林友彦　小樽商科大学商学部准教授

浪本浩志　熊本学園大学経済学部講師

清水章雄　早稲田大学大学院法務研究科教授

濱田太郎　近畿大学経済学部准教授

山下一仁　キヤノングローバル戦略研究所研究主幹

阿部克則　学習院大学法学部教授

京極智子　東京大学大学院総合文化研究科博士課程

山内惟介　中央大学法学部教授

佐古田彰　小樽商科大学商学部教授

加藤暁子　関東学園大学経済学部准教授

川﨑恭治　一橋大学大学院法学研究科教授

滝川敏明　関西大学大学院法務研究科教授

日本国際経済法学会年報 第20号 2011年
世界金融危機後の国際経済法の課題

2011年10月30日発行

編集兼
発行者　日本国際経済法学会
　　　　　代表者　小寺　彰

〒101-8301　東京都千代田区神田駿河台1-1
　　　　　　明治大学法学部（間宮研究室）

発売所　株式会社　法律文化社

〒603-8053　京都市北区上賀茂岩ヶ垣内町71
　　　　　　電話　075(791)7131　FAX　075(721)8400
　　　　　　　URL：http://www.hou-bun.com/

Ⓒ2011 THE JAPAN ASSOCIATION OF INTERNATIONAL ECONOMIC LAW, Printed in Japan
ISBN978-4-589-03369-7

日本国際経済法学会編
日本国際経済法学会年報

第13号（2004年）　アジアにおける競争法の展開　アジアにおける国際取引紛争の処理　アジアにおける地域経済協力　　　　　　　　　　　　　A 5 判・242頁・定価3465円

第14号（2005年）　WTOの10年：実績と今後の課題　WTO紛争解決手続きの理論的課題　国際統一法と国際私法　　　　　　　　　　　　　A 5 判・268頁・定価3675円

第15号（2006年）　「国際経済法」・「国際取引法」のあり方を問い直す　「法と経済学」の諸相　　　　　　　　　　　　　　　　　　A 5 判・298頁・定価3990円

第16号（2007年）　国際経済・取引紛争と対抗立法　第 1 分科会：公法系　第 2 分科会：私法系　　　　　　　　　　　　　　　　　A 5 判・270頁・定価3675円

第17号（2008年）　　　　　　　　　　　　　　　　　　A 5 判・248頁・定価3570円
国境と知的財産権保護をめぐる諸問題　　知的財産制度の国際的調和の必要性とその限界…鈴木將文／著作権外人法の発展と今後の課題…駒田泰土／税関における知的財産侵害物品の水際取締り…南埜耕司／音楽CD還流防止措置導入と競争政策との調整…稗貫俊文
国際投資紛争の解決と仲裁　　ICSID仲裁における国際法と国内法の関係…森川俊孝／投資協定仲裁の法的性質…小寺彰／投資協定仲裁の実務…手塚裕之／投資協定・経済連携協定における我が国の取り組み…三宅次郎／国際投資仲裁の論点と課題…森下哲朗
自由論題　　GATT第18条Cの援用可能性に関する考察…児玉みさき

第18号（2009年）　　　　　　　　　　　　　　　　　　A 5 判・256頁・定価3675円
グローバル経済下における公益実現と企業活動　　国連グローバル・コンパクトの意義…三浦聡／企業の社会的責任（CSR）と環境保護…須網隆夫／国家安全保障と国際投資…柏木昇
第 1 分科会：私法系　　中国独占禁止法の制定・施行…酒井享平
第 2 分科会：公法系　　ガット・WTOにおける最恵国待遇原則と一般特恵制度の関係…小寺智史／信義誠実則の表象としてのGATT XX条柱書…小林献一
自由論題　　EUとWTOにおける遺伝子組換え産品に関する規制…内記香子／TRIPS協定をめぐる議論の動向と途上国への「技術移転」…山根裕子

第19号（2010年）　　　　　　　　　　　　　　　　　　A 5 判・237頁・定価3675円
条約法条約に基づく解釈手法　　「国際法の断片化」について…平覚／WTO紛争解決における解釈手法の展開と問題点…清水章雄／国際司法裁判所における条約解釈手段の展開…山形英郎／国際投資仲裁における解釈手法の展開と問題点…濱本正太郎／WTO協定解釈雑感…松下満雄
権利制限の一般規定　　著作権の制限…鈴木將文／権利制限の一般規定（日本版フェアユース規定）の導入をめぐる議論…牧山嘉道／著作権法上の権利制限をめぐる法政策と条約上の3 step test…駒田泰土／権利制限規定と知的財産権条約…福永有夏
自由論題　　GATT第20条における必要性要件の考察…関根豪政

上記以外にもバックナンバー（第4号～第12号）がございます。ご注文は最寄りの書店または法律文化社までお願いします。　　TEL 075-702-5830/FAX 075-721-8600　　URL:http://www.hou-bun.com/